나는 ETF로
돈 되는 곳에
투자한다

시장의 주인공을 찾아 만드는 나만의 ETF 포트폴리오

나는 ETF로 돈되는 곳에 투자한다

김수정 지음

경이로움

파도가 휘몰아치는 바다 위의 흔들리는 배 갑판에서 흔들의자에 앉아 있는 게 우리 투자자들의 모습이 아닐까. 내가 보유한 종목이 왜 흔들리는지 알고 싶지만 투자자들은 무엇을 어떻게 해야 할지 도무지 알 수 없다. 글로벌 거시 환경을 알아야 하고, 산업도 알아야 하고, 기업에 대해서도 알아야 제대로 된 투자를 할 수 있다. 하지만 이 모든 것을 잘 알고 난 후에 투자를 하려면 부담에 짓눌릴 수밖에 없다.

그런데 변동성이란 흔들림에서도 중심을 잡을 수 있게 해주는 게 바로 ETF라는 상품이 아닐까?

나 스스로 ETF Exchange Traded Fund (상장지수펀드)에 대해 꽤 많이 알고 있다고 생각했지만 이 책을 읽고 생각이 달라졌다. ETF의 관점에서 글로벌 환경을 미시적, 거시적으로 분석하고, 산업 설명 및 전망까지 이처럼 잘 설명한 책이 있을까 싶다. 김수정 저자는 애널리스트 경험을 바탕으로 국내 ETF 상품 분야에서 최고 전문가로 손꼽힌다. 폭풍이 몰아치는 자산시장에서도 나의 구명 조끼가 되어줄 좋은 내용이 담겨 있다. 사회생활을 시작하는 조카 혹은 후배에게 반드시 권하고 싶은 책이다.

−이형수, 유튜브 'IT의 신 이형수', 『최강의 AI 혁명 투자』 저자

ETF는 지금은 '펀드'만큼이나 친숙하지만, 십여 년 전에는 전문 투자자들에게도 생소한 투자 상품이었다. 필자는 여의도에서 최초로 ETF를 분석하는 보고서를 정기적으로 발간하며 ETF라는 투자의 바다에 길잡이 역할을 해왔으며, 운용으로 그 영역을 넓혀 전문가로 거듭났다. 돌이켜보면 그 시작과 발전을 바로 옆에서 지켜본 것이 필자에게도 행운이었다.

오늘날 ETF 종류가 많아지고 복잡해졌지만 어렵게 생각할 게 없다. 이 책이 ETF 투자자들에게 친절하면서도 냉철한 지침서가 될 것이기 때문이다. 성공적인 ETF 투자를 꿈꾼다면 ETF 업계에서 최고 전문가로 손꼽히는 저자가 지정학부터 AI까지 한 글자 한 글자 꾹꾹 눌러 담은 이 책의 일독을 권한다.

− 김효진, 전 KB증권 애널리스트, 『미스터 마켓』(2021, 2022) 공저

우리는 시간이 지날수록 개인자산 관리와 증식의 중요성과 필요성을 느끼고 있으며, 이를 반드시 준비해야 하는 운명의 시대에 살고 있다.

ETF가 21세기 최고의 금융상품이라는 것은 이미 증명되었다고 해도 과언이 아니다. 미래의 시장을 정확하게 전망하는 것은 불가능하지만, ETF라는 수단으로 투자 성공 확률을 높일 수 있기 때문이다. 아울러 투자자의 현명함과 지혜가 더해진다면 ETF와 함께 더 쉽고 올바른 자산관리를 할 수 있다.

저자는 다년간의 경험을 바탕으로 ETF 업계에 있어서는 다수의 팬덤을 보유한 최고의 전문가다. 지금까지 다양한 콘텐츠와 논설을 통해 투자자가 알아야 하는 지식을 친절하고 명확하게 설명해 주었다.

그만큼 이 책에는 저자의 오랜 경험과 고민이 여실히 묻어 있다. ETF 투자를 시작하는 사람부터 이미 하고 있는 사람까지 반드시 한 번은 읽어봐야 할 필독서라 생각한다. 지금까지 출간된 그 어떠한 책보다 지식의 깊이와 넓이가 탁월하기 때문이다.

– 이승원, 미래에셋자산운용 ETF 마케팅본부 본부장,

『세상 편하게 부자되는 법, ETF』 공저

어떻게 하면 투자를 잘할 수 있을지 고민하는 모든 사람에게

'어떻게 하면 투자를 잘할 수 있을까?'

이는 평생 풀기 어려운 난제다. 투자의 귀재 워런 버핏Warren Buffett은 장기투자를 해야 한다고 말하는데, 또 다른 투자의 대가는 단기투자를 해야 한다고 말한다. 어떤 사람은 배당주만이 살길이라고 말하고, 어떤 사람은 리스크는 높지만 목표 수익률이 높은 종목에 베팅하라고 말한다. 모두의 주장이 엇갈리니 자신에게 맞는 투자 방법이 무엇인지 파악하며 중심을 잡는 것이 너무나 어렵다. 그렇다고 해서 대충 투자할 수도 없는 노릇이다. 그동안 시드머니를 만들기 위해 얼마나 많은 노력을 해왔는가! 그래서 투자를 한 번이라도 해본 사람이라면 어떻게 투자할지를 고민하지 않을 수가 없다.

필자 역시 투자를 시작한 이후 '어떻게 하면 투자를 잘할 수 있을까'에 대한 답을 찾기 위해 시행착오를 거치며 열심히 공부하고 또 공부했다. 그리고 나름의 방법을 찾아 똑같은 고민을 하고 있는 사람들에게 도움이 되었으면 하는 마음으로 이 책을 집필했다. 어린 시절 짝사랑하는 친구에게 편지를 쓸 때 한 글자, 한 글자 마음을 꾹꾹 눌러 담았던 것처럼 이 책을 읽을 여러분에게 제대로 된, 도움이 될 만한 내용을 전하기 위해 온 마음을 다해 글을 썼다.

당장 이 두꺼운 책을 읽을 마음이 생기지 않는다면 스스로에게 질문해 보기 바란다.

'나는 투자를 할 때 시장에 수많은 질문을 던지고 있는가?'

'나는 돈을 조금 더 쉽게 벌고 싶은 마음을 가지고 있는가?'

물음표 살인마가 된 투자자를 위해

많은 투자자가 대학생 때부터 혹은 그 이전부터 투자를 해왔지만, 필자가 투자에 대해 본격적으로 고민하기 시작한 지는 그리 오래되지 않았다. 대학교를 졸업한 뒤 증권사에 입사했고, 리서치센터에서 근무했다. 일이라서 투자에 관심을 두게 되었다고 봐도 무방하다. 그런데 어느 날부터 새벽까지 일을 하는데도 힘들기는커녕 너무나 재미있는 게 아닌가. 매일매일 가격이 변하는 주식이, 경제, 사회, 문화, 정치와 맞닿아 움직이는 자산가격들이, 주식, 채권, 부동산이 살아 있는 것처럼 날뛰는 모습이 너무나 매력적으로 보여 흠뻑 빠져들고 말았다.

'왜 이 주식은 이렇게 상승했을까?' '왜 경제지표에 따라 채권가격이 달라지는 것일까?' '지금 글로벌 경제는 어디쯤 와 있을까?' '다음 주도주가 될 기업은 어디일까?' 수많은 물음표가 머릿속을 떠다니고 있지 않은가? 투자의 기본은 시장과의 소통이다. 이것이 바로 필자가 투자를 하기 위해선 물음표가 많아야 한다고 생각하는 이유다. 끊임없이 변화하는 시장에 관심과 호기심을 가져야 한다. 그리고 그 물음표 하나하나에 답하기 위해 열심히 공부해야 한다.

경제를 바라보는 방법, 산업을 분석하는 방법, 자산군별 가격이 움직이는 특징들에 대해 질문하면, 그 후에 계속해서 추가적인 질문들이 파생된다. 시장에 끊임없이 질문을 던지고, 이를 알아가는 과정의 반복이 투자를 하기 위한 기본적인 자세라고 생각한다. 어쩌면 이런 방법을 사용해 이미 질문의 늪에 빠져 있는 사람들도 있을 것이다. 물음표 살인마로서 시장과 열심히 소통하고 있는 투자자들에게 필자가 조금이나마 도움이 되길 바란다.

미래를 고민하는 투자자를 위해

투자는 '미래'를 고민하는 작업이다. 투자를 하기 전에 미래가 어떻게 될지 머리에 쥐가 나도록 고민해 본 경험이 있을 것이다. '2차전지는 정말 크게 성장할 수 있을까?' '반도체 사이클은 정말 돌아오는 것일까?' '미국 대선에서 승리를 거머쥘 사람은 누구일까?' '생성형 AI의 승자는 누가 될까?' 이러한 물음의 가장 앞에는 '과연 미래에는'이라는 말이 함축되어 있다. 투자를 한다는 건 미래에 베팅하는 것이다. 이런 면에서 도박과 닮았다고 이야기하는 사람도 있는데, 아무런 백데이터 없이 하는 것이 도박이라면, 데이터와 다양한 현상을 기반으로 가정을 세워서 하는 것이 투자다.

앞으로 세상이 어떻게 변할지, 어떤 기술들이 주목받을지, 트렌드는 어떻게 전개될지, 라이프 스타일의 변화는 어디까지 펼쳐질지 가까운 미래에 벌어질 일들을 고민하고 선별해 이 책에 담았다. 미래를 바꿀 기술뿐 아니라 소비 패턴의 변화 그리고 라이프 스타일의 변화까지 놓치지 않고 투자 기회를 포착하고 싶은 투자자들에게 이 책이 좋은 아이디어를 줄 수 있길 바란다.

돈을 조금 더 쉽게 벌고 싶은 투자자를 위해

돈은 이 세상을 살아가기 위한 필수 요소이며, 많으면 많을수록 좋다. 물론 다다익선까지는 아니라고 생각하는 사람도 있겠지만, 자본주의 사회에서 돈 없이 사는 것은 상당히 어려운 일이다. 이렇듯 돈은 인생에서 정말 중요한 역할을 한다.

그런데 현실은 지금 이 순간을 살아가기에도 너무나 바쁘다. 소소한 행복을 위해 친구들과 시간을 보내야 하고, 직장인이라면 사회생활을, 대학생이라면 학업과 취업 준비를 해야 한다. 결혼을 했다면 가족의 대소사를 챙겨야 하고, 은퇴를 앞두고 있다면 노후 준비를 해야 한다.

이렇게 하루하루 신경 써야 할 것이 태산이지만, 그럼에도 투자는 해야 한다. 나의 목적에 맞게 필요한 자금을 벌 수 있는, 나의 노동력 없이도 불로소득을 벌 수 있는 좋은 방법이기 때문이다. 다만 너무 바쁘니 하루 종일 머리를 싸매고 '어떻게 해야 내 자산을 불릴 수 있을까' 고민할 수는 없는 노릇이다. 그렇다면 '돈을 조금 더 쉽게 벌 수 있는 방법이 없을까?' '내가 잠을 자는 동안에도, 내가 다른 일을 하는 동안에도 돈이 벌리면 참 좋겠다'라고 생각하고 있는 투자자들이 최고의 방법을 찾는 데 이 책이 유용하게 쓰이길 바란다.

투자라는 세계에 매료되어 수많은 물음표를 가지고 미래를 고민하고 있는 모든 사람에게 이 책을 바친다.

김수정

목차

PART 1

왜
ETF일까?

PART 2

ETF 투자자라면 반드시
알아두어야 할 것들

PART 3

본격적으로 ETF 포트폴리오 만들기!
국가대표지수 추종 ETF

PART 4

혁신 성장 테마형 ETF
(1) IT

PART 5

혁신 성장 테마형 ETF
(2) 비IT

PART 6

채권
ETF

PART 7

환율 ETF, 리츠 ETF, 월배당 ETF, 원자재 ETF

PART 8

실전! 자신에게 맞는
ETF 포트폴리오 만들기

PART 1

왜
ETF일까?

....

금융시장에 투자하는 방법은 여러 가지가 있다. 개별 주식에 투자할 수도 있고, 증권
사의 추천을 받아 개별 채권에 투자할 수도 있다. 유동성 자산에 관심이 없는 사람이
라면 부동산에 투자할 수도 있고, 지금은 인기가 다소 사그라들었지만 가상자산에
투자할 수도 있다. 그런데 필자는 왜 그중에서도 ETF 투자를 추천하는 것일까? 국내
ETF 시장 규모는 한국거래소 기준 139조 원을 달성했다(2024년 3월 기준). 2020년
52조 원에 그쳤던 시장이 3년 만에 2배 가까이 성장한 것이다. 이번 파트에서는 왜
많은 사람이 ETF 투자를 선택했는지 그 이유를 자세히 알아보자.

CHAPTER 1

지금 이 순간,
빛을 발하고 있는 ETF 투자

투자자라면 뉴스를 통해서든, 인터넷 광고를 통해서든 'ETF'라는 말을 한 번쯤 들어봤을 것이다. ETF는 2000년대에 들어서면서부터 '금융상품의 혁신'이라 불리며 많은 사람의 관심을 받고 있다. ETF가 유난히 빛을 발하는 순간은 크게 세 가지다.

첫 번째는 해소되지 않은 리스크가 많고 경제가 좋지 않을 때다. 최근 세계 경제는 매우 느리게 회복되고 있다. 나라마다 다르지만 미국의 경우, 2001년 이후 가장 높은 기준금리 수준에서 이제 막 내려오기 시작했는데 억눌렸던 소비는 쉽게 살아나지 않고, 설비투자는 경제가 활황일 때보다 못하다. 그리고 대선을 앞두고 시장 변동성이 높다. ETF는 이러한 상황에서 장점이 드러난다.

두 번째는 장기적으로 투자할 때다. 내 아이를 위한 투자를 생각하는 사람들, 이제 막 취업을 해 장기적으로 투자를 해보고 싶은 사람들, 은퇴를 앞두고 남은 기간 동안 자본을 늘리기 위해 장기투자를 고민하는 사람들에게 적격이다.

세 번째는 새로운 기술의 등장으로 어떤 기업이 승자가 될지 알기 어려울 때다. 증시에 영향을 미치는 다양한 요소 중 투자자들의 이목을 끄는 것은 '파괴적인 혁신'이다. 그런데 이러한 기술력을 완벽하게 파악하고 투자하는 것은 시간도 부족하고 현실적으로 불가능하다. 이럴 때 ETF가 매우 편리하다.

ETF가 빛을 발하는 순간 1

이제 세계 경제가 제대로 된 회복기에 들어선 것 같지만 사실 코로나19가 발생한 이후부터 부진함에 시달렸다. 세계 경제는 당분간 미국과 인도를 비롯한 몇몇 신흥국의 활약으로 순항할 것으로 보인다. 하지만 경제가 강하지 못했던 시점을 복기해 보면 '더욱 잘 투자할 수 있지 않았을까' 하는 생각을 지울 수 없다. 그리고 2024년은 정치적인 리스크가 높은 해다. 경제는 어찌 회복되었다 하더라도 리스크는 상당히 높은 시점인데, ETF는 앞을 예측할 수 없는 이벤트가 많이 산재되어 있을 때 혹은 경제가 약할 때 빛을 발한다.

경제가 강하지 못한 시기에는 금융시장 자체가 약하기 때문에 작은 뉴스에도 자산가격이 크게 흔들린다. 그리고 정치적으로 매우 큰 이벤트를 앞두고 있는 만큼 변동성이 더욱 확대된다. 애널리스트들이 '과도하게 하락했다' 혹은 '과도하게 상승했다'라는 말을 자주 하는 시기라고 볼 수도 있다.

지금은 경제성장에 대한 리스크가 혼재되어 있는 상황이며, 경제전망에 대한 불확실성이 여전히 높은 상황이다. 누가 미국의 차기 대통령이 되느냐에 따라 많은 것이 결정되는데, 사전에 진행하는 설문조사 결과가 한쪽으로 쏠린다 해도 최종 결과가 나오기 전까지는 그 어떤 것도 확신할 수 없다. 투자자 입장에서는 예측할 수 없는 것이 상당히 많다. 상황이 이러하면 단일 종목의 주가는 하루 올랐다가 다음 날에 떨어지고, 그다음 날에 또 올랐다가 더 떨어지는 것을 반복한다. 그리고 움직이는 폭이 너무나도 크고 속도도 상상 이상으로 빠르다. 정신이 없고 일희일비를 느낄 법한 상황이다. 소위 말해 투자자들이 가장 아름답다고 표현하는, 지속적으로 상승하는 추세선이 나오기 어려운 환경이다.

이러한 패턴에 지쳤다면 생각할 수 있는 대안이 바로 ETF다. 우리는 글로벌 경제를 부흥기로 이끌 수도, 미국의 연방준비제도Federal Reserve System(이하 '연준')의 금리 인하를 종용할 수도, 점쟁이처럼 누가 미국의 차기 대통령이 될지 점칠 수도 없으니 현실적으로 대응할 수 있는 방법을 찾아야 한다. 물론 근래에 미국에서 단일 종목 ETF도 출시되었지만, ETF의 목적에 맞게 만들어진 상품이라면 대개 10~30개 이상 종목을 보유하고 있다. 국내에 상장된 ETF라면 최소 10개 종목을 가지고 있어야 하며, 추종하는 지수 내 한 종목이 30% 이상의 비중을 차지할 수 없다. 이렇듯 ETF는 상품 자체가 다양한 종목에 투자하도록 구성되어 있어 분산투자 효과를 누릴 수 있는데, 지정학적인 리스크가 높고 글로벌 경제가 활황이 아닌 지금이 ETF 투자에 눈을 돌려야 할 때다.

지금과 같은 상황에서 ETF가 유독 빛나는 이유는 변동성을 낮출 수 있기 때문이다. 이는 상승과 하락의 폭을 줄인다는 뜻인데, 정치적인 불확실성 혹은 기준금리 결정에 따른 불확실성이 확대될 때는 하락폭이 두드러지므로, 하락하는 정도를 낮추는 방법으로 ETF를 활용할 수 있다는 이야기다. ETF는 그 자체로 분산투자를 하도록 만들어진 상품이다. 그렇기 때문에 단일 종목에 투자하는 것보다 변동성을 낮출 수 있다. 한마디로 리스크를 분산하는 것이다.

세계 경제는 제대로 된 회복기에 들어갔다. 하지만 실물경제는 아직 완벽하게 탄탄하지 않다. 이럴 때 자산가격은 더 흔들리기 마련이다. 실물경제는 자산시장을 지탱하는 펀더멘털인데, 경제라는 근간이 무너지니 그 위에 형성된 자산가격이 더욱 크게 흔들리는 것이다. 그리고 거기에 정치적·지정학적 리스크가 추가되면 흔들림의 정도가 심해진다. 보통 증시가 흔들리면 개별 종목의 가격은 더욱 크게 흔들린다.

국내 투자자들에게 굉장히 인기가 많은 테슬라^{Tesla}를 예로 들어 보도록 하겠다. 2022년 우리의 마음을 아프게 했던 테슬라의 주가와 동일한 테마를 추종하는 글로벌 자율주행/전기차 ETF의 변동성 그리고 나스닥 수익률을 비교해 보자. 2022년은 미국 연준이 기준금리를 이례적인 속도로 올리기 시작하면서 경기 하강 사이클에 본격적으로 접어든 해다. 2022년 하반기부터 테슬라의 개별 종목 이슈가 있기도

2022년 테슬라의 주가와 자율주행/전기차 ETF, 나스닥 수익률 추이

자료: 블룸버그Boomberg

했지만 2023년으로 해가 바뀌면서 곧바로 크게 반등했다. 즉 2022년 경기 둔화 사이클 초입에 '과도하게 하락한' 종목 중 하나라고 할 수 있다.

2022년 테슬라의 연간 변동성은 65%, 연간 수익률은 -69%였다. 변동성이 65%라는 것은 특정 기간 동안 연환산 수익률의 표준편차, 즉 주가가 상승 또는 하락할 수 있는 범위가 65% 내외라는 뜻이다. 나스닥100지수의 연간 변동성이 32%이니 단일 종목의 변동성이 얼마나 큰지 알 수 있는 대목이다. 그럼 총 75개 종목이 포함된 글로벌 자율주행/전기차 ETF의 변동성은 어땠을까? 고작 32%였고, 같은 기간 수익률도 -34%였다.

그렇다면 지금과 같은 변동성이 높은 시기에는 ETF가 더욱 현명한 선택이 아닐까? 정치적·지정학적 그리고 기준금리 관련 리스크들이 시장에 불안감을 더할 때 투자 포트폴리오에 ETF를 담아 변동성과

하락폭을 낮추는 것이다. 예시로 다룬 글로벌 자율주행/전기차 ETF
는 나스닥100지수와 비슷한 변동성과 하락률을 보였다. 다양한 이슈
로 불확실성이 높은 상황에서는 개별 종목보다 동일한 산업 혹은 테
마 ETF에 투자하는 것이 바람직하다.

ETF가 빛을 발하는 순간 2

앞의 내용을 읽고 이런 생각이 들 수도 있다.

'그렇다면 경제가 좋지 않고 정치적·지정학적 리스크가 높을 때만
ETF에 투자해야 할까?'

그렇지 않다. 앞에서 말했듯이 두 번째로 ETF가 빛을 발하는 순
간은 '장기적으로 투자할 때'다. 경제가 좋지 않을 때 변동성을 줄여준
다는 의미에서 ETF의 특징이 부각되고, 장기투자로 간다면 ETF가 가
진 또 다른 특징인 '패시브 투자'가 빛이 난다. 패시브 투자란, 수익률
의 기준이 되는 지수(벤치마크)를 이기기 위해 다양한 종목을 활발하
게 매수/매도하는 것이 아니라 기준이 되는 그 지수 자체에 투자하는
것을 말한다. 물론 액티브(매번 개별 종목을 고르고 비중을 조절해 투자하
는 방식) 전략을 추구하는 ETF도 있지만 대표적인 ETF들은 대부분 패
시브 투자 전략에 기반한다.

2013년 워런 버핏은 자신의 유서에 '내가 죽으면 전 재산의 90%
는 S&P500을 추종하는 인덱스펀드에, 10%는 채권에 투자하라'라고
적었다고 한다. S&P500을 추종하는 인덱스펀드는 바로 ETF가 아닌

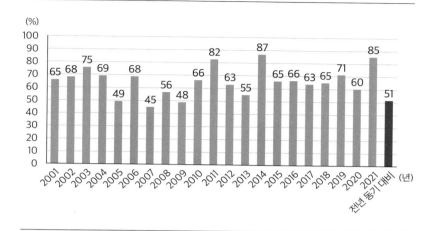

미국 대형주 펀드가 S&P500 수익률을 이기지 못할 확률

(%)

자료: S&P 다우존스지수사

가! 투자의 귀재마저 이렇게 이야기했다고 하니 ETF가 더욱 매력적으로 보이지 않는가. 워런 버핏의 유언은 다양한 종목에 전략적으로 투자하지 말고 S&P500을 추종하는 ETF에 편안하게 돈을 넣어두라는 뜻으로 해석할 수 있다. 그렇다면 장기적으로 종목 플레이를 하는 것보다 패시브 전략을 활용하는 ETF에 투자하는 것이 이득이라는 말인데, 데이터를 통해 좀 더 구체적으로 알아보자.

S&P 다우존스지수사에 따르면 2001년 이후 평균적으로 S&P500의 연간 수익률을 넘어선 미국 대형주 액티브펀드는 35%에 불과하다. 액티브펀드는 벤치마크 대비 높은 수익률을 거두는 것을 목적으로 한다는 점을 생각해 보면 참으로 안타까운 현실이다. 미국 대형주 펀드들의 22년간 성적을 'Pass or Fail'로 매기면 35%만 Pass를 받고, 나

액티브펀드가 벤치마크를 아웃퍼폼한 비율

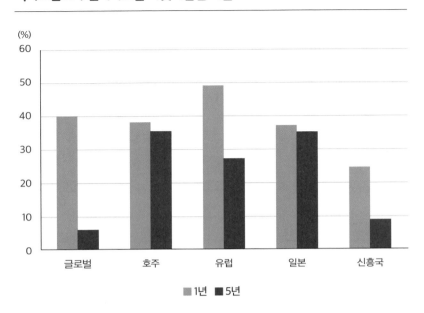

(%)

| | 글로벌 | 호주 | 유럽 | 일본 | 신흥국 |

■ 1년 ■ 5년

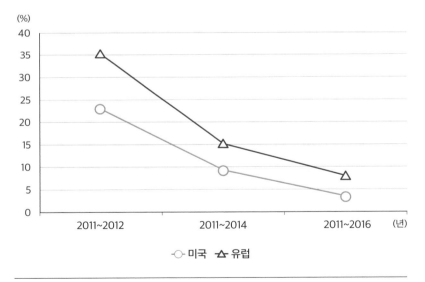

(%)

2011~2012   2011~2014   2011~2016   (년)

◦ 미국 △ 유럽

자료: 국제결제은행, SK증권

머지 65%는 Fail을 받은 셈이다. 불가능한 건 아니지만 그만큼 지수를 이기기는 어렵다. 단타매매로 수익을 얻는 것이 아니라 1년 혹은 더 길게 투자할 경우 지수를 추종하는 ETF에 투자하는 것이 수익률이 더 높았다.

비단 미국만 그럴까? 글로벌 그리고 지역적으로 나누어 봐도 비슷한 양상을 보인다. 실제로 1년 수익률이 벤치마크를 아웃퍼폼한 액티브펀드의 비율은 모든 지역에서 50%를 하회했다. 더 오랜 기간 투자한다면 그 비율은 더욱 떨어진다. 미국과 유럽에서 투자 기간을 1년, 4년, 6년으로 늘리면 지수 투자를 이긴 액티브펀드의 비중은 계속해서 줄어들어 마지막에는 3~8%만 살아남는다. 모든 순간 종목 매수/매도에 대한 올바른 예측을 해내지 않는 한 지수를 이기기 어려우며, 그 기간이 길어질수록 투자 선택에 대한 정확도가 떨어진다. 워런 버핏은 장기적으로 투자한다면 지수 추종 ETF에 투자하는 것이 빛을 발한다는 사실을 알고 있었기에 자신의 유서에 자산의 90%를 S&P500 ETF에 투자하라는 말을 남긴 것이다.

그러니 우리도 장기적으로 투자할 거라면 ETF 투자를 활용해야 한다. 단기적으로 종목매매를 통해 차익을 노리는 투자자라면 ETF를 고집할 필요는 없다. 하지만 워런 버핏을 존경하는 투자자라면 그가 장기투자의 중요성을 얼마나 강조했는지 잘 알고 있을 것이다. '10년 이상 보유할 것이 아니라면 10분도 보유하지 말라' '자녀에게 물려줄 주식이 아니면 사지 말라' 등 장기투자를 강조한 말을 얼마나 많이 남겼는가. 이런 장기투자에 대한 생각을 가지고 있는 워런 버핏의 답은 바로 ETF였다는 사실을 기억하기 바란다.

ETF가 빛을 발하는 순간 3

마지막으로 ETF가 빛을 발하는 순간은 '새로운 기술의 등장으로 어느 기업이 승자가 될지 알기 어려울 때'다. 간단하게 말해 ETF는 누가 이 길지 모르니 누가 이기든 수익을 얻을 수 있도록 가능성 있는 후보들에 선제적으로 한 번에 투자하는 방법이다.

우리는 금융시장에서 매우 빈번하게 새로운 트렌드를 마주한다. 메가트렌드, 패러다임 전환, 혁신 기술 등 주가 상승 스토리를 내포한 다양한 콘셉트가 등장한다. 그럴 때마다 어떤 기업들이 포함되는지, 어떤 기업들에 투자해야 하는지, 결국에는 누가 트렌드를 선도할 것인지 공부하지만 정확하게 예측하기란 결코 쉬운 일이 아니다. 종목을 비교 분석하려면 각 기업이 가지고 있는 기술력과 발전 정도로 파악해야 하는데 이는 너무나도 어렵다. 그리고 만약 해당 산업이 발전 초기 단계라면 잘못된 선택을 할 가능성이 있다.

예를 들어보겠다. '스마트폰'이라는 용어가 처음 등장했을 때 정말 많은 기업이 이 사업에 뛰어들었다. 카메라가 탑재되어 있고 인터넷이 연결되는, 우리가 알고 있는 지금의 스마트폰과 비슷한 형태는 2001년부터 출시되었다. 놀랍게도 카메라가 장착된 스마트폰을 가장 먼저 출시한 기업은 지금은 스마트폰과 전혀 관련이 없는 샤프[Sharp]였다. 시간이 흘러 2007년 애플[Apple]이 아이폰을 출시한 뒤 휴대폰, 디스플레이 사업을 영위하던 기업들이 너 나 할 것 없이 스마트폰 사업에 뛰어들었다. 당시 휴대폰 시장의 49%를 차지하고 있던 노키아[Nokia]와 10~30대를 겨냥한 블랙베리[BlackBerry]에 대한 기대감도 상당했다.

2011년 마이크로소프트Microsoft도 스마트폰을 출시했는데, 제작 담당인 노키아가 그만두면서 역사 속으로 사라졌다. 국내 스마트폰 제조업체 중 하나인 LG도 혁신 기술을 토대로 성장을 도모했으나 결국 포기하면서 스마트폰 완성 업체는 삼성과 애플로 양분화되었다.

여기서 우리가 기억해야 할 것은 스마트폰이라는 혁신 기술의 승자를 가리기까지 5년이 넘는 시간이 걸렸다는 사실이다. 그리고 당시 몇 개의 종목만 추리기에는 너무나도 많은 기업이 기술력을 뽐냈으며, 휴대폰 시장 내 장악력을 자랑했다.

이럴 때 투자자에게 편하게 다가오는 것이 ETF다. 당시 ETF 시장은 극초반이었기 때문에 성공한 스마트폰 ETF는 남아 있지 않다. 만약 지금과 비슷한 방법으로 테마 ETF를 만들었다면 '스마트폰 밸류체인에 포함된 기업들' '사업계획서 혹은 공식적인 발표를 통해 스마트폰 사업에 뛰어들 것이라는 의사를 밝힌 기업들' '스마트폰 관련 매출이 창출되는 기업들' 등과 같은 기준을 토대로 방법론이 개발되어 다양한 기업을 담고 있었을 것이다. 물론 지금 보면 상관없는 기업들도 담고 있었겠지만, 적어도 종목을 잘못 선택해 수익률이 스마트폰 산업의 성장률과 반대로 가는 상황은 피할 수 있었을 것이다. 시간이 지날수록 삼성과 애플이 두각을 나타내면서 성장한 것은 ETF에 제대로 반영되었을 테니 말이다.

특정 기업의 주가가 상승해 시가총액이 커지면 동일 가중 ETF가 아닌 경우 ETF 내 해당 기업의 비중은 점진적으로 늘어나 ETF 수익률에 더 반영된다. 그러면 투자자들은 종목 선정을 위한 비교 분석을 하지 않아도 혁신 기술 발전에 따른 수익률을 누릴 수 있다. 물론 가장

높은 수익률을 보인 몇 개 기업만 완벽하게 선택해 투자했을 때보다
는 상대적으로 수익률이 낮겠지만, 파괴적인 혁신을 보이며 나타난 새
로운 기술력과 트렌드에 대한 흐름을 누릴 수 있다.

주가는 새로운 기술 혹은 사회적인 현상이 등장하면 움직임을 보
이는데, 모든 분야의 전문가가 될 수는 없으니 그럴 땐 ETF에 관심을
가져보자.

이번 챕터에서 이야기한 것은 포털사이트 검색창에 'ETF에 투자
해야 하는 이유'를 검색하면 나오는 내용과 사뭇 다르다. 이번 챕터에
서는 어디에, 어떻게 투자해야 할지 고민하고 있는 사람들에게 왜 지
금 ETF 투자를 시작해야 하는지 그 이유를 설명했다.

ETF는 매우 용이한 투자 방법이다. 금융시장에서 '무엇을 좋아할
지 몰라 다 준비해 봤어'가 바로 ETF다. ETF 상품은 전 세계적으로
한 달에 평균 100개 정도 탄생한다. 이미 1만 628개의 상품이 있는데
도 매월 새로운 상품이 탄생한다(2024년 4월 기준). 이렇게 많은 상품
이 출시된다는 것은 투자자가 금융시장에서 무언가를 찾는다면 ETF
는 있다는 뜻이다. '설마 이런 콘셉트로 투자하는 ETF가 있겠어?'라는
의구심을 가지고 포털사이트에 검색해 보면 적어도 1개는 찾을 수 있
다. 앞서 설명한 세 가지 상황은 ETF가 '가장' 빛을 발하는 순간이지
만 평상시에도 ETF는 편리하고 접근성이 좋은 투자 방법이다.

CHAPTER 2

ETF 투자의
장단점

그럼 앞서 이야기한 순간이 아니라면 ETF에 투자할 필요가 없는 것일까? 그렇지 않다. ETF는 투자자들의 편의성과 접근성을 용이하게 만들기 위해 개발되었기 때문에 사용자 친화적인 특징이 탑재되어 있다. 하지만 종목에 투자하는 것과도, 펀드에 투자하는 것과도 다르다. 따라서 ETF 투자는 장점도 있지만 단점도 꽤 존재한다. 그리고 ETF에 투자하는 건 금융회사(자산운용사)에서 만든 금융상품에 투자하는 것이므로 투자하기 전에 반드시 자신에게 맞는 투자 방법인지 알아봐야 한다. 이번 챕터에서는 실제로 ETF에 투자할 때 느낄 수 있는 장단점을 알아보자.

ETF의 장점 1. 다양한 상품에 대한 접근성

ETF의 가장 큰 장점은 쉽다는 것이다. '쉽다'라는 말을 더욱 정확하게 풀어보면 투자자에게 높은 접근성을 제공해 주는 상품이라는 의미다. 개별 채권에 투자한다고 가정해 보자. 이미 투자한 경험이 있다면 '아, 정말 복잡하네'라고 생각했을 것이다. MTS 혹은 HTS를 통해 채권을 직접적으로 거래할 경우 장외채권, 장내채권, 신종자본증권, 단기사채 등 원하는 채권 상품을 선택한 뒤 매수하면 되는데, 전문적으로 채권을 다루어보지 않았다면 결코 쉬운 일이 아니다. 그리고 장외채권의 경우 특정 증권사만 판매하므로 어떤 증권사를 선택하는지에 따라 투자할 수 있는 채권들도 달라진다. 반면 ETF를 통해 채권에 투자할 경우 다양한 채권(글로벌 국채, 회사채, 시니어론 등)에 편리하게 투자할 수 있다.

비슷한 맥락으로 선물투자도 ETF를 통한다면 매우 쉬워진다. 그래서 다양한 원자재에 투자가 가능하고 유명한 레버리지, 인버스로 2~3배까지 자신이 현재 가지고 있는 일반 계좌에서 쉽게 매매할 수 있다.

수익을 극대화할 수 있고 양방향 매매를 손쉽게 할 수 있는 것도 ETF의 매력이다. 포털사이트 검색창에 '개인투자자가 선물투자하는 방법'을 검색해 보면, 자신들이 도움을 줄 수 있다며 돈을 요구하는 업체가 다수 등장한다. 그만큼 전문 기관투자자들의 영역이라 생각되어 왔던 원자재 선물투자와 레버리지 상품들에 대한 접근성을 ETF가 향상시켜 투자자 입장에서 선택지가 다양해졌다.

ETF의 장점 2. 실시간 투명한 정보 제공

앞서 설명한 장점은 개별 종목 투자와 비교했을 때의 장점이라면, 이번에는 펀드와 비교했을 때 ETF만이 가지고 있는 장점을 이야기해 볼까 한다. 바로 ETF의 투명성이다. ETF도 어쨌든 펀드의 형태를 가지고 있기 때문에 자산운용사에서 운용한다. 그래서 주식형 펀드, 채권형 펀드와 비교되곤 하는데, 투자자 입장에서 차이점이자 장점으로 생각되는 부분은 아무래도 투명성이다.

일반 펀드라면 매일 어떤 종목에 어떤 비중으로 투자되는지 확인할 수 없다. 개별 펀드마다 가지고 있는 고유의 종목 트레이딩 전략은 비밀이기 때문이다. 펀드 포트폴리오 구성 내역이 한 달 주기로 자산운용사 홈페이지 등에 업데이트 되기는 하지만 실시간으로 내가 투자한 펀드에 어떤 종목들이 담겨 있는지는 알 수 없다.

반면 ETF는 매일 내 돈이 정확히 어떤 종목에 어떤 비중으로 투자되는지, 어떤 종목이 포함되어 있는 지수를 추종하는지 확인할 수 있다. 따라서 수익률이 왜 올랐는지 혹은 왜 떨어졌는지 바로바로 확인이 가능하다. ETF 자산운용사의 홈페이지에 들어가면 PDF^{Portfolio Deposit File}를 확인할 수 있다. 투자하고 있는 종목과 비중을 매일 공개한다. PDF는 ETF의 포트폴리오 단위인 1CU의 구성 내역으로, 납부자산 구성 내역 혹은 투자 종목 정보다. ETF의 PDF는 MTS, HTS, 한국거래소 홈페이지에서도 확인할 수 있다.

그리고 ETF를 보다 보면 이름에 '합성'이라고 적혀 있는 것이 있다. 이러한 상품들을 '합성형 ETF'라고 칭하는데, ETF가 추종하는 지수에 있는 종목을 그대로 사는 것이 아니라 추종하는 지수의 수익률만 받는 형태의 ETF다. 운용사에서 실제로 종목들을 다 보유하지 않고 증권사에 운용을 맡긴 뒤 해당 수익률만 정산받는다. 합성형 ETF는 시차, 비용, 복잡한 구조 때문에 직접투자가 어려운 해외 시장을 기초자산으로 한 ETF에 많이 활용된다.

예를 들어 TIGER 글로벌리튬&2차전지SOLACTIVE(합성) ETF는 Solactive Global Lithium지수를 기초지수로 하는데, 이 지수에 포함된 모든 종목에 투자하기에는 어려움이 있다. 그래서 기초지수의 등락만큼 정산을 받는 스왑Swaps 계약으로 투자자들에게 수익률을 제공한다. 운용사가 종목을 실제로 담지 않아 합성형 ETF의 PDF에는 종목 이름이 보이지 않는다. 대신 어떤 증권사와 스왑 계약을 체결했는지, 거래 상대방의 위험이 어느 정도인지 등이 모두 공개된다. 실제 종목 대신 운용사가 가지고 있는 자산이 스왑 계약이기 때문이다. 물론 기초지수에 포함된 종목들을 확인한다면 나의 투자금이 어떤 기업들에 투자된 것과 동일한 수익을 얻을 수 있는지 알 수 있다.

전 세계적으로 모든 ETF가 구성 종목을 매 영업일에 공개하지는 않는다. 전체 ETF 시장에서 차지하는 비중은 작지만 액티브 ETF는 국내와 미국 법규가 달라 PDF 공개 내역에 대한 기준이 다르다. 미국은 2019년 미국 증권거래위원회SEC, Securities and Exchange Commission의 「투자회사법」을 개정하면서 액티브 ETF의 PDF 지연 공개 근거를 마련해 매 영업일에 구성 종목을 반드시 공개하지 않아도 된다. 하지만 국내에서는 액티브 ETF도 지수를 추종하는 ETF와 동일하게 매일 구성 종목을 공개해야 한다.

ETF의 장점 3. 상대적으로 저렴한 비용

일반 펀드와 비교했을 때 투자자들이 느끼는 또 하나의 장점은 바로 저렴한 비용이다. 펀드에 투자할 때는 운용보수를 내야 한다. 그런데 ETF는 일반 펀드 대비 운용수수료가 저렴하다. HTS, MTS로 직접투자를 한다면 판매보수 및 판매수수료가 없어 일반 펀드에 비해 더 저렴하게 투자할 수 있다. 그리고 일반 펀드는 일정 기간 내에 환매할 때 환매수수료가 부과되지만, ETF는 환매수수료 없이 자유롭게 매매할 수 있다. 사실 펀드투자를 해보지 않은 투자자라면 이 장점을 느끼기 어려울 것이다. 하지만 펀드투자를 해본 투자자라면 분명 이 점이 큰 장점으로 다가올 것이다.

ETF의 운용보수는 점점 더 저렴해지고 있다. 글로벌 ETF 운용사인 뱅가드Vanguard의 ETF 평균 운용보수율은 0.09%다. 거의 0에 가까운 수준이다. 경쟁사인 아이셰어즈iShares는 동일한 지수를 추종하지만 보수가 더 저렴한 Core ETF 시리즈를 내며 해당 ETF들의 평균 운용보수율을 0.05%로 낮췄다. 운용사마다 동일한 지수를 추종하는 ETF가 있다면 운용보수가 저렴한 ETF가 가격 경쟁력을 가지기 때문에 운용사들은 보수를 지속적으로 낮추고 있다. 개인투자자 입장에서는 좋은 일이다.

일반 펀드 대비 비용이 낮은 이유는 시장 변화나 환매에 대응하기 위한 잦은 매매로 높은 비용이 발생하지 않기 때문이다. ETF는 포트폴리오 변경 횟수가 아예 없는 것도 있고, 많게는 1년에 4차례까지 이루어지는 것도 있다. 중간에 지수 방법론을 변경한다면 포트폴리오가 변경되겠지만 그렇지 않는 한 종목의 편입/편출이 자주 일어나지 않는다. 따라서 일반 펀드와 비교했을 때 매매 횟수가 적어 비용이 최소화되기 때문에 저렴한 비용을 내고 자신의 취향에 맞게 펀드를 골라 담을 수 있다.

ETF의 단점 1.
원하는 가격에 거래가 힘든 유동성 문제

ETF는 주식처럼 거래된다. 그래서 매수호가(ETF를 사려고 하는 가격)와 매도호가(ETF를 팔려고 하는 가격)가 만나야 체결된다. 거래가 활발하게 되는 주식처럼 매수호가와 매도호가가 촘촘하게 형성되어 있어야 거래가 원활하게 이루어진다. 그런데 내가 사거나 팔고자 하는 ETF가 거래량이 많지 않아 매수호가와 매도호가 사이에 빈자리가 많다면 어떻게 될까? 원하는 가격에 사지 못할 수도, 원하는 가격에 팔지 못할 수도 있다.

예를 들어 ETF의 가격은 2% 올랐는데 매도호가는 2.3%에 있고, 매수호가는 1.8%에 있다면 ETF의 가격이 2% 올랐음에도 불구하고 1.8%에 팔아야 한다. 반대로 내가 ETF를 사고 싶다면 ETF의 가격보다 높은 가격인 2.3%에 사야 한다.

물론 주식을 거래할 때도 자신이 생각하는 적정 가격을 적어 매수, 매도를 입력하면 체결이 될 때까지 기다려야 하지만 ETF의 유동성이 부족할 때는 거래가 계속 체결되지 않을 수도 있다. 또한 시장에서 수요와 공급이 원활하게 이루어지지 않으면 매수호가와 매도호가의 차이가 벌어져 실제로 투자할 때 불편함을 느낄 수도 있다.

이러한 문제를 해결하고자 모든 ETF가 가지고 있는 장치가 있다. 바로 유동성 공급자LP, Liquidity Provider다. LP는 발행된 ETF를 매매하는 유통시장, 즉 개인투자자들이 사고파는 시장에서 유동성을 공급해 주는 역할을 한다. LP는 보통 증권사에서 역할을 맡으며, 매수와 매도 양쪽에 최소 100주 이상씩 호가를 제출해야 하는 의무가 있다. 그래서 거래량이 매우 적거나 1주도 거래되지 않는 ETF라도 LP 덕분에 거래가 가능하다.

하지만 모든 순간에 모든 ETF에 대해 LP들이 호가를 제대로 제출하지 못할 수도 있다. LP 관리 의무 비율은 국내 자산은 3%, 해외 자산은 6%다. 여기서 2배 이상 격차가 나면 투자 유의 종목으로 지정된다. 그리고 거래소와 운용사 모두 괴리율에 관심을 두고 해당 부분을 주의 깊게 지켜보지만, 실제로 ETF 거래를 하는 투자자라면 ETF의 순자산총액AUM, Asset Under Management과 거래량을 확인해야 한다.

ETF의 단점 2.
극단적 수요와 공급 불일치로 발생하는 괴리율

ETF는 펀드가 실시간으로 판매되는 상품이기 때문에 괴리율이 벌어질 수 있다는 단점이 있다. 괴리율을 알려면 ETF의 가격이 세 가지 존재한다는 점을 알아야 한다. 우선 ETF는 펀드이기 때문에 기준가격이 있다. 기준가격은 순자산가치이며, NAV^Net Asset Value로 표기된다. 전날 종가를 기준으로 하루에 한 번 산정된다. 그런데 실시간으로 거래되는 것이 ETF의 특징인데 하루에 한 번 산정되는 가격으로 ETF의 자산가치를 제대로 알 수가 없다. 그래서 실시간으로 순자산가치를 보여주는 iNAV^indicative NAV가 있다. 또 하나는 개인투자자가 실제로 거래하는 가격인 시장가격이다.

ETF에 투자하다 보면 iNAV와 시장가격이 크게 차이가 날 때가 있다. 이러한 현상은 보통 수요와 공급이 일치하지 않을 때 발생한다. ETF를 사고자 하는 사람과 팔고자 하는 사람의 불일치가 크게 나타나면 괴리율이 발생한다.

수요와 공급이 일치하지 않아 문제가 되는 경우는 자주 일어나지 않는다. 하지만 누구도 예상치 못한 러시아-우크라이나 전쟁이 발발했을 때 국내에 상장된 러시아 ETF 괴리율이 30%까지 벌어졌다. 전일 대비 순매수 금액이 695%나 늘어나면서 개인투자자들이 몰려 시장 거래가격이 너무 올라간 것이다. 매수를 하는 만큼 ETF가 공급되지 않았고, 실질적인 순자산가치는 그대로인데 시장가격만 올랐다. 이럴 경우 거래가 정지되며, 상장폐지 가능성도 언급된다.

이와 같이 기초자산 변동성이 이례적으로 큰 경우에는 해당 ETF 거래를 자제하는 것이 좋다. 시장에 ETF 유동성을 공급하는 LP들이 정상적인 매매가 힘들 정도의 상황이라면 괴리율 해소에 난항을 겪을 수도 있기 때문이다. 그러면 정확한 가격을 주고 ETF를 매수/매도한 것이 아니므로 손실을 볼 수도 있다.

그리고 미국 주식시장에는 가격 제한폭이 없는 반면, 한국 주식시장에는 30%의 가격 제한폭이 있어 iNAV와 거래가격이 달라질 수 있다. 물론 ETF는 자체적으로 분산투자가 되는 상품이기 때문에 상승/하락폭이 하루 만에 30% 이상일 가능성은 매우 희박하지만 메커니즘상 발생할 수도 있다.

ETF의 단점 3. 시차 때문에 발생하는 괴리율

앞서 설명한 극단적인 상황이 아니더라도 해외 증시와 국내 증시가 열리는 시차 때문에 괴리율이 생기기도 한다. 연휴가 지나고 나면 운용사에 수많은 문의가 쏟아진다. 자신이 생각한 수익률과 ETF의 수익률이 왜 다른 건지 설명해 달라는 문의가 대부분이다.

설 연휴 동안 미국 나스닥100지수가 약 8% 상승했다고 가정해보자. 그런데 연휴가 지나고 보니 미국 나스닥100지수를 추종하는 내 ETF 수익률은 4%밖에 되지 않고, 괴리율은 -2% 정도 벌어졌다. 상황이 이러하면 의문이 생길 수밖에 없다. 미국 나스닥100지수가 8%나 올랐는데 똑같은 지수에 투자한다는 내 ETF의 수익률은 왜 다른 것일까? 우선 괴리율이 -2%나 되니 ETF가 저평가되어 있다는 것을 알 수 있다.

이 괴리율은 국내 시장이 연휴인 동안 미국 시장은 계속 움직였지만 연휴로 이에 대한 대응이 어쩔 수 없이 늦어져 생긴 것이다. 반대로 국내 시장은 개장했는데 다른 나라 증시가 휴장인 경우에도 LP들이 헤지Hedge를 할 수 있는 방법이 제한적이기에 괴리율이 발생한다.

그런데 수익률 4%에 -2%의 괴리율을 감안하더라도 8%에는 미치지 못한다. 그 이유는 마감된 나스닥100지수 가격(한국 시간 기준 오전 6:00)은 ETF의 NAV에 반영되고, ETF의 시장가격에는 기준가격과 달리 실시간 선물 등락률이 반영되기 때문이다. 나스닥 선물거래 시간은 한국 기준으로 8:00~07:00(익일)까지 거의 24시간이므로 '시차 때문에 생긴 괴리율 + 실시간 선물가격 + 환율'까지 모두 반영되니 자신이 생각했던 바와 다른 것이다.

변동성이 높은 상황, 국내 휴장 기간이 긴 상황 외에도 괴리율이 크게 벌어질 때가 있는데, 바로 실적 발표 기간이다. 미국 기업은 장이 끝난 뒤에 실적을 발표하는 경우가 많다. 그러면 미국 증시의 정규 거래 시간이 끝나고 열리는 애프터 마켓After market에서 주가가 크게 상승 혹은 하락하는 일이 빈번하게 발생한다. 이는 나스닥 선물가격에 영향을 미친다. 그에 따라 실적 발표 종목을 포함하고 있는, 국내에 상장되어 있는 미국 추종 ETF 시장가격에 큰 영향을 미치는 것이다.

미국 증시 마감 이후 메타 플랫폼스Meta Platforms INC가 굉장히 실망스러운 실적을 발표한 이후 애프터 마켓에서 23% 하락했다고 가정해 보자. 정규 장 종료 직후 반영된 등락률과 환율을 포함해 나오는 NAV, 거기에 실시간으로 변화하는 원달러 환율을 반영한 iNAV는 메타 플랫폼스가 애프터 시장에서 23% 떨어진 것을 반영하지 못한다. 하지만 LP들은 애프터 시장 등락률까지 반영된 호가를 제시하기 때문에 ETF의 시장가격과 iNAV 사이에 차이가 발생한다. 실제로 2022년 2월 3일 미국 증시 애프터 시장에서 TIGER 미국테크TOP10 ETF 구성 종목의 등락률과 비중을 고려해 계산한 결과, 애프터 시장 반영 등락률은 -3.7%, 당일 괴리율은 -3.6%였다.

ETF는 구조상 괴리율이 발생할 수밖에 없다. 괴리율을 확인하지 않고 투자하면 예상치 못한 손실을 볼 수도 있으므로 다소 귀찮더라도 완벽하게 이해해야 한다.

ETF 종가와 NAV 괴리율이 1%(해외 자산 ETF는 2%) 이상일 때는 운용사는 이를 투자자들에게 고지해야 하는 의무가 있다. 그리고 괴리율이 분기당 20일 이상 적절한 수준(국내 ETF 3%, 해외 ETF 6%)을 넘어서면 투자 유의 종목으로 지정되고 LP를 교체할 수 있다. 이러한 규제의 의미를 좀 더 쉽게 풀어보면, 괴리율이 규제에서 언급하는 정도를 넘어선 상황이라면 조금 기다렸다가 매매하는 것이 현명하고, 두 자릿수 이상 괴리율이 벌어진 비정상적인 상황이라면 많은 장점을 가지고 있는 ETF라 하더라도 투자해서는 절대 안 된다.

ETF는 펀드 투자의 장점과 종목 투자의 장점을 합쳐 탄생했다. 그래서 펀드와 비교했을 때는 투명성, 비용 등의 장점이 있고, 개별 종목과 비교했을 때는 다양한 자산군에 편하게 투자할 수 있다는 장점이 있다. 이렇게만 말하면 장점만 있는 것 같지만 앞서 언급한 괴리율을 반드시 짚고 넘어가야 한다.

ETF 투자자들이 가장 많이 언급하는 불만 사항은 바로 괴리율이다. 실제로 네이버 종목 토론방에서 ETF 괴리율의 이야기가 가장 큰 비중을 차지한다. 앞서 이야기했듯 괴리율은 다양한 이유로 발생하는데, 시차 때문에 발생한 것이라면 크게 걱정할 필요는 없다. 괴리율이 자연스럽게 맞춰질 가능성이 있기 때문이다. 하지만 러시아 사태처럼 전쟁이 터지거나 금융시장 자체가 흔들릴 정도의 리스크가 발생해 괴리율이 두 자릿수 이상 벌어진다면 시간을 두고 신중하게 투자를 고민해야 한다.

CHAPTER 3

ETF의
분류

ETF를 분류하는 방법은 여러 가지가 있다. ETF 구조 특징으로 나눌 수도 있고, 운용 방법에 따라 나눌 수도 있다. 이번 챕터에서는 가장 익숙한 방법인 자산군별로 나누어 더욱 자세히 알아보도록 하자. ETF를 주식을 투자하는 방법으로 인지하고 있는 투자자가 많은데, ETF는 주식, 채권, 원자재, 환율, 부동산, 가상자산 등 이 세상에 존재하는 모든 자산군에 투자한다. 투자할 만한 가치가 있는 것이라면 무엇이든 ETF로 투자할 수 있다고 생각하면 된다.

주식 ETF

ETF 생태계에서 가장 큰 비중을 차지하는 것은 바로 주식 ETF다. 주식 ETF는 ① 국가대표지수 ETF, ② 테마 ETF, ③ 스마트베타 ETF, ④ ESG ETF로 나눌 수 있다.

국가대표지수 ETF

전 세계에서 가장 규모가 큰 ETF인 블랙록**Blackrock**의 iShares Core S&P500 ETF와 1993년 미국에서 가장 처음 출시된 스테이트 스트리트**State Street**의 SPDR S&P500 ETF 모두 국가대표지수인 S&P500을 추종하는 ETF다. ETF 자체가 국가대표지수를 추종하는 상품에서 시작했기 때문에 'ETF = 국가대표지수에 투자하는 방법'으로 인식하고 있는 투자자가 많은데, 개인투자자 입장에서 인덱스에 투자하는 가장 편리한 방법이 바로 ETF다. 중국, 브라질, 멕시코, 인도, 베트남 등 개별 종목 투자에 대한 접근성이 떨어지는 국가라 하더라도 ETF는 있다.

그리고 국가대표지수 ETF 중에서도 개인투자자들이 선호하는 상품 라인은 레버리지다. 레버리지 ETF란, 파생상품에 투자해 일간 변동률의 양의 2배수 혹은 양의 3배수에 연동하도록 운용하는 상품이다. 예를 들어 기초지수의 일간 수익률이 5%이면 일간 10%의 수익률을 보이고, 반대로 기초지수의 수익률이 -5%이면 -10%에 상당하는 손실에 노출되는 상품이다. 양의 3배수라면 그 폭은 ×3으로 더 늘어난다.

그리고 꼭 기억해야 하는 것은 '일간 수익률'의 배수라는 점이다. 투자 기간 전체에 대해 누적해 양의 2배수를 추구할 수 있다는 것을 의미하지 않는다. 3개월 동안 나스닥100지수가 10% 올랐고, 내가 나스닥100지수 2배 레버리지 ETF에 투자했다고 해서 3개월 동안 나의 수익률이 20%인 것은 아니라는 의미다.

테마형 레버리지, 원자재 선물 레버리지도 있지만 가장 많이 거래되고 있고, 전 세계적으로 인기가 가장 많은 레버리지 ETF는 대부분 국가대표지수 ETF다. 2022년 12월 마지막 주, 국내 투자자들이 가장 많이 투자한 해외 종목으로 나스닥100지수의 일간 수익률의 3배를 추구하는 ProShares Trust UltraPro QQQ ETF^{TQQQ}가 압도적으로 1위를 차지하기도 했다.

테마 ETF

그다음 등장하는 것이 테마 ETF다. 통상 시가총액이 작은 종목에 투자할 때 '테마주'라고 하는 것과 상당히 다른 개념이다. 레버리지를 제외한 ETF는 주로 장기투자를 위해 활용되기 때문에 테마 ETF는 대부분 장기적인 성장성을 가진 테마를 추종한다. AI, 자율주행, 전기차, 우주 등이 가장 대표적인 테마 ETF다. (테마 ETF에 대해서는 다음 파트에서 더욱 자세히 알아보도록 하겠다.)

스마트베타 ETF

스마트베타 ETF는 국내에서는 유명하지 않지만 미국에서는 꽤 인기가 있는 편이다. 스마트베타 ETF란, 패시브 방식으로 운용되고, 편입할 투자 대상을 선별하거나 편입 종목의 투자 비중을 결정하는 과정에서 시가총액이 아닌 다른 계량적 지표를 적어도 한 차례 이상 활용해 만든 ETF를 뜻한다. 예를 들어 일정 수준 이상의 배당 수익률을 가진 종목만 선별해 투자하는 상품은 스마트베타로 분류할 수 있다. 선별 단계에서 '배당 성향'이라는 계량 지표를 사용했기 때문이다. 또한 전체 종목을 편입하더라도 배당 수익률이 높은 종목에는 많은 비중을, 배당 수익률이 낮은 종목에는 상대적으로 낮은 비중을 부여해도 스마트베타 ETF라고 할 수 있다.

2008년 글로벌 금융위기를 지나면서 ETF 시장의 성장 속도에 맞춰 시장대표지수와 차별화된 성과를 추구하는 종류의 상품들이 본격적으로 쏟아져 나오기 시작했다. 대표적으로 '성장'이나 '가치'라는 전통적인 유형뿐 아니라 '로우볼Low volatility'이라 칭하는 낮은 변동성을 보이는 주식을 담고 있는 '로우볼 ETF', 재무 구조가 탄탄한 기업들을 선별한 '퀄리티 ETF' 같은 ETF들이 나타났다.

이러한 ETF들은 한국에서는 인기가 많지 않다. 그래서 국내 운용사들은 스마트베타 ETF를 크게 홍보하지 않는다. 하지만 미국 ETF 시장에서는 존재감이 있는 편이므로 알아두면 ETF 투자자로서 투자 선택지를 넓힐 수 있다. 예를 들어 2022년 미국 증시가 크게 흔들렸을 때 변동성이 낮은 기업들을 동일 가중으로 담고 있는 iShares MSCI USA Min Vol Factor ETF와 부채 비율이 낮고 실적 증가가 안정적인 기업들을 선별해 담고 있는 iShares MSCI International Quality Factor ETF가 순매수 상위 리스트에 이름을 올리기도 했다. 정성적인 판단 없이 시가총액을 제외한 정략적인 지표로만 기업을 스크리닝해 ETF를 만들어 국내에서는 인기가 많지 않지만 미국에서는 기관투자자뿐 아니라 개인투자자들도 자주 활용하는 ETF다. 그러므로 ETF 투자자라면 스마트베타 ETF를 알아두면 좋다.

ESG ETF

개인투자자들은 잘 활용하지 않지만 기관투자자들, 특히 국부 펀드들에 인기가 있는 ETF가 있다. 바로 ESG ETF다. 국가대표지수 혹은 MSCI 선진국지수^{MSCI World Index}, MSCI 이머징마켓지수^{MSCI Emerging Market Index}를 기초로 두고 ESG 점수가 높은 기업들에 가산점을 주어 비중을 조절해 투자하는 ESG ETF부터 섹터 내 ESG 점수가 가장 높은 기업들에만 투자하는 ESG ETF까지 다양한 라인업이 있다.

2018년 기관투자자들이 ESG 투자를 하도록 유도하는 법안이 다수 마련되면서 ESG ETF 시장이 커졌다. 2018년 전 세계적으로 170개가 넘는 ESG 관련 법안이 통과되었는데, 그중 80%가 국가 투자기관들이 ESG 관련 투자를 집행하도록 유도하는 법안이었다. 국민연금이 투자할 때 기업 경영 환경을 고려하고 주주총회를 통해 기업 경영에 참여를 유도하는 내용의 스튜어드십 코드^{Stewardship Code*}를 도입한 시기도 2018년이었던 것을 생각해 보면, ESG ETF 시장은 '지속 가능한 투자' 트렌드가 실질적인 영향력을 행사하는 방향으로 바뀌면서 점차 커졌다.

---

* 국민연금 등 기관투자자의 주주총회 의결권 행사 지침을 제시해 책임 있는 투자를 끌어내도록 하는 기관투자자의 주주권 행사 준칙

채권 ETF

최근 기준금리 하향 조정에 대한 이야기가 자주 나오면서 채권 ETF에 대한 관심이 높아지고 있다. 채권 ETF는 보통 안정성을 확대해야 할 때, 금리의 방향성이 바뀔 것으로 예상될 때 가격 메리트를 누리기에 적합하다.

2022년에는 ETF 포트폴리오에 안정성을 더하기 위해 채권 ETF로의 유입이 유난히 많았다. 글로벌 ETF 리서치 업체 ETFGI에 따르면 2022년 7월 이례적으로 채권 ETF로의 유입이 많았다. 2022년 6월 대비 채권 ETF 순유입 규모는 9배가량 늘어났는데, 당시 미국의 기준금리 인상 강도가 예상보다 더 강력해 경기침체 우려의 목소리가 높았다.

반대로 요즘에는 미국 장기채 ETF에 관심을 두는 사람이 많다. 2022년과 다르게 안정성을 도모하기보다 금리의 방향성이 바뀌어 채권가격 상승에 대한 기대감이 높아졌기 때문이다. 글로벌 ETF 시장에서 주식이 차지하는 비중은 73%인 반면 채권이 차지하는 비중은 17%밖에 안 되지만 채권 ETF에 대한 관심은 시간이 지날수록 점점 더 높아지고 있다(2023년 기준).

그렇다면 채권 ETF는 어떤 종류가 있을까? 채권의 종류는 정말 다양하지만 채권 ETF의 종류는 채권의 종류만큼 다양하지 않다. 보통 개별 채권은 발행 주체에 따라, 이자 지급 주기와 방식에 따라 나뉘는데, ETF는 조금 다르다. 채권 ETF에 투자하기 전에는 이 채권 ETF가 금리를 추종하는 ETF인지, 채권가격지수를 추종하는 ETF인지 알

나는 ETF로 돈 되는 곳에 투자한다

아봐야 한다. 개별 채권에 투자해 만기까지 보유한다면 원금에 이자를 더해 받는데, 금리를 추종하는 ETF는 그 이자를 지급하는 방식을 ETF에 접목한 것이고 채권가격지수를 추종하는 ETF는 채권가격 변화에 따라 매매차익을 노릴 수 있는 방법으로 활용된다.

물론 채권 ETF는 주식보다 안정적인 성향을 가지고 있지만 투자 목적에 따라 선별적으로 투자해야 한다. 채권 ETF를 선택하는 방법은 파트 6에서 자세히 알아보도록 하고, 여기서는 기본적인 분류 체계만 알고 넘어가자.

채권 ETF가 개별 채권투자 분류 체계와 다른 이유는 개별 채권을 모아 1개의 인덱스를 구성해 추종하는 방식으로 운용되기 때문이다. 전 세계적으로 가장 큰 채권 ETF는 미국 내에서 거래되는 모든 채권에 투자하는 ETF인 Vanguard Total Bond Market ETF^BND 와 iShares Core U.S. Aggregate Bond ETF^AGG다. 미국채, 회사채, 주택저당증권MBS, Morgage Backed Security, 자산유동화증권ABS, Asset Backed Security, 상업용부동산저당증권CMBS, Commercial Morgage Backed Security 등을 모두 포함한 인덱스를 추종한다.

그 외 채권 ETF는 만기와 투자하는 채권의 종류에 따라 나뉜다. 예를 들어 3년 미만 만기를 가진 국공채는 단기로 분류되고, 회사채는 5년 미만이 단기로 분류된다. 국내에서는 단기통안채 같은 채권이 단기 국공채 ETF라고 볼 수 있다. 3~7년 만기를 가진 국공채는 중기로 분류된다. 회사채의 경우 만기가 5~10년이면 중기로 분류된다. 회사채는 투자 등급, 투기 등급(하이일드)으로 다시 한번 나뉜다는 점도 알고 있어야 한다. 투자 등급은 투기 등급 대비 금리는 낮지만 상대적으로 더 안정적이라고 볼 수 있다. 마지막으로 만기가 20년 이상이면 장기채로 분류된다. 장기채는 회사채는 거의 없고 국채, 그중에서도 미국 장기채가 유명하며 거래도 활발하다.

그리고 ETF 투자자라면 한 번쯤은 들어봤을 채권 혼합형 ETF는 주식 비중을 40% 내외로 유지하며 투자하는 혼합형 방식으로 운용된다. 특정 지수와 특정 만기 채권을 혼합해 운용하는 ETF도 있고, 다양한 주식과 채권을 모두 혼합해 운용하는 ETF도 있다.

원자재 ETF

ETF는 원자재에 투자할 때 가장 용이하다고 평가받고 있다. 앞서 언급했듯 개인투자자가 원자재 선물 시장에 투자하기에는 접근성이 좋지 않기 때문이다. 원자재 ETF에 투자하는 방법은 약 세 가지가 있다. 원자재 선물가격지수를 추종하는 ETF에 투자하기, 원자재 실물지수를 추종하는 ETF에 투자하기, 원자재 광산 기업에 투자하기가 바로 그것이다.

원자재 선물가격을 추종하는 ETF에 투자할 때는 현물가격에 금리, 수요와 공급 상황 등을 반영해 결정하고 만기가 되기 전에 다른 선물로 교체해 주어야 하는데, 이 과정에서 이익이 날 수도 있고 손실이 날 수도 있다. 원자재 실물지수를 추종하는 ETF의 인덱스는 공식적인 금속거래소(보통 런던금속거래소)에서 발표하는 원자재 가격에 공인된 보관 창고의 평균 보관료를 차감해 지수가 산출된다. 그리고 실제로 그 원자재를 창고에 쌓아둔다. 실물 금을 추종하는 SPDR Gold Trust ETF가 커지자 글로벌 금 수요를 측정하는 세계금협회WGC, World Gold Council는 2023년 2월 공식적으로 실물 금 ETF들은 전 세계 금 시장 수요에서 중요한 부분을 담당하고 있다고 언급했다.

원자재 ETF를 분류하는 방법은 원자재를 구분하는 방법과 비슷한데, 통상 에너지, 귀금속, 산업금속, 농축산물로 분류된다. 하지만 원자재 시장에 통일된 기준은 없다. 귀금속과 산업금속을 합쳐 금속으로 칭할 수도 있고, 농축산물을 곡물, 소프트, 축산물로 나누어 분류할수도 있다. 공통된 기준이 없다 보니 벤치마크로 사용되는 원자재지수 구성 항목도 제각각이다. 동일한 원자재를 기초자산으로 가지고 있다 해도 지수에 포함되는 품목도 다르고 구성 비율도 다르다.

원유 ETF

에너지 중에서 가장 유명한 것은 원유다. 국내에 상장된 대부분의 원유 ETF는 WTI 선물을 추종하는데, WTI유와 브렌트유가 대표적이다. WTI유는 미국 서부 텍사스에서, 브렌트유는 영국과 유럽 대륙 사이 북해에 있는 브렌트라는 유전에서 생산한다. 두 원유의 가격은 단기적인 수요와 공급 때문에 벌어질 때도 있지만 보통 비슷한 흐름을 보인다. 그리고 유럽의 대표 에너지원인 천연가스 역시 에너지 분류에 속한다. 그 외에 가솔린, 탄소 등이 있다.

귀금속 ETF

원자재 ETF 중에서 가장 큰 ETF는 귀금속 ETF다. 바로 SPDR Gold

원자재 ETF 비율

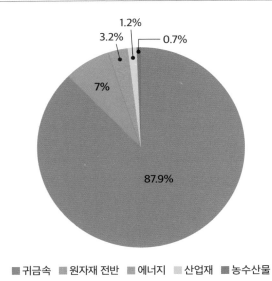

자료: ETFGI(2024년 1월 기준)

Trust ETF인데, 실물 금을 가지고 있기로 유명하며 거래가 가장 활발하다. 귀금속 ETF는 금 ETF와 은 ETF의 크기 덕분에 원자재 ETF 중에서 가장 많은 비중을 차지한다. 금과 은 외에 백금, 팔라듐 ETF도 귀금속 ETF에 포함된다.

구리 ETF

그리고 산업금속 중에서 가장 유명한 것은 구리 ETF다. 러시아-우크라이나 전쟁뿐만 아니라 최근에는 AI 인프라의 중요한 전선 재원으로 주목받게 되면서 구리의 가격이 요동치고 많은 관심을 받았다. 이 밖에 산업용 기기 혹은 제품을 만드는 데 필요한 알루미늄 선물을 추종하는 ETF도 있다.

농축산물 ETF

그다음은 농축산물 ETF다. 농축산물은 다시 곡물, 소프트, 축산으로 나뉘는데, 곡물은 콩, 밀, 옥수수, 쌀 등을 의미하고, 소프트는 말 그대로 부드러운 원당, 커피, 면, 코코아 등을 의미한다. 축산은 돼지, 닭, 소 등 선물지수에 투자하는 ETF다. 농축산물 전체에 투자하는 ETF도 있고, 코코아에만 투자하는 ETF도 있다. 농축산물 ETF 중에 이름이 특이하지만 직관적으로 이해가 되는 '아침밥 ETF'도 있다. 아침 밥상에 올라오는 옥수수, 커피, 돼지, 설탕, 밀에만 투자하는 Direxion Breakfast Commodities Strategy ETF로, 규모는 크지 않지만 농축산물 ETF 중에서 가장 재미있는 이름을 가지고 있다.

환율 ETF

환율 ETF는 말 그대로 특정 국가의 화폐에 투자하는 ETF다. 환율 ETF에 투자한다는 건 환율에 투자하는 것과 비슷한데, 투자하기 전에 어떤 환 대비 어떤 환의 가치가 수익률로 인식된다는 것인지 확인해 봐야 한다. 미국에 상장된 환율 ETF는 달러 대비 해당 통화의 가치가 상향 혹은 하향되는지에 따라 움직인다. 국내에 상장된 환율 ETF의 경우 원화 대비 달러, 원화 대비 엔화의 가치를 추종한다. ETF의 이름에 똑같이 '엔'이 들어가도 달러 대비인지, 원화 대비인지에 따라 수익률이 달라지므로 반드시 확인해야 한다.

전 세계에서 가장 큰 ETF는 달러가치를 추종하는 ETF로, 달러 인덱스, 즉 유로, 엔, 파운드, 캐나다 달러, 크로나, 프랑 대비 달러가치가 상승하는지 하락하는지에 따라 ETF 수익률이 달라진다. 그다음으로 유로, 엔, 프랑, 파운드 ETF가 활발히 거래되는데, 대부분 달러 대비 해당 통화의 가치를 추종한다. 그래서 환율 ETF에 투자할 때는 기축통화인 달러를 이해하는 게 중요하다.

'환율을 맞추는 것은 신의 영역이다'라는 말이 있을 정도로 방향성을 맞추기가 쉽지 않다. 그래서 두 가지 방향성을 활용할 수 있는 레버리지 ETF와 인버스 ETF가 있고, 전 세계적으로 달러의 방향성에 베팅할 수 있는 상품이 활용되곤 한다.

부동산 ETF

금리 인하기를 기다리면서 많은 사람이 부동산 업계, 건설 업계가 나아질 것이라 기대하고 있다. 하지만 부동산 ETF와 우리가 매일 마주하는 부동산, 건설 산업 뉴스는 거리가 매우 멀다. 부동산 ETF는 모두 리츠 ETF인데, 리츠는 연일 뉴스에 보도되는 아파트 가격이 중요한 것이 아니라 인프라, 오피스, 더 넓게는 데이터센터까지 리츠 ETF에서 투자하기 때문이다.

당연히 경제도 알아야 한다. 금리는 전반적인 부동산 시장에 영향을 미치기 때문에 리츠 가격의 상승과 하락에도 영향을 미친다. 하지만 어떤 종류의 리츠 ETF인지에 따라 특징이 모두 다르므로 더욱 세분화되어 있는 부분들을 확인해 ETF가 어떤 성격을 가지고 있는 부동산에 투자하는지, 나의 분배금은 어디서 창출되는지 확실하게 확인하고 투자해야 한다.

가장 큰 리츠 ETF는 미국에 상장되어 있는 모든 리츠를 지수화한 Vanguard Real Estate ETF^{VNQ}다. 그리고 리츠 ETF는 산업형, 주택형, 인프라형, 미래도시형 등으로 다양하게 분류된다. 한 가지 더! 부동산 ETF를 분류하는 기준으로 생각할 수 있는 것은 바로 국가다. 부동산은 유난히 국가의 규제를 많이 받는 산업이기 때문에 어떤 국가에 투자하는지도 분류 기준이 될 수 있다. 국내 리츠에 투자하는 상품인지, 미국 리츠에 투자하는 상품인지, 싱가폴 리츠에 투자하는 상품인지 등을 기준으로 나눌 수 있다. 리츠 ETF는 분기마다 분배금을 지급하는 상품도 있고, 월세처럼 월마다 분배금을 지급하는 상품도 있다.

이번 챕터를 끝까지 읽었다면 '별의별 ETF가 다 있네'라고 생각했을 것이다. 당연하다. ETF는 전 세계에 있는 모든 자산에 투자하기 때문이다. ETF를 이해하고 잘 고르기만 해도 시장 상황에 맞게 전 세계에 투자할 수 있다는 이야기는 어불성설이 아니다. 그래서 미국의 대형 기관들, 노르웨이 국부펀드처럼 국가 자금을 운용하는 곳에서도 ETF로 포트폴리오를 만들어 운용하는 것이다. 방대한 ETF의 세상과 자산군별 ETF의 특징들을 제대로 이해하고 넘어가자.

PART

2

ETF 투자자라면
반드시 알아두어야
할 것들

지금까지 ETF의 종류를 알아봤으니 이제 본격적으로 ETF를 분석해 볼 차례다. 나만의 ETF 포트폴리오를 구성하려면 무엇부터 해야 할까? 우선 어떤 자산군에 어떤 비율로 투자할지 결정해야 한다. 앞서 설명했듯 ETF는 자산군별로 있고, 이를 시장에 맞게 그리고 자신에게 맞게 활용해야 한다. 그렇다면 글로벌 단위에서 분석을 시작하는 것이 좋다. 주식과 채권을 나누고 국가대표지수부터 투자를 시작해야 하는데, 기업의 매출이나 영업이익보다 먼저 세계 경제나 정치 등 매크로Macro 환경부터 시작해 톱다운Top-Down 방식을 채택하는 것이 적합하다. 그리고 1개의 ETF에 포함된 기업의 수가 적게는 1개부터 많게는 1,500개가 넘어간다. ETF 선택을 위한 분석은 깔때기처럼 광범위하게 시작해 점점 좁힐 수밖에 없다. 이번 파트에서는 꼭 알아두어야 하는 매크로 지표들과 그것들을 활용하는 방법을 알아보자.

CHAPTER 1

절대 빼놓아서는 안 되는 매크로 분석

매크로 분석에 대해 본격적으로 이야기하기 전에 ETF를 톱다운 방식으로 보는 것이 왜 중요한지 그 이유를 알아보자.

ETF를 선택할 때 톱다운 분석이 중요한 이유

주식투자를 해본 사람이라면 주식 종목을 고르기에 앞서 기업 분석을 진행한다. 그 기업이 영위하는 사업부터 주주 환원 정책 등 분석을 하지 않고서는 알 수 없는 것들을 하나하나 알아본다. 그리고 가장 중요하게 그 기업이 분기마다 발표하는 실적 자료를 참고해 매출, 영업이익, 주가수익비율PER, Price Earning Ratio 등의 숫자들로 기업의 가치를 평가한다. 밸류에이션이 완료되면 투자할지를 결정한다. 더 세분화해 분석을 진행하고 싶다면 주요 매출원은 무엇인지, 가지고 있는 핵심 기술력은 어느 정도 가치가 있는지, R&D는 어디에 얼마만큼 하고 있는지 등을 파악하면 된다. 기업이 공개하는 데이터 혹은 기업의 환경에 초점을 맞춰 기업의 내재된 가치를 분석하는 것이 보텀업Bottom-Up 방식이다.

그렇다면 ETF도 동일하게 다가가면 될까? 그렇지 않다. 물론 앞서 설명한 방식을 적용할 수는 있다. ETF에 포함된 기업마다 PER이 있고, 각 기업별 비중을 고려해 가중 평균하면 ETF의 PER을 구할 수 있다. 그리고 매출, 영업이익을 모두 더하면 값이 나온다. 하지만 나만의 ETF 포트폴리오를 구성하는 것은 '주식 비중은 이 정도, 채권 비중은 이 정도, 원자재와 환율은 이런 식으로 활용해야지'라는 청사진을 그리는 것이기에 어울리지 않는다.

실제로 국부펀드부터 자산운용사까지 대형 글로벌 기관투자자들은 톱다운 방식을 활용해 자산군별 비중을 상향 혹은 하향 조정해 포트폴리오를 관리한다. 실제로 존 피어폰트 모건John Pierpont Morgan은 분기마다 자산군별 비중 상향 혹은 하향에 대한 전망을 제시한 뒤 운용하는 펀드에 반영한다. 개인투자자들도 이를 가장 손쉽게 할 수 있는 방법이 글로벌 ETF를 활용하는 것이다. 글로벌 기관투자자들처럼 완벽하게 모든 이벤트에 대응하고 매주, 매월 전 세계를 상대로 투자 비중을 조절하진 못하더라도, 비슷한 방법을 차용해 보는 건 어떨까?

지금과 같이 금리 인하 이야기가 들려올 때면 성장주와 채권에 투자해야 한다고 목소리를 높이는 사람이 많다. 이러한 상황에서 톱다운이 필요한 이유는 정말 간단하다. '주식과 채권 비중을 어떻게 가져가야 할까?' '원달러 환율이 다소 떨어질 것으로 예상되는데 앞으로는 어떻게 될까?' '미국이 중국을 견제한다고 하는데 그 안에 숨겨진 스토리는 무엇이고, 그로 인해 수혜를 입을 산업은 어디일까?' '미국이 대선을 앞두고 있는데 어떻게 대응해야 할까?' 등과 같은 질문에 답변하기 위해서 그리고 그를 기반으로 ETF 투자의 틀을 짜기 위해서다.

이 모든 것이 바로 매크로 분석이다. 지금까지 매크로 분석을 하지 않았다면 당장 시작해야 한다. 그런데 도대체 매크로란 무엇일까? 가끔 뉴스를 보면 매크로 환경이 좋지 않아 주가가 지지부진하다고 이야기하는데, 이 매크로에 과연 어떤 개념이 포함되길래 주가를 억누른단 말인가.

매크로의 사전적 의미는 '거대한'이다. 이와 반대되는 개념은 마이크로Micro다. 고등학교 때 경제 과목을 선택했다면 미시경제와 거시경제를 배웠을 것이다. 금융 용어로서 매크로는 거시경제에서 말하는 '거시'와 가장 비슷한 의미를 가진다. 하지만 주가를 보는 입장에서는 더욱 다양한 매크로 현상을 분석해야 한다. 세계 경제부터 무역, 국가의 경제지표, 중앙은행이 말하는 것, 정부의 정책들까지 매크로라는 큰 틀 아래에서 주가에 영향을 미치기 때문이다.

물론 고등학교 때 교과서에서 배운 거시경제학을 알아야 하는 것은 아니다. GDP 디플레이터GDP Deflator를 구하는 공식 같은 건 몰라도 된다. 중요한 건 어떤 데이터를 보고 그 매크로 데이터가 가지는 의미를 파악하는 것이다. 2022년부터 지금까지 왜 많은 사람이 미국의 소비자물가지수CPI, Consumer Price Index에 주목하는 건지, 연준의 말 한마디에 시장이 왜 그렇게 요동치는 건지 등 궁금한 것이 생길 때마다 그 내용을 확인하고 ETF 포트폴리오의 청사진을 만들어야 한다. 이번 챕터에서는 그중 중요한 것들만 선별해 이야기해 보도록 하겠다.

매크로 분석 1. 세계 경제 쉽게 알아보기

세계 경제를 분석해야 한다니, 너무 어려울 것만 같다. 하지만 겁먹지 말자. 우리는 경제학 교수가 되려는 것도 아니고, 금융기관에서 일하려 하는 것도 아니지 않은가. ETF를 선택하기 위해 세계 경제에 대한 모든 것을 알 필요는 없다. 앞으로 세계 경제가 상승세로 접어들 것인지 혹은 하락세로 접어들 것인지 현재 상황 정도만 파악해도 충분하다.

　세계 경제가 좋지 않으면 투자가 줄어들어 기업들은 신사업 출시를 미루고, 광고주들은 광고를 줄이며, 개인들은 소비를 줄인다. 모두가 허리띠를 졸라매 기업 실적에 부정적인 영향을 미치면 결국에는 증시가 약해진다. 반대로 경제가 회복 국면에 접어들거나 좋을 때는 생산성이 향상되어 기업들의 실적이 좋아지고 신사업 투자가 활발하게 이루어지며 소비 또한 증가한다. 직접적으로 증시 상승/하락의 원인이 되는 경우는 많지 않지만 세계 경제가 어떤지에 따라 '증시의 힘'이 결정된다. 또한 경제 상황에 따라 특정 이벤트가 증시에 미치는 영향력이 배가 되기도 한다.

OCED 경기선행지수

그럼 지금 경제는 하락기로 접어들고 있는 것일까, 회복되고 있는 것일까? 이를 판단할 수 있는 근거로 가장 많이 사용되는 경제지표는 OECD 경기선행지수다. 공식 명칭은 OECD CLI^{Composite Leading Index}로, 향후 6개월 정도 경기흐름을 예측하는 지수다. OECD 경기선행지수는 각 국가별로도 데이터를 발표하기 때문에 특정 국가의 경제가 좋을지 나쁠지를 간단하게 판단하기에 유용하다.

OECD 경기선행지수는 국가별 경제 구조, 금융시장 등 개별적인 특성이 반영된 지표이기에 구성 항목이 모두 다르며, 약 36개국의 지수를 제공하고 이를 종합해 글로벌 경기선행지수를 구한다. OECD 경기선행지수는 국가별 선행지수를 구한 뒤 각 국가의 경제 규모에 따라 가중 평균을 한 수치로, 100점을 기준으로 경기 확장과 위축 국면을 나눈다. 간단하게 설명하면 100pt 미만이면 경기가 수축하는 국면이고, 100pt 이상이면 확장하는 국면이다. 한 단계 더 세분해서 본다면 네 가지 경기 국면으로 나눌 수도 있다. 한국은행에서 제시한 경기 국면이 총 네 가지(확장, 둔화, 위축, 회복)이므로 이에 맞춰 OECD 경기선행지수를 확인해 보자.

100pt를 상회하며 그래프의 방향성이 우상향한다면 확장 국면, 100pt는 넘었지만 하락하는 모양새라면 둔화 국면, 100pt 밑으로 떨어져 계속 하락하는 추세라면 위축 국면, 100pt를 넘지는 못했지만 반등하고 있다면 회복 국면이라 말할 수 있다. G20 국가들의 OECD 경기선행지수는 100pt를 상회하며 우상향하고 있으므로 경기가 회복되고 있다고 판단할 수 있다(2024년 3월 기준).

OECD 경기선행지수

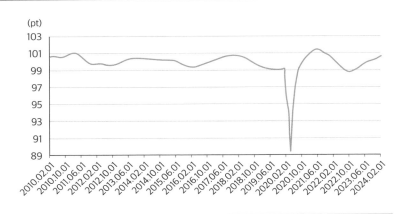

자료: 블룸버그

　　물론 OECD 경기선행지수를 맹신해서는 절대 안 된다. 다만 여러 가지 변수를 고려할 때 세계 경제 혹은 국가 경제가 앞으로 어떻게 전개될 것인지 판단하는 데 유용하게 활용할 수 있다는 점에서 상당한 의미가 있다.

IMF 〈세계경제전망〉

또 한 가지 참고할 만한 것은 국제통화기금IMF, International Monetary Fund에서 1년에 4차례 발간하는 〈세계경제전망World Economic Outlook〉이다. 물론 IMF에서 발간하는 자료이기 때문에 영어로 되어 있지만 제목과 요약한 내용이라도 확인해 보자. IMF는 그 어떤 기관보다 방대한 양의 자료를 가지고 있다. 여러 전문가가 모여 분기마다 작성하는 자료인 만큼 얻을 것이 많다. 예를 들어 2022년 4월 러시아-우크라이나 전쟁 발발 이후 글로벌 GDP가 2021년 6.3%에서 2022년과 2023년 3.6%로 떨어질 것이라고 예상했다. 이는 전 세계 경제가 힘들어질 것이라는 의미이며, 주식투자자들은 경제 위축을 견딜 준비를 해야 한다는 뜻이다.

2024년 1월 IMF는 〈Moderating Inflation and Steady Growth Open Path to Soft Landing〉이라는 제목의 리포트를 발간했다. 그리고 2024년 전 세계 GDP를 지난해 11월에 전망했던 것보다 0.2% 포인트 상향 조정했다. OECD 경기선행지수와 IMF의 보고서를 본 뒤 ETF 투자 전략을 수립한 투자자라면 '세계 경제가 살아나고 있구나' '인플레이션이 완화되는 구나'라고 생각한 뒤 위험자산의 비중을 늘리는 방향으로 ETF 포트폴리오를 조절했을 것이다. 그뿐만 아니라 IMF는 2024년 4월 〈Steady but Slow: Resilience Amid Divergence〉라는 제목의 리포트를 발간했다. 경제 회복은 지속 중이지만 속도가 느리다고 평가했다. 그리고 신흥국보다는 선진국 경제성장률이 더 좋을 것이라 전망했다. 그렇다면 ETF 투자 전략을 세울 때 IMF가 올 1월에 발표한 리포트와 함께 참고해 '위험자산의 비중을 늘리는 방향으로 포트폴리오를 조정하고, 그중에서도 선진국 비중을 더 늘려야 겠다'라고 생각하면 된다.

가장 정확하고 신빙성이 높은 기관에서 발표하는 자료를 참고해서 경제가 어떤 국면에 있는지 확인하고 판단해야 한다. 경제가 좋을 땐 주식 비중을 늘리고, 경제가 좋지 않을 땐 채권 비중 및 안정적인 자산 비중을 늘리는 것이 교과서적인 운용 방법이다.

세계 경제에 대한 분석은 이 정도로 간단하게 끝내고 넘어가자. 개인투자자라면 세계 경제가 어떤 상황인지, 어떤 국면인지 확인하는 정도면 충분하다. 세계 경제 상황을 파악했다면 그다음에는 국가별 경제 분석을 하기 위해 기본적으로 알아야 할 부분을 정리해 보자. 톱다운 방식으로 분석하는 단계 중 가장 첫 번째인 세계 경제 분석하기가 끝났으니, 다음 단계로 국가별 경제를 살펴봐야 한다.

매크로 분석 2. 국가별 경제지표 알아보기

국가별 경제 분석이라니, 이 역시 어려워 보인다. 그런데 앞서 이야기했듯 모든 것을 깊이 알 필요는 없다. 그러니 어려워 보인다고, 귀찮다고 무시하고 지나치지 말자. '투자를 할 때 필요한 부분'만 선택해서 보면 된다. 당연히 모든 국가가 발표하는 모든 경제지표와 경제 이슈를 알고 있으면 많은 도움이 되겠지만 여기에서는 반드시 알아두어야 하는 국가별 경제지표와 그것을 보는 방법을 소개하도록 하겠다.

미국 경제를 판단할 때 중요한 경제지표들

국가 경제를 판단하기 위한 경제지표들을 알아보자. 국가별로 중요한 경제지표는 모두 다르다. 그래서 어떤 것들이 중요한지, 어떤 의미를 가지고 있는지 알아야 한다. 미국에서 중요하게 봐야 할 경제지표는 5개다. 이 5개를 매월 확인할 필요는 없지만, 연준이 기준금리의 방향성을 고민할 때는 그 어느 때보다 열심히 경제지표들을 분석해야 한다.

나는 ETF로 돈 되는 곳에 투자한다

ISM 제조업지수와 ISM 서비스지수

월초에는 ISM^{Institute for Supply Management} 제조업지수와 ISM 서비스 지수를 확인해야 한다. 이는 미국 공급자관리협회가 미국 내 20개 업종 400개 이상 회사를 대상으로 매달 설문조사를 실시해 산출하는 지수다. 두 지수 모두 50pt 이상이면 경기 확장을, 50pt 이하면 수축을 예고한다. 기업별로 5개 분야, 즉 신규 주문, 생산, 고용, 원자재 공급, 재고에 대해 회원들이 악화, 불편, 개선 중에 어느 하나를 선택하면 공급자관리협회가 이를 종합해 수치화한다. 선행성을 가지고 있어 미국 제조업 경제활동을 미리 볼 수 있기에 투자자라면 꼭 확인하는 것이 좋다.

미국 소비자물가지수와 고용시장

매월 중순쯤 발표되는 미국 소비자물가지수와 고용시장을 확인해야 한다. 5개 경제지표 중, 이 2개가 가장 중요하다. 이를 같이 봐야 하는 이유는 연준이 소비자물가지수와 고용 상황을 근거로 금리를 결정하기 때문이다. 물론 연준은 더 복잡하고 세세하게 경제지표를 뜯어보겠지만 우리는 여러 고용지표 중에서 비농업 고용을 보면 된다. 미국 트레이더들이 중요하게 보는 지표 중 하나로, 미국 고용 성장을 나타낸다. 전년비 증가율, 전월비 증감 모두 중요하다.

그리고 시장이 경제 상황에 예민하게 반응하는 지금과 같은 시기에는 미국 고용 상황을 나타내는 숫자들이 시장 예상치 대비 높게 나왔는지, 낮게 나왔는지도 살펴보는 것이 좋다. 연준은 2022~2023년 미국 고용 상황이 탄탄하다는 것을 근거로 금리 인상을 빠르고 가파르게 진행했기 때문이다. 미국 고용시장은 연준이 최고 기준금리를 유지할 수 있도록 해주는 중요한 근거다. 그래서 2024년 5월 미국 고용이 둔화되는 모습을 보이자 기준금리 인하 확률이 올라가기도 했다. 그러므로 고용 상황을 꾸준하게 확인해야 한다.

더욱 간단하게 확인하고 싶다면 실업률을 보자. 경제학자들은 실업률이 4% 내외이면 완전고용시장이라고 본다. 이 정도면 누군가는 일을 그만두고 누군가는 새로 채용되는 과정에서 통계에 실업자가 잡히기는 하지만 구직이 어려운 상황은 아니기 때문이다. 최근 2년 미국의 실업률은 3% 중후반대로 완전고용시장 수준보다 낮다. 그만큼 고용 환경이 좋다는 의미인데, 이것이 바로 연준이 최근 2년 동안 기준금리를 꾸준히 높게 유지할 수 있었던 이유다. 그리고 2024년 5월 연준 의장 제롬 파월Jerome Powell은 금리 인상론을 일축했는데, 그 근거는 고용시장의 둔화였다. 뉴스에서는 인플레이션에 대한 이야기가 훨씬 많이 나오지만 미국 투자를 고민하고 있다면 비농업 고용을 반드시 확인해야 한다.

소비자물가지수를 볼 때는 연준이 정해놓은 미국 소비자물가지수 상승률을 넘어서지 않는지 확인해야 한다. 연준의 목표는 미국 소비자물가지수 상승률이 2% 내외에서 움직이는 것이다. 물가 자극이 없으면서 디플레이션 우려가 없는 적당한 수치이기 때문이다. 2022년 미국 소비자물가지수 상승률은 8%였다. 따라서 연준은 4차례 연속 자이언트 스텝(기준금리 75bp 인상)을 단행했다.

지금도 미국 소비자물가지수가 발표되는 날이면 모두가 촉각을 세우고 지표가 시장 예상치를 상회했는지, 하회했는지를 살펴본다. 만약 지표가 시장 예상치를 상회하며 인플레이션이 높게 나타나면, 그날 시장에서는 주가가 하락하는 경우가 종종 발생한다. 연준의 금리 인하 시점이 빠르지 않을 수도 있다는 실망감 때문이다. 그러니 우리는 미국 소비자물가지수와 고용시장을 바탕으로 연준의 긴축 행보를 예상하고 투자를 결정해야 한다.

미국 소비자물가지수는 완화되고 있고, 고용시장은 둔화되고 있다. 드디어 금리 인하를 기대할 수 있는 시간이 돌아왔다. 하지만 시장이 기대하는 금리 인하 속도와 강도를 만족시킬지는 지켜봐야 한다.

컨퍼런스보드 소비자심리지수

마지막으로 매월 말에 발표되는 컨퍼런스보드CB, Conference Board 소비자심리지수CCI, Consumer Confidence Index를 확인해야 한다. 심리지수이기 때문에 선행성을 가지며, 경제활동에 대한 소비자의 신뢰 수준을 측정한다. 이는 미국의 공신력 있는 경제 연구 기관인 컨퍼런스보드에서 조사하는 신뢰지수로, 100pt가 기준이다. 100pt 이상이면 소비자들이 소비활동을 늘릴 가능성이 있고, 100pt 이하면 소비를 줄여 허리띠를 졸라맬 가능성이 있다는 것을 시사한다. 예를 들어 코로나19 백신 접종이 본격적으로 시작되면서 87pt까지 떨어졌던 소비자심리지수가 2023년 말부터 지속적으로 100pt 이상을 넘기고 있다. 이는 앞으로 미국 소비가 어떻게 전개될지 가늠해 볼 수 있는 지표다. 소비가 살아나면 기업들도 돈을 벌 확률이 높아지니 안전자산보다는 위험자산에 더 많은 관심을 두어야 한다는 신호로 해석할 수 있다.

중국 경제를 판단할 때 중요한 경제지표들

중국의 경제를 판단할 때 살펴봐야 하는 경제지표도 5개다.

PMI 제조업지수와 PMI 서비스지수

미국에 ISM지수가 있다면 중국에는 PMI^{Purchasing Managers' Index} 제조업지수와 PMI 서비스지수가 있다. 이 둘은 명칭만 다를 뿐, 집계 방식과 기준선은 50pt로 동일하다. 중국은 특이하게 2개의 기관에서 PMI지수를 제공하는데, HSBC의 차이신이 발표하는 PMI지수와 중국 국가통계국에서 발표하는 PMI지수가 바로 그것이다. 중국 국가통계국에서 발표하는 수치보다 차이신에서 발표하는 수치가 더 공신력 있다고 평가받고 있다.

소매판매와 산업생산

소매판매와 산업생산도 주의 깊게 살펴봐야 한다. 소매판매는 중국의 소비 동향을 보여주는 지표로, 중국 정부가 매우 신경 써서 관리하고 있다. 경제 발전의 궁극적인 목표는 소비인데, 중국인들의 소비에 전 세계 경제가 환호한 기간도 있었다. 그래서 중국은 경제 활성화를 도모할 때 '소비'를 강조하는 정책을 펼친다. 그도 그럴 것이 2023년 4분기 중국 내수경기는 소비가 견인했다. 2023년 4분기 소매판매액은 역대 최고치를 기록하며 부동산 투자의 3배 규모로 확대되면서 중국의 성장을 떠받치고 있다. 하지만 2024년 5월까지 발표된 소매 판매 숫자를 보면 시장 예상치를 하회하는 빈도수가 늘어났다. 중국 정부는 소비를 살리기 위한 의지를 계속해서 보여주고 있지만 소비 심리가 확대될지는 미지수다. 소비 확대 정책이 더 필요하다는 분석이 늘어나고 있다.

그다음은 산업생산이다. 중국은 오랫동안 전 세계 공장 역할을 해왔다. 메이드 인 차이나Made in China가 전 세계적으로 인기를 끈 시기는 이미 지났지만, 중국의 산업생산은 여전히 중요하다. 중국의 산업생산은 공장, 광산, 공공시설의 총생산량을 측정한 것으로, 제조업 동향을 반영한다. 그리고 가장 중요하게 고용선행지표로 활용되기 때문에 반드시 확인해야 한다.

중국은 2023년 6월 사상 최고치를 기록한 청년실업률 21.3%를 6개월 동안 공개하지 않다가 2024년 1월 갑자기 통계 방법을 바꾸었다며 청년실업률을 14.9%로 발표했다. 청년실업률이 높다는 비난에 현실과 동떨어진 통계를 발표한 것이다. 산업생산도 이렇다 할 움직임이 없다. 중국이 경제에 대한 자신감을 잃은 상황에서 반등의 실마리를 잡기 위해선 중국의 소매판매로 대변되는 소비와 산업생산을 지켜봐야 한다. 대부분의 경제지표는 매월 발표되지만 중국의 소매판매와 산업생산은 춘절과 공휴일이 많은 1~2월 치를 합산해 3월에 발표한다는 것을 알아두기 바란다.

부동산 개발 투자 증가율

마지막으로 확인해야 할 것은 부동산 개발 투자 증가율이다. 모든 국가의 경제에서 부동산은 무척이나 중요하다. 그런데 중국의 부동산을 더욱 유심히 살펴봐야 하는 이유는 무엇일까? 지금까지 중국은 부동산에 많이 의지해 경제를 발전시켰기 때문이다. 경기 부양도, 긴축과 확장 정책의 시작과 끝도 부동산이었다.

중국의 부동산은 우리나라와 많이 다르다. 우선 중국의 모든 토지는 국가 소유이므로 다른 국가와 다르게 토지사유제가 인정되지 않는다. 국가가 부동산 개발 업체에 사용권을 파는 형태로 중국 부동산 개발이 시작된다. 오랜 기간 정경 유착 관계가 지속되다 보니 많은 문제가 파생됐는데, 그럴 때마다 정부가 덮어주는 형식으로 중국 부동산 경제가 발전해 왔다. 하지만 이 문제를 근본적으로 해결해야 하는 것은 아니다. 중국은 공산당이고 부동산 경기에 있어서 정부의 역할이 그 어떤 나라보다 컸으니 말이다.

부동산 개발 투자 증가율을 확인해야 하는 이유는 중국 경제 회복의 기반이 어느 정도 다져지고 있는지 확인하기 위함이다. 중국 부동산 시장이 회복된다는 건 소비와 투자가 확대된다는 것을, 중국 정부의 부담이 덜어진다는 것을 뜻하기 때문에 국가별 선호도를 측정할 때 반드시 고려해야 한다.

미국과 중국은 전 세계에서 경제 규모가 가장 크고, 국내 투자자들이 많은 관심을 두고 있기에 구체적으로 알아봤다. 어떤 국가의 대표지수에 투자하고자 할 때, 국가별 비중을 나누고자 할 때 해당 국가의 경제를 확인하는 것은 필수다.

세계 경제, 국가 경제를 분석하는 방법을 이해했다면 마지막으로 글로벌 정치를 살펴보자. 사실 자산가격에 가장 위협적으로 작용하는 지정학적 리스크, 러시아-우크라이나 전쟁, 미-중 무역 분쟁, 미국 대선, 중동 리스크 등을 예상하는 것은 불가능에 가깝다. 하지만 큰 트렌드는 이해하고 있어야 한다.

매크로 분석 3. 글로벌 정치, 지정학적 리스크 뒤에 숨은 이야기 이해하기

투자 관련 뉴스를 보다 보면 '지정학적 리스크' '제재' 등 자주 등장하는 용어가 있다. 기획재정부에 따르면 지정학적 리스크는 지리적 조건과 경제가 국가 간 정치와 상호관계에 어떤 영향을 미치는지 탐구하는 학문이다. 여기서 파생된 지정학적 리스크는 유가에 영향을 미치기도 하고, 금리나 환율에 영향을 미치기도 하며, 특정 산업 주가에 영향을 미치기도 한다. 러시아-우크라이나 전쟁으로 유가가 급등한 것, 미-중 무역 분쟁으로 주가가 널뛰기를 한 것, 미국 대선을 앞두고 증시 변동성이 높아진 것 모두 지정학적 리스크에 해당한다.

'앞에서 이런 지정학적 리스크를 예상하는 건 불가능에 가깝다고 하지 않았나?'라고 생각한 사람도 있을 것이다. 그렇다. 사실 어느 나라가 전쟁을 벌일지, 중동에서 어떤 일들이 일어날지, 미국이 중국에 어떤 방식으로 제재를 가할지, 누가 미국의 차기 대통령이 될지 정확하게 예측하는 것은 신의 영역이다. 하지만 한 가지는 대답할 수 있다. 앞으로 국가 간 경쟁, 국가 간 무역 분쟁 등 지정학적 리스크는 더욱 커질 것이다. 왜일까? 지정학적 리스크 뒤에 숨어 있는 이야기가 있기 때문이다. 우리는 약 50년간 이어진 글로벌 트렌드가 본격적으로 깨지는 순간을 맞이하고 있다.

탈세계화

지난 50년 동안 세계화가 진행되었다. 하지만 2015년부터 무너질 조짐을 보였던 세계화 트렌드는 2022년 러시아-우크라이나 전쟁으로 되돌릴 수 없게 되었다.

다양한 매체에서 '탈세계화Deglobalization'라는 단어를 많이 접했을 것이다. 사실 탈세계화의 단초는 2016년 영국의 EU 탈퇴 '브렉시트Brexit' 투표였다. 2017년 미-중 무역 분쟁으로 탈세계화 쪽으로 추가 더 기울었고, 코로나19로 사람과 물건이 원활하게 이동할 수 없게 되면서 더욱 가속화되었다. 여기에 러시아-우크라이나 전쟁과 이스라엘-하마스 전쟁이 방점을 찍으면서 되돌리기 어려운 상황이 되어버렸다.

탈세계화는 글로벌 매크로에 확실한 장기 트렌드로 자리 잡았다. 미국이 중국을 압박하고, 중국이 미국 채권을 팔며 반격을 가하고, 기업들이 중국에서 다른 나라로 공장을 이전시키고, 외교적인 문제가 더 부각되는 이유는 모두 '하나의 지구촌'에서 '나 먼저 살아남기'로 글로벌 정치 트렌드가 바뀌었기 때문이다.

탈세계화가 진행되고 있다는 것은 전 세계 글로벌 가치사슬이 약화된다는 의미다. 국내 가치사슬 또는 지역 가치사슬로 전환되는 것인데, 미국에서 기술 개발 및 디자인을 하고 원자재는 남미에서 가져다 중국 혹은 신흥국에서 제조하는 공급 체계가 재편되는 것이다. 결론적으로 자국 내에서 혹은 나와 친한 친구들 하고만 모든 것을 해결하는 방향으로 나아갈 것이다.

세계화가 약 50년 동안 진행되어 왔기 때문에 탈세계화 역시 앞

전 세계 FDI 추이

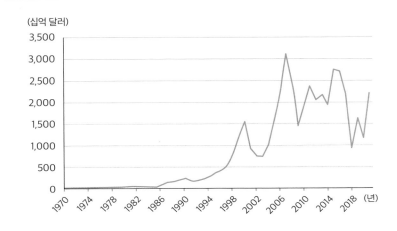

(십억 달러)

자료: 세계은행, 미래에셋자산운용

글로벌 소비자물가 추이

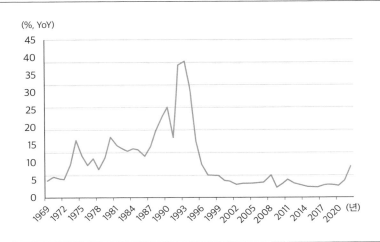

(%, YoY)

자료: IMF, 블룸버그, 미래에셋자산운용

으로 긴 이야기가 될 것으로 보인다. 세계화는 냉전시대(1950년대) 이후 경제성장을 견인해 온 핵심 트렌드였다. 국가 간 교역이 늘어나 물건 가격이 떨어졌고, 외국인직접투자FDI, Foreign Direct Investment가 늘어나 전 세계 GDP 성장에 일조했다. 최근 소비자물가 수준이 높다는 이야기가 나오고 있는데, 전 세계적인 분업화로 효율적인 생산을 하기 전 수준과 비교하면 오히려 낮은 수준으로 보일 정도다.

피터슨국제경제연구소PIIE, Peterson Institute for International Economics와 세계은행WB, World Bank에서 집계한 글로벌 무역개방지수를 보면 미-중 무역 갈등이 시작된 2017년부터 하락세를 보인 것을 확인할 수 있다. 물론 물가와 무역 수준 모두 나라 간 정치적인 관계로 세계화 전 수준까지 회귀하지는 않겠지만 우리는 탈세계화 초입에 서 있는 셈이다.

글로벌 무역개방지수

자료: Our World in Data, 피터슨국제경제연구소, 세계은행, 미래에셋자산운용

나는 ETF로 돈 되는 곳에 투자한다

이러한 지정학적 트렌드를 알아야 앞으로 어떤 국가에 투자하는 것이 좋을지, 이런 위기 상황에서는 어떤 ETF의 수혜가 기대되는지, 지정학적 리스크의 압박에도 장기적으로 상승할 ETF는 무엇인지 판단할 수 있다. 모든 국가 간 이해관계를 알 필요는 없지만 탈세계화라는 큰 트렌드가 자산가격에 영향을 미친다는 사실은 기억하기 바란다.

지금까지 톱다운 기법을 활용해 ETF를 선택하기 위해서 가장 먼저 알아두어야 하는 기본적인 정보들을 살펴봤다. 세계 경제가 어떤 국면인지 파악하는 방법을 배웠고, 투자를 하기 전에 국가별로 어떤 경제지표를 살펴봐야 하는지도 알아봤다. 그리고 마지막으로 지정학적 리스크가 앞으로 어떤 방향으로 전개될지도 살펴봤다. 이제 톱다운 분석 단계 중 첫 번째 단계를 지난 셈이다.

IMF는 세계 경제는 회복하는 국면에 있고, 앞으로 경제성장률은 다소 정체될 것으로 보이지만, 국가별로 경제성장률 방향성은 다를 것으로 전망했다. 인플레이션은 피크아웃Peak Out(정점을 이룬 뒤 둔화)해 조만간 안정적인 구간으로 접어들 것이라 전망했다. 따라서 안정과 위험 중 한 방향으로만 ETF 포트폴리오를 구성할 수 없는 상황이다. 지정학적 리스크 역시 점점 높아질 것이다. 한마디로 수많은 변수와 이슈가 혼재된 상황이다. 따라서 앞서 언급한 다양한 ETF를 통해 안정적인 자산과 위험자산에 분산투자해야 하며, 국가대표지수를 추종하는 ETF를 고를 때도, 테마 ETF를 고를 때도, 안정적인 인컴형 채권 ETF를 고를 때도 선택과 집중을 해야 한다.

CHAPTER 2

시장의 주인공을 파악하는 습관 기르기

이제 본격적으로 어떤 국가대표지수 ETF에 투자해야 할지 결정해야 한다. 앞서 설명한 내용들을 모두 이해하고 투자하는 것이 가장 현명하지만, 너무 많은 걸 알아야 한다는 느낌이 든다. 할 일도 많은데 그 많은 경제지표를 확인하고 분석할 생각에 가슴이 답답하다면 이번 챕터를 더욱 자세히 읽어보기 바란다. 이건 매크로 분석의 꿀팁인데, 지금 그리고 앞으로 시장의 주인공이 누구인지만 파악해도 많은 것을 얻을 수 있다.

증시를 이끄는 산업 혹은 주식을 이야기하는 것이 아니다. 그건 매크로 분석 다음에 등장하는 것이고, 이번 챕터에서는 자산가격에 가장 많은 영향을 미치는 주체는 정부, 기업, 중앙은행 중 누구인가를 살펴볼 것이다.

망망대해에서 배의 키를 쥐고 있는 선장은 시기에 따라 달라진다. 정부, 기업, 중앙은행 중 누가 선장 자리에 있는지에 따라 관심을 두어야 할 자산군과 산업군이 달라진다. 그래서 시기마다 정부 정책에 더 중점을 두고 시장을 바라봐야 하는지, 중앙은행의 한마디 한마디에 더 관심을 두어야 하는지, 기업들의 실적 발표나 신사업 발표에 더 집중해야 하는지 파악하는 것이 중요하다.

앞서 설명한 세계 경제지표들, 지정학적 리스크를 분석하지 않더라도 습관적으로 현재 시장에 가장 큰 영향을 미치는 주체는 누구인지 고민하고 투자를 결정할 것을 추천한다. 순서가 언제나 맞지는 않지만 보통 정부 → 기업 → 중앙은행순으로 순환한다. 이번 챕터에서는 중앙은행부터 살펴보겠다.

중앙은행이 주인공일 때

중앙은행은 언제 주인공이 될까? 가장 간단하게는 인플레이션이 높아지면 주인공으로 등장한다. 중앙은행은 금리를 인상할 수도 있고, 인하할 수도 있지만 금리를 인하할 때보다 인상할 때 영향력이 극대화된다. 물가가 중앙은행이 목표한 2~3%(대부분의 중앙은행이 비슷한 목표를 가지고 있다)를 넘어서면 금리 인상이 시작된다. 금리를 인상한다는 것은 환율, 채권의 금리가 요동친다는 이야기이며, 2022년의 경우처럼 미국 연준이 한 번에 자이언트 스텝을 밟는다면 '차라리 투자를 하지 말 걸'이라는 생각이 절로 드는 시기가 펼쳐진다. 그럴 때면 중앙은행이 얼마나 빨리, 얼마나 많이 금리 인상을 단행하는지 파악하기 위해 그들의 말 한마디 한마디에 집중하고 의미를 부여한다. 2022년부터 2024년 중순까지 뼈저리게 느꼈겠지만, 중앙은행의 힘은 참으로 대단하다.

그렇다면 이럴 땐 어떻게 해야 할까? 경험해 봐서 알겠지만 중앙은행이 주인공이 되었다는 것은 투자자들에게 그리 달가운 소식이 아니다. 그럼에도 중앙은행이 주인공이 되면 빠르게 네 가지 대응을 할 필요가 있다.

중앙은행이 주인공이 되었을 때 대응법

첫째, 금리 인상을 무기로 중앙은행이 시장의 주인공으로 제대로 등극하기 전에 ETF 포트폴리오를 다시 한번 점검해 봐야 한다. 안정형으로 자산을 옮기거나 여윳돈이 있다면 안정적으로 그리고 꾸준하게 현금으로 배당받을 수 있는 인컴형 ETF를 선택해야 한다. (인컴형 ETF에 대해서는 이후에 더욱 자세히 알아보도록 하겠다.) 이러한 시기를 가장 빠르게 알 수 있는 방법은 인플레이션의 방향을 살펴보는 것이며, 뉴스에 물가 상승과 관련된 이야기가 많이 언급되고 인플레이션이 주요 키워드인 애널리스트 리포트가 많아진다면 준비를 해나가야 한다.

둘째, 반대로 중앙은행이 금리 인하 카드를 만지작 거리고 있다면, 주식 ETF 비중을 늘리고 성장성을 기반으로 움직이는 자산의 비중을 높여보자. 고용이 둔화되고 인플레이션이 잡히는 모습을 보인다면 아주 빠르게 테세 전환을 해야 한다.

셋째, 경제지표를 그 어느 때보다 더욱 열심히 점검해야 한다. 이유는 간단한다. 중앙은행이 경제지표를 보고 금리를 결정하기 때문이다. 경제지표를 보고 중앙은행이 금리를 동결할지, 인상할지, 인상한다면 얼마나 인상할지, 인하한다면 언제 얼마나 인하할지 등을 파악해야 한다. 그래야 자산을 미리 배분할 수 있고, ETF 상품 중에서도 어떤 상품에 비중을 더 두어야 하는지 판단할 수 있다.

넷째, 중앙은행의 한마디, 한마디에 시장이 요동치는 시기에 수익을 추구하고 싶다면, 각 국가별로 금리가 크게 변할 때 환율을 활용해볼 수 있다. 뒤에서 자세히 다루겠지만, 환율은 국가 간 금리 차에 영향을 받는 대표적인 자산이므로 변동성을 즐기고 싶은 투자자라면 중앙은행이 주인공일 때 환율 ETF를 생각해 보는 것도 하나의 방법이다.

중앙은행이 호령하는 시기가 끝나갈 때쯤 시장의 관심은 정부 정책과 기업으로 이동한다. 중앙은행이 기준금리를 올리면서 기업들은 성장하기 어려운 환경에 처하게 되고, 기준금리 인상으로 인플레이션은 잡겠지만 고용과 경제가 더욱 악화될 수 있기 때문이다. 이러한 부분들을 해결하기 위해 정부가 나설 때가 온다. 그리고 높은 금리 때문에 억눌렸던 기업들의 투자와 성장을 위한 확장, 다양한 시도들이 등장한다.

정부가 주인공일 때

중앙은행이 주인공인 시간이 지나면 시장에 가장 큰 영향력을 미치는 주체는 정부가 될 가능성이 크다. 물론 반드시 정부가 다음 주인공으로 등장하는 것은 아니지만 경제를 부흥하기 위한 선별적인 정책들을 내놓을 가능성이 높기 때문이다. 인플레이션을 잡기 위해 금리를 올리긴 하지만 경제와 고용 상황이 악화되면 안 되기 때문에 중앙은행과 정부가 같이 나서는 경우도 종종 있다.

정부가 시장의 주인공이 되는 조건은 사실 그리 간단하지 않다. 그러나 전쟁, 팬데믹 같은 리스크가 발생하면 정부는 자산시장의 주도권을 빠르게 잡게 된다. 정부는 경제가 어려울 때 시장에 가장 큰 영향력을 미친다.

그럼 정부가 주인공이 되는 시기부터 알아보자. 정부가 주인공인 시기를 먼저 다루는 이유는 2024년에는 전 세계적으로 정치적인 이슈가 많기도 하고 금리 동결~인하기에 정부가 주인공이 되는 경우가 더러 있기 때문이다. 정부가 주인공이 되는 시기는 세 가지로 나뉘는데, 예상치 못한 블랙스완^{Black swan}이 발생했을 때, 중요한 선거 전후에, 경기가 침체 국면에 접어들어 정부 부양책을 펼쳐야 할 때다. 정부가 주인공이니 중앙은행과 기업들이 하는 이야기를 무시해도 된다는 뜻은 아니다. 다만 소위 말해 정부가 '밀어주는 산업'에 더욱 많은 관심을 두어야 필요는 있다.

블랙스완 발생했을 때

2020년에는 전 세계적으로 확산된 코로나19로 '블랙스완'이 발생했다. 금융시장에서는 예상치 못한 상황을 블랙스완이라고 하는데, 러시아-우크라이나 전쟁 같은 경우도 블랙스완이다. 2020년 코로나19가 발생했을 때 정부는 경기 부양 정책 이외에도 인구 이동 제한, QR코드 인증 의무화, 국가기관 문서 발급 디지털화 등 IT 기업에 의존하는 모양새를 보이면서 정책적으로 많은 지원을 해주었다. 행정 처리 등을 비대면화하는 작업을 본격적으로 시작했으며, 개인 위치 정보를 활용할 수 있게 만들어주는 QR코드 인증 방식 등 정부의 주도하에 많은 제한이 사라지면서 IT 기업들은 급진적인 성장을 이루었다. 물론 그 당시에는 대면 자체가 어려운 상황이었기에 비대면으로 많은 것이 변화하면서 IT 관련 산업들이 수혜를 입은 것은 분명하지만 정부의 정책 효과가 없었다고 말할 수 없다.

그리고 이와 더불어 전 세계적으로 각국 정부는 경제를 부양시키기 위해 이례적으로 돈을 풀었고(정부 지원금 등), 글로벌 유동성이 확대되면서 V자 반등을 주도했다.

중요한 선거 전후

'정치 테마주'라는 말을 들어본 적이 있을 것이다. 굵직한 선거 전후에 등장하는 용어인데, 정부가 어떤 방식으로든 금융시장 혹은 경제에 대한 정책을 발표하는 시기이므로 정부의 입김이 강해진다.

정부는 2024년 총선을 앞두고 '밸류업' 정책을 내놓았다. 코리아 디스카운트를 해결하기 위한 방안을 발표했고, 관련 종목들이 큰 주목을 받았다. 물론 실효성에 의문점들이 있고 앞으로의 전개 방향은 예측하기 어렵지만 정부가 선거를 앞두고 금융시장에 영향을 미칠 수 있는 정책을 발표한 것이다.

미국은 대선을 앞두고 있어 장기적인 정책을 발표하는 시기는 아니지만 차기 대통령에 대한 예측과 이를 기반으로 앞으로 어떤 산업이 주목받을지 갑론을박이 이어지고 있다. 그리고 새로운 정부가 수립된 이후에는 국가적으로 보호할 산업, 자금을 투입할 산업에 대한 발표가 진행된다. 2020년 조 바이든^{Joe Biden}이 미국 대통령이 된 이후 미국 에너지 정책에 가속 페달을 밟으면서 각종 정책이 발표되었고, 신재생에너지 산업이 각광을 받았다. 그리고 칩4^{CHIP4}* 정책으로 미국 반도체 기업들의 시대가 펼쳐졌다.

특별한 정치적인 이벤트가 있을 때는 특정 수혜주 한 종목을 찾아내는 것이 아니므로 장기적인 방향성을 읽는 데 집중하자. 시장친화적인지, 외교에 어떤 생각을 가지고 있는지, 어떤 산업에 관심이 가있는지 정도는 이해하고 넘어가야 한다. 단 장기투자를 고민하고 있는 ETF 투자자라면 정치적인 이슈에 너무 좌우될 필요는 없다. 이러한 시기가 지나면 실질적인 정책 수혜가 지속되더라도 정부가 자산시장에 미치는 영향력은 다소 수그러든다. 그리고 가장 중요한 건 어차피 정부도 앞으로 미래 먹거리 산업을 지원할 것이고, 큰 매크로 흐름 속에서 국가 경쟁력을 잃으면 안 되는 산업을 도와줄 것이라는 사실이다.

---

* 미국이 제안한 4개국(미국, 한국, 대만, 일본) 반도체 동맹. 칩은 반도체를, 4는 4개의 국가를 의미하며, 중국을 견제하고 동맹국과 함께 안정적인 반도체 공급망을 형성하는 것이 목적이다.

세계 경제가 침체될 때

정부는 세계 경제가 위축될 때도 주도권을 잡는다. 이는 앞서 언급한 블랙스완과 다른데, 예상치 못했던 전쟁 혹은 팬데믹 같은 상황은 아니지만 정부는 경제 부양을 위한 선택들을 해나가야 하고, 개인투자자는 이런 상황에서 어떤 산업들이 정부의 수혜를 입을지 유심히 살펴야 한다. 이때는 글로벌 경기침체인 만큼 한 국가가 아니라 미국, 중국 등의 경제 정책에도 관심을 두어야 한다. 경제가 힘이 없으니 정부의 정책이 뒷받침되는 산업이 그나마 성장 가능성이 높고, 이런 사항들이 주가에 영향을 미친다.

예를 들면, 2022년 글로벌 경기침체를 타개하는 방법으로 대부분의 정부는 신재생에너지를 선택했다. 유럽도, 미국도, 중국도, 한국도 비슷했는데, 이러한 것들이 쌓여 2023년 국내 2차전지 ETF 주가를 끌어올렸다고 판단한다. 앞서 언급한 탈세계화로 미국과 중국의 관계가 악화된 것이 국내 2차전지 기업에 플러스 요소로 작용했다.

세계 경제가 어려워 증시에 대한 기반이 흔들리면 각 국가의 정책 방향성이 어디를 가리키고 있는지 확인해야 한다. 소위 말해 정부가 밀어주는 산업, 많은 나라가 관심을 보이는 산업이 무엇인지 빠르게 파악해야 한다.

정부가 자산시장에 가장 큰 영향력을 미치는 시기를 지난다는 것은 바로 경제가 어느 정도 회복되어 간다는 의미이며, 자산시장의 근간인 경제가 다시 튼튼해지고 있는 과정을 거치고 있다는 뜻이다. 그럼 그 바통을 넘겨받아 자산시장을 이끌어가는 주인공은 이제 기업이 된다.

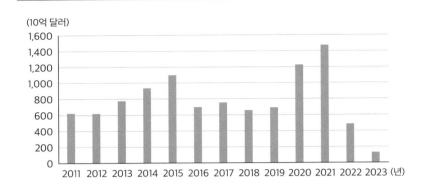

(10억 달러)

자료: 블룸버그

기업이 주인공일 때

언제나 그런 것은 아니지만 개인투자자 입장에서 가장 재미있는 시기는 기업이 주인공일 때다. 이는 자산가격에 영향을 미치는 마이너스적인 요소들이 크지 않다는 뜻이고, 기업들이 발표하는 실적, 새로운 사업 발표, 기술력 소개 등에 영향을 가장 많이 받는다는 뜻이다. 경제가 회복되었으니 자산가격을 뒷받침해 주는 땅이 단단하기 때문에 조금 더 편안한 마음으로 투자를 할 수 있다.

물론 경제가 튼튼하지 않은 시기에도 기업이 주인공일 수는 있다. 가장 최근에 기업이 주인공이었던 시기가 그러했다. 2020년 코로나19 발생 이후 정부가 주인공이었던 시기를 거쳐 2021년은 기업들의 해였다. 경제가 튼튼하진 않았지만 유례없는 유동성과 낮은 금리로 기업들이 활발하게 사업을 확장하고 투자를 늘려나갔다. 이럴 땐 기업의 펀더멘털 및 성장성에 대한 관심이 늘어나고, 기업공개IPO, Initial Public Offering가 급격히 증가한다. 그리고 기업들이 경제 변화를 이끌 혁신 성장 동력을 제시해 패러다임 변화가 일어나기도 한다.

기업이 주인공일 때 나타나는 특징은 IPO가 많아진다는 것이다. 2021년 국내 증권사들이 경호 업체를 고용할 정도로 IPO 붐이 일어났고, 실제로 글로벌 IPO 규모는 2011년 이후 역대 최대치를 기록했다. 만약 IPO가 많아진다는 이야기가 들려오면 기업이 시장에 미치는 영향력이 강력해졌다는 뜻으로 이해해도 된다.

2021년을 뒤돌아보면 투자와 관련된 밈과 짤이 돌아다닐 정도로 투자시장이 뜨거웠다. "그때 살 걸" "그때 투자할 걸"이라는 말을 내뱉는 투자자가 많아 '껄무새'라는 용어도 등장했고, 투자를 하지 않는 사람들이 벼락 거지가 되었다는 이야기가 돌 정도였다. 그 당시에는 성장주들이 증시를 이끌면서 어떤 사업에 투자하겠다는 이야기만 돌아도 주가가 상승했다. 비록 2024년 2월 애플은 자율주행 전기차 '애플카' 개발을 포기했지만 당시에는 애플이 애플카 프로젝트를 시작한다는 소식에 주가가 급격히 상승했다. 돈이 생긴 기업들은 그동안 쌓인 부채를 갚아 재무건전성을 높이기도 하고, 미래 성장 동력을 위해 자본력을 바탕으로 투자를 아끼지 않았다. 우주와 3D 프린팅 등 새로운 미래 패러다임이 등장하기도 했다.

이렇듯 기업들이 자산시장을 이끄는 시기에는 위험자산의 비중을 늘리고, 경제지표와 중앙은행의 행보를 살피기보다는 산업 내 기술 혁신, 장기적인 성장을 이끌 것으로 기대되는 산업을 선별해 내는 것이 중요하다. 인컴형 ETF, 안정형 ETF 비중보다는 주식 ETF, 혁신 성장 테마형 ETF 비중을 늘려 상승하는 추세에 올라타 수익률을 극대화하는 방향을 고민해야 할 필요도 있다.

누가 시장의 키를 쥐고 있는지에 따라 어떤 특징을 가진 ETF를 살지, 팔지, 비중을 늘릴지, 줄일지를 판단할 수 있다. 물론 원톱 주인공으로 자산시장이 전개되지는 않는다. 중앙은행과 정부가 동시에 시장에 영향력을 미칠 수도 있다. 영향력을 넘어가는 경계선은 언제나 모호하다. 칼로 자르듯 구별하는 것이 어렵고, 기간이 1년, 1년 6개월과 같이 나누어지는 것도 아니다. 다만 예시를 통해 알아보자면 2020년 정부 → 2021년 기업 → 2022년 정부&중앙은행 → 2023년 중앙은행&기업(새로운 산업 패러다임 등장) → 2024년 중앙은행&기업&정부 → 기업순으로 순환하고 있다. 물론 사이사이에 AI 같은 새로운 산업 패러다임이 등장하면 아무리 중앙은행이 미치는 영향력이 막강하더라도 특정 테마로 쏠림 현상이 극대화될 수 있다.

세계 경제, 국가별 경제, 지정학적 리스크 등을 모두 파악하는 것이 가장 좋지만 너무 버겁다면 기본적으로 이런 순환 구조를 바탕으로 시장을 이해하고 적절하게 ETF 포트폴리오를 구성해 운용해 보자. 중앙은행이 기준금리 인상 카드를 만지작거리며 영향력이 증가한다면 안전자산과 배당금이 들어오는 인컴형 자산에 집중하자. 반대로 금리 인하 가능성을 이야기한다면 혁신 성장 테마 ETF, 주식 ETF 등 위험자산의 비중을 높여보자. 그리고 정부가 새로운 주인공으로 떠오를 시기라면 정부 육성 산업에 관심을 두고, 기업들이 시장을 이끈다면 위험자산과 주식 ETF를 생각하며 미리미리 ETF 포트폴리오를 준비하자.

PART 3

본격적으로
ETF 포트폴리오 만들기!
국가대표지수 추종 ETF

톱다운 분석의 시작인 매크로 지표를 알아보고 현재 시장의 주인공이 누구인지 파악했다면 이제는 한 단계 더 나아가 어떤 국가에 투자할지 결정해야 한다. 국가마다 가지고 있는 특징과 투자 전에 살펴봐야 하는 지표가 다르다. 또한 국가를 대표하는 지수도 여러 개다. 이번 파트에서는 전 세계 모든 투자자가 모이는 미국부터 이웃 나라인 중국과 일본, 새롭게 떠오르는 신흥국 인도까지 각 나라의 특징을 파악하고 어떤 지수에 투자하는 것이 좋을지 알아보도록 하겠다. 현재 글로벌 ETF 시장에서 가장 많은 비중을 차지하고 있는 것은 주식 ETF다. 가장 먼저 국가를 골라 대표지수를 추종하는 ETF를 자신의 포트폴리오에 담아보자.

CHAPTER 1

미국

가장 먼저 살펴볼 나라는 미국이다. 미국은 전 세계 투자자들이 모이는 곳이다. 세계적으로 유명한 기업들이 포진되어 있으며, 워런 버핏과 같은 유명 투자자들 역시 미국 투자부터 시작했다. 그리고 ETF도 미국에서 탄생했다. 그러므로 ETF 투자자라면 반드시 미국을 공부해야 하고, 국가대표지수 투자를 고민해 봐야 한다.

미국 증시를 대표하는 3대 지수(S&P500, 나스닥100, 다우존스30)는 대체적으로 비슷한 흐름을 보이지만 특징은 매우 다르다. 따라서 담고 있는 기업들도 다르고, 그에 따라 수익률과 배당률도 다르다. 각 지수의 특징을 살펴보고 자신에게 맞는 ETF 상품을 알아보자.

S&P500

전 세계에서 가장 큰 ETF는 S&P500을 추종하는 'SPY'라는 티커를 가진 ETF다. 풀네임은 SDPR S&P500 Trust ETF이지만 SPY라는 티커가 하나의 단어로 인식될 정도로 유명하다. 전 세계 ETF 투자자들이 선호하며 기관, 개인, 외국인 할 것 없이 활발하게 투자하고 있다. 이것이 의미하는 것은 무엇일까? S&P500이 3대 지수 중에서 대표성을 가진다는 뜻이다. 어느 한쪽으로 치우치지 않고 미국 증시 전체에 투자하고 싶다면 S&P500을 추종하는 ETF가 적격이다.

    S&P500은 뉴욕증권거래소와 나스닥에 상장된 500개 대표 기업(시가총액 상위 500개)의 주가를 평균화해 만든 지수다. 그래서 시장 전체의 흐름을 가장 잘 나타낸다. 테크 기업들은 물론 에너지, 화학, 금융 기업들도 담고 있어 어느 한쪽으로 치우치지 않으며, 3대 지수 중에서 종목 수가 가장 많다. 그래서 미국 증시를 가장 잘 표현한 지수에 투자하고 싶은 마음이 있다면 S&P500을 추종하는 ETF에 투자하는 것이 적합하다. 뉴스 헤드라인에 미국 증시 하락, 상승의 기준이 S&P500인 이유도 이러한 특징 때문이다.

나스닥100

그다음으로 유명한 것은 나스닥100이다. 최근 테크 기업들이 약진하면서 유명세를 이어가고 있다. 나스닥 레버리지×2, 나스닥 레버리지

×3 ETF까지 인기가 많을 정도로 3대 지수 중에서 변동성이 가장 크며, 미국 증시의 '성장성'을 대표한다. 그래서 가끔 뉴욕증권거래소 상장에 실패한 기업들이 나스닥 상장에 성공하기도 하고, 미국에 IPO를 진행하는 기업들은 나스닥을 선호하기도 한다. S&P500 시가총액 상위 15개를 보면 버크셔 해서웨이Berkshire Hathaway, 유나이티드헬스그룹UnitedHealth Group, 존슨앤존슨Johnson&Johnson, 엑슨모빌Exxon Mobil이 포함되어 있는데, 나스닥100에서는 그 자리를 어도비Adobe, 넷플릭스Netflix, AMD 같은 테크 기업들이 차지하고 있다.

S&P500과 나스닥100은 시가총액 가중 방식을 택하고 있다. 예를 들어 애플, 마이크로소프트, 엔비디아 등 시가총액 상위 기업들의 주가가 크게 하락하면 S&P500과 나스닥100도 크게 하락할 수 있다.

다우존스30

하지만 다우존스30(공식적인 명칭은 '다우존스산업평균지수')은 다르다. 시가총액 가중 평균 방식이 아닌 주가를 기준으로 계산되기 때문에 주가가 비싼 기업일수록 다우존스30에 미치는 영향력이 크다. 산술 평균 방식으로 단순히 주가를 더한 후에 그 합을 다우 디바이저Dow Divisor라는 숫자를 사용해 나눈다.

다우존스30은 이름에서 알 수 있듯 정확히 30개 기업만 지수에 담기 때문에 미국 증시 전체를 아우르지는 않는다. 다만 138년의 역사를 자랑하고, 소위 말하는 '블루칩 기업'을 담고 있다. 블루칩이란,

안정적이고 신뢰할 수 있으며 영위하는 사업 내 대표성을 가진 기업들을 일컫는데, 다우존스30은 미국 내 상장된 기업 중 각 섹터를 가장 잘 대표하는 우량주 30개를 선정해 편입한다. IT, 미디어, 의료, 소비재, 에너지, 산업재, 금융 섹터에서 오랫동안 투자자들에게 사랑을 받아온 기업들로만 이루어져 있다. 따라서 시장 전체를 대변하지는 않지만 안정적이고 신뢰성이 높은 지수라는 타이틀을 가지고 있다.

3대 지수를 간략하게 정리하면 다음과 같다.

S&P500

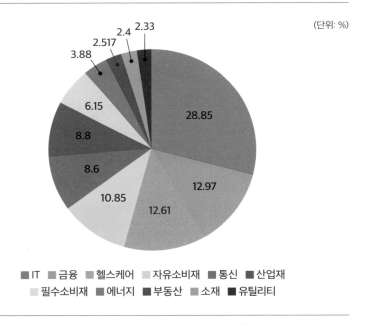

(단위: %)

■IT ■금융 ■헬스케어 ■자유소비재 ■통신 ■산업재
■필수소비재 ■에너지 ■부동산 ■소재 ■유틸리티

자료: 블룸버그(2023년 12월 31일 기준)

- S&P500: 전 세계에서 가장 큰 ETF가 따르는 지수로, 미국 증시를 '전체적'으로 대변함
- 나스닥100: 테크 기업 위주의 지수로, 미국의 '성장성'을 대변함
- 다우존스30: 섹터당 대표 블루칩 기업들만 담고 있으며, 미국 증시의 '신뢰성'을 대변함

그리고 투자자들에게 유용한 팁을 한 가지 더 알려주자면 각 지수가 보유한 기업들의 특성 때문에 배당률이 달라진다. 매년 다르지

나스닥100

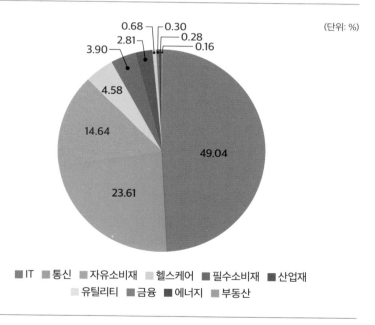

(단위: %)

0.68 ― 0.30
2.81 ― 0.28
3.90 ― 0.16
4.58
14.64
49.04
23.61

■ IT ■ 통신 ■ 자유소비재 ■ 헬스케어 ■ 필수소비재 ■ 산업재
■ 유틸리티 ■ 금융 ■ 에너지 ■ 부동산

자료: 블룸버그(2023년 12월 31일 기준)

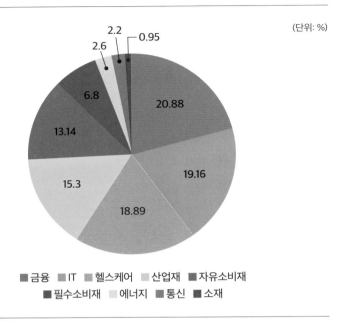

(단위: %)

20.88
19.16
18.89
15.3
13.14
6.8
2.6
2.2
0.95

■금융 ■IT ■헬스케어 ■산업재 ■자유소비재
■필수소비재 ■에너지 ■통신 ■소재

자료: 블룸버그(2023년 12월 31일 기준)

만 통상적으로 배당률의 크기에 따라 지수를 나열하면 다우존스30 ≧
S&P500 〉나스닥100 순이다. 각 지수를 추종하는 ETF에 투자한다면
12개월 배당 수익률은 다우존스30은 1.83%, S&P500은 1.39%, 나스
닥100은 0.81%다(2024년 3월 기준). 당연하다면 당연한 이야기인데,
다우존스30은 오랜 기간 명성을 쌓아온 기업들을 담고 있어 배당 성
향이 높은 존슨앤존슨, 3M, 코카콜라Coca-Cola, 맥도날드McDonald, 월마
트Walmart 같은 기업들을 큰 비중으로 보유해 배당 수익률이 3대 지수
중에서 가장 높다. 물론 S&P500에 포함된 기업들이 배당을 많이 한
다면 두 지수의 순위는 바뀔 수 있으나, 통상적으로 다우존스30은 현

금흐름이 좋은 기업, 배당을 주는 기업, 튼튼한 기업이라는 표현이 어울린다. 나스닥100은 성장성에 초점이 맞춰진 지수이기에 주주 환원 정책을 펼치는 기업보다는 돈을 벌면 R&D 투자를 하는 기업이 대부분이다.

미국 대표지수에 투자해야 하는 이유

다양한 국가들의 대표지수를 추종하는 ETF는 셀 수 없이 많다. 그런데 그중에서 미국을 가장 먼저 이야기하는 이유는 그만큼 중요하기 때문이다. 돈이 부족해 딱 한 나라에만 투자할 수 있다면 미국을 선택해야 한다. 주식 ETF에 투자한다면 나스닥100 ETF와 S&P500 ETF 투자는 필수다.

미국을 꼭 봐야 하는 이유는 간단하다. 자본주의가 근본인 나라이기 때문이다. 미국은 기업들이 경제를 떠받치고 있는 나라다. 정부의 정책도 당연히 경제 및 증시에 영향을 미치지만 전체적으로 봤을 때 가장 큰 역할을 하는 것은 기업이다. 미국 정부가 입법할 때 기업들이 자신들의 이득을 위해 로비를 하는 것은 결코 낯선 일이 아니다. 여기서 우리나라와는 다른 기업들의 위상을 확인할 수 있다.

그런데 자본주의가 나라의 시작과 함께했다는 사실이 왜 투자를 해야 하는 이유인 것일까? 기업들의 영향력이 크다는 것은 기업들의 자율성, 성장성, 발전성이 크다는 의미다. 그래서 새로운 기업이 지속적으로 탄생하고 있으며, 상속자가 아니어도, 재벌 2세가 아니어도 개인이 창업해 20년 만에 시가총액 상위 10개 기업에 등극할 수도 있다. 그리고 그 기회는 자신이 물려받을 재산이 없다 해도 활짝 열려 있다. 이것이 바로 미국지수가 박스권에 갇히지 않고 40년 동안 끊임없이 상승한 이유다.

예를 들어 빌게이츠Bill Gates는 1976년 뉴멕시코주에 '마이크로소프트'라는 상호를 공식적으로 등록했고, 1986년에 상장했다. 마이크로소프트는 창업 22년 만인 1997년에 시가총액 1위를 달성했다. 그리고 여전히 나스닥100 상승을 이끌고 있다.

페이스북FaceBook은 2004년 2월에 시작한 소셜네트워크 기업으로, 전 세계적으로 SNS 열풍을 불러일으켰다. 페이스북은 미국에서 6번째로 밸류에이션인 높은 기업이다(2024년 5월 기준).

전기차라는 콘셉트를 글로벌 트렌드로 만든 테슬라는 2003년 7월 캘리포니아에서 탄생했다. 테슬라는 창업한 지 20년도 되지 않아 시가총액 랭킹 15위 안에 자리매김하고 있다(2024년 6월 기준).

이와 같이 미국에서는 새로운 성장성을 가진 기업들이, 글로벌 트렌드를 주도하는 기업들이 끊임없이 탄생했고, 그들이 나스닥100과 S&P500을 계속해서 끌어올리고 있다. 테크 기업 외에도 바이오 회사, 워런 버핏의 버크셔 해서웨이도 끊임없이 발전해 왔다. 미국은 자본주의가 근간이기 때문에 기업들에 큰 자율성이 부여되고, 기업들은 성장을 위해 치열하게 경쟁한다. 이것이 바로 미국 증시의 상승 비결이다. 덕분에 박스권에 길게 갇히지 않고 1990년부터 꾸준히 상승해 현재까지 나스닥100은 81배, S&P500은 14.5배, 다우존스30은 14.1배 올랐다.

S&P500과 다우존스30 변화 추이

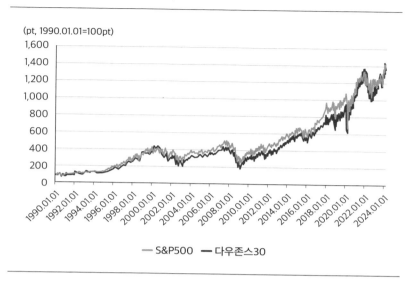

(pt, 1990.01.01=100pt)

— S&P500 — 다우존스30

나스닥100 변화 추이

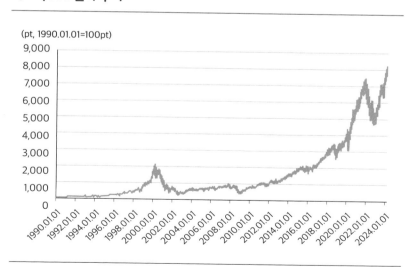

(pt, 1990.01.01=100pt)

즉 ETF 투자자라면 미국의 대표지수 ETF는 필수적으로 생각해야 한다. 앞서 이야기했듯 미국 증시의 꾸준한 상승 비결은 자본주의가 제대로 작동한다는 것이다. 미국이라는 나라가 스스로의 뿌리를 외면하지 않는 한 이러한 사실은 절대 변하지 않는다. 그래서 앞으로도 미국

미국 대표지수를 추종하는 국내&미국 상장 ETF

국가	티커	이름	추종 지수
국내	360750	TIGER 미국S&P500	S&P500
	133690	TIGER 미국나스닥100	나스닥100
	245340	TIGER 미국다우존스30	다우존스30
	367380	ACE 미국나스닥100	나스닥100
	368590	KBSTAR 미국나스닥100	나스닥100
	360200	ACE 미국S&P500	S&P500
	379780	KBSTAR 미국S&P500	S&P500
	432840	HANARO 미국S&P500	S&P500
	429760	ARIRANG 미국S&P500	S&P500
	449770	KOSEF 미국S&P500	S&P500
	433330	SOL 미국S&P500	S&P500
미국	SPY	SPDR S&P500	S&P500
	IVV	iShares Core S&P500	S&P500
	VOO	Vanguard S&P500	S&P500
	QQQ	Invesco QQQ Trust Series	나스닥100
	DIA	SPDR Dow Jones Industrial Average	다우존스30

* 환헤지형, Total Return형 제외

나는 ETF로 돈 되는 곳에 투자한다

증시의 성장성을 기대해 볼 수 있는 것이다. 정권 교체와 다양한 매크로적인 리스크 등으로 크게 혹은 작게 흔들리는 기간은 있겠지만 장기적으로 ETF를 활용해 포트폴리오를 구성하고 싶은 투자자라면 미국지수를 간과해서는 안 된다.

미국 3대 대표지수 중에서 무엇을 골라야 할까?

정말 중요한 질문이다. 지금 시점에서 필자의 선호도는 나스닥100 〉 S&P500 〉 다우존스30 순이다. 물론 투자자의 성향에 따라 지수의 특징을 고려해 미국 3대 대표지수 추종 ETF를 골라야 하겠지만, 앞으로의 수익성과 미국 증시의 대표성을 가진 상품에 투자한다는 의미에서 나스닥100 ETF와 S&P500 ETF를 선호한다.

2024년 상반기까지만 봤을 때 미국 증시에 가장 큰 영향력을 미치는 주체는 중앙은행이다. 앞으로 금리 인하기가 시작된다면 주체는 기업과 정부로 이동할 가능성이 크다. 물론 금리 인하 시기와 강도가 정해질 때까지 중앙은행의 입에 모두의 시선이 몰리겠지만 말이다. 그러면 전반적으로 활기를 이어나갈 가능성이 높아진다.

지금 미국 증시가 직면한 상황은 2019년과 비슷하다. 2017년 하반기에 본격적으로 시작한 금리 상승 기조는 2019년 동결 기조로 변했고, 그때부터 S&P500과 나스닥100의 추세적인 상승이 시작되었다. 그리고 연준이 현재 경계하고 있는 '약한 경기침체'도 2019년과 동일하다.

금리 인상이 멈췄을 때 추세적인 상승을 시작한 미국의 대표지수

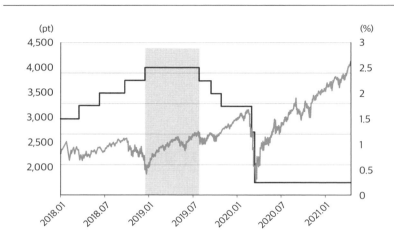

자료: 블룸버그, 미래에셋자산운용

미국의 제조업 생산률

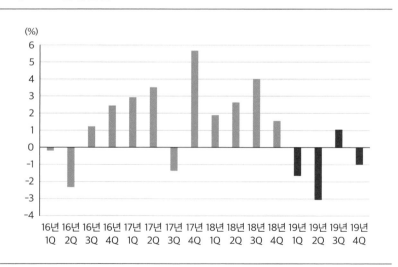

자료: 블룸버그, 미래에셋자산운용

나는 ETF로 돈 되는 곳에 투자한다

이는 미국은 이제 장기적인 추세 상승 곡선에 올라탔다는 의미다. '이미 반등을 많이 했기 때문에' '이미 전 고점을 뚫었기 때문에' '이미 전 고점에 거의 다 왔기 때문에' 등과 같은 이유는 S&P500 ETF와 나스닥100 ETF에 투자하지 않을 이유가 되기 어렵다. 역사적으로 미국 증시는 언제나 전 고점을 돌파하며 상승을 거듭해 왔기 때문이다.

그중에서도 나스닥100 ETF를 가장 선호하는 이유는 '성장성'을 대변하기 때문이다. 앞서 설명한 미국의 자본주의 특성은 기업들의 성장성을 뒷받침한다. 그리고 금리가 낮아지는 경제 상황에서는 위험 선호도가 올라간다. 변동성이 높더라도 더 높은 수익률을 추구하는 투자자들이 많아질 것이라는 이야기다. 그리고 증시 주도권의 바통이 기업과 정부로 넘어간다면 나스닥100 ETF를 선호할 이유가 더욱더 명확해진다.

이미 나타나고 있지만 AI로 미리 상승세를 보여주었던 미국 테크 기업들의 독주는 계속될 것이며, 그와 함께 반도체 기업들 역시 AI의 붐과 반도체 사이클 바닥이 끝나가는 시기가 맞물려 움직이기 시작했다. 미국의 차기 대통령이 바이든이 될지, 도널드 트럼프Donald Trump가 될지 알 수 없지만 중국과의 경쟁(반도체, 2차전지, 전기차, 테크 등)에서 미국 기업들을 도와주는 법안은 계속될 가능성이 크다. 그리고 현재 미국 기업들은 낮아질 금리를 어떻게 누릴 것인지, 앞으로 어떻게 성장해 나갈 것인지에 대한 생각뿐이다. 정부와 기업이 관심을 두고 있는 산업은 나스닥100에 몰려 있다.

미국 대표지수는 어떤 ETF 포트폴리오를 구성하든 기본적인 주춧돌 역할을 수행한다. 주식가격 혹은 시가총액은 기업의 가치라고 볼 수 있다. 그리고 주가는 기업의 미래가치를 선반영한다. 그런데 미국 기업들은 자본주의로부터 발전된 국가 이념하에 끊임없이 발전하고 있다. 어쩌면 자본주의가 만들어낸 '투자'라는 영역에 가장 어울리는 ETF는 나스닥100 ETF, S&P500 ETF가 아닐까 싶다.

나는 ETF로 돈 되는 곳에 투자한다

CHAPTER 2

인도

미국 다음으로 눈여겨볼 나라는 인도다. 보통 미국 다음으로 언급되는 나라는 경제 대국인 중국이지만 현재 투자자 입장에서는 인도의 중요성이 더욱 높아졌다. 2023년 상반기 신흥국 증시는 대부분 호조를 보였다. 특히 한국과 인도의 주가 상승이 두드러졌다. 한국의 경우 2차전지 기업들에 대한 기대감으로 많은 사람의 이목을 끌었지만, 인도는 1개의 테마만 상승한 것이 아니다. 그 기조는 2024년 1분기까지도 이어졌다. 중간에 2024년 6월 선거에서 당선된 나렌드라 모디^{Narendra} ^{Modi}의 당선표가 압도적이지 않으면서 출렁임이 있기는 했지만, 모두 회복하며 국가 성장에 대한 기대감이 크다.

인도 대표지수를 추종하는 국내&미국 상장 ETF

국가	티커	이름	추종지수
국내	453870	TIGER 인도니프티50	니프티50
	453810	KODEX 인도니프티50	니프티50
	200250	KOSEF 인도니프티50(합성)	니프티50
미국	NFTY	First Trust India Nifty50 Equal Weight	니프티50

인도를 대표하는 지수는 2개다. 봄베이증권거래소의 초대형주 30개로 구성된 센섹스SENSEX지수와 인도국립증권거래소의 대형주 50개로 구성된 니프티50Nifty50지수가 바로 그것이다. 인도 증시에 투자한다면 어떤 지수를 추종하는 ETF를 매수해야 할지 고민할 필요가 없다. 두 지수의 특성이 크게 다르지 않기 때문이다. ETF를 보면 니프티50지수를 추종하는 ETF가 훨씬 많은데, 그 이유는 구성 종목들이 비슷하지만 더 많은 종목을 보유한 니프티50이 인도 증시를 더욱 광범위하게 대표하기 때문이다. 따라서 인도 증시에 투자한다면 센섹스지수보다는 니프티50지수를 추종하는 ETF를 선택하는 것이 좋다.

필자가 인도 ETF를 소개하는 이유는 인도지수가 상승할 가능성이 크다고 생각하기 때문이다. 미국보다 접근성이 현저히 떨어지지만 ETF로 투자하면 쉽게 다가갈 수 있다. 하지만 아직까지 인도는 친숙하지 않은 것이 사실이다. 따라서 이번 챕터에서는 매크로 분석, 인도 경제의 특징, 인도 증시의 특징을 세부적으로 살펴볼까 한다.

탈세계화 트렌드의 수혜국, 인도

2023년 2월 아다니 사건*으로 인도 증시에 대한 우려가 불거졌다. 하지만 인도 증시는 이를 잘 이겨냈고, 2024년 상반기까지 좋은 모습을 보여주고 있다. 모디 총리가 압도적인 당선표로 승리를 거머쥔 것은 아니지만, 어찌 되었던 3연임이 확정되었다. 신흥국 증시는 원래 아다니 사건처럼 신뢰성을 훼손하는 이슈가 불거지면 크게 흔들리는데, 인도는 그렇지 않았다. 대체 무엇이 인도 증시를 이렇게 강하게 만든 것일까? 인도의 미래가 기대되는 이유는 탈세계화다. 앞서 설명한 '탈세계화' 매크로 트렌드로 가장 큰 수혜가 기대되는 나라가 바로 인도다.

인도는 신흥국 투자 이야기가 나오면 언제나 등장한다. 그래서 투자 경험이 있는 투자자도 생각보다 많다. 그런데 지금부터 본격적으로 관심을 두어야 하는 이유는 탈세계화가 주요 키워드로 떠오르면서 인도가 중국 다음으로 전 세계 공장 역할을 도맡아 성장할 것이라는 목소리가 나오고 있기 때문이다. 50년 동안의 트렌드가 바뀌는 일인 만큼 인도라는 국가에 관심을 둘 필요가 있다.

대한무역투자진흥공사KOTRA가 조사한 바에 따르면 2022년부터 63% 이상의 글로벌 기업이 중국 내 생산기지의 40% 이상을 인도와 베트남으로 이전하고 있다. 아이폰 위탁 생산 업체로 유명한 폭스콘Foxconn은 2023년 3월 인도에 9,000억 원을 투자해 중국에 있는 공장

---

* 인도의 최고 재벌인 아다니그룹Adani Group의 주가 조작 및 사기 등 각종 비리를 파헤친 보고서가 공개된 뒤 관련된 10개 계열사의 시가총액이 169조 원 증발한 사건

나라별 글로벌 공급망 비중

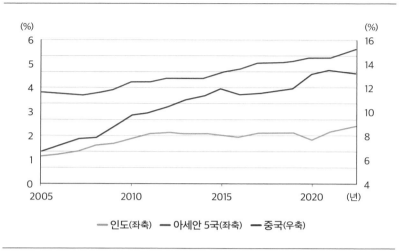

을 이전할 계획을 밝혔고, 삼성전자 역시 2023년 3월 인도에 2,600억 원을 투자해 냉장고 공장을 건설할 것이라고 발표했다. 2024년 4월에 는 테슬라가 저가 자동차를 생산하기 위해 인도에서 공장 부지를 물 색하고 있다는 소식도 들려왔다. 공급망이 재편되면서 인도는 반사이 익을 톡톡히 누리게 되었다. 약 50년 동안 진행되어 오던 세계화 흐름 이 반대로 되감아지는 중요한 시점에 인도의 강점을 확인해 볼 필요 가 있다.

서방 국가들이 중국을 배제하는 형태로 글로벌 공급망GVC, Global Value Chain이 재편되고 있는 상황에서 인도의 위상이 변하고 있다. KOTRA에 따르면 세계 교역에서 인도가 차지하는 비중은 약 2.02% 로, 절대적인 수치는 낮으나 꾸준히 상승하고 있다(2022년 기준). 인도

인도의 글로벌 공급망 참여도

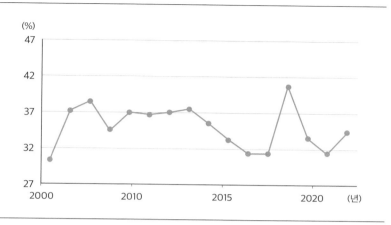

자료: 한국은행, ADB MRIO

는 석유 제품, 귀금속, 기계류, 자동차 등 화학 및 제조업 제품과 IT 기반 아웃소싱 서비스를 주로 수출한다.

가장 중요하게 살펴봐야 할 것은 2020년부터 상품 교역 부분에서 중국의 비중이 줄어들기 시작함과 동시에 인도의 비중이 늘어났다는 점이다. 인도는 실질적으로 중국을 대신할 준비를 착실하게 해나가고 있다. 전반적으로 글로벌 공급망 참여도는 높은 편은 아니지만 2010년부터 중국의 참여도는 낮아지고 있는 반면, 인도의 참여도는 높아지고 있다. 물론 글로벌 공급망 참여도가 높다는 것은 의존도 역시 올라간다는 의미이기에 무조건 긍정적으로 볼 수는 없다. 하지만 전 세계 공장으로 거듭날 준비를 하고 있는 인도 입장에서는 앞으로도 참여도를 높여갈 것이라 예상된다.

정부까지 발 벗고 나서고 있는 인도

이러한 상황이 펼쳐진다 하더라도 인도 정부가 의지가 없다면 인도의 경제성장 그리고 증시의 상승까지 이어지기 어렵다. 하지만 인도는 오래전부터 모디 총리가 말한 '인도의 시대India's Time'를 기다리고 있었다.

　인도는 이러한 흐름을 기회라고 생각하고 있는 것이 분명하다. 인도는 2025년까지 자국으로 생산시설을 이전하는 기업에 생산 연계 인센티브PLI, Production Linked Incentive와 세제 혜택을 제공한다는 내용의 정책을 발표했다. PLI를 통해 14개 핵심 육성 산업에 약정한 투자와 목표 매출을 달성한다면 증가분의 일정 비율을 보조금으로 제공한다. 핵심 육성 산업에는 미국과 중국의 패권 다툼의 중심에 있는 반도체, 자동차, 배터리, 재생에너지, 제약, 금속 및 광업 등이 포함되어 있다. 그리고 2023년 3월 이전에 생산에 착수한 신생 제조업체의 세율을 기존 25%에서 15%로 인하하는 세제 혜택 또한 발표했다.

　인도의 모디 정부는 이런 순간을 간절하게 기다려왔다. 2014년 모디 정부는 출범과 동시에 다양한 정책과 프로젝트를 통해 제조업과 인프라 산업의 육성을 도모했다. 앞서 언급한 PLI 외에도 메이크 인 인디아Make in India 정책 등을 발표하며 오랜 기간 인프라 투자 → 제조업 육성 → 수출 확대 → 경제 증진을 노려왔다. 그만큼 인도 정부는 시장친화적이라는 뜻이고, 지금의 세계적인 흐름을 누리기 위해 국가적으로 지원을 아끼지 않을 것으로 보인다.

　이러한 정책을 기반으로 인도로 향하는 외국인들의 투자도 순항

인도의 PLI

산업	지원 규모(루피)	인센티브 내용
반도체, 디스플레이	7,600억	5년 매출 증가분의 4~6%
전자제품	4,095억	5년, 4~6%
자동차, 자동차 부품	2,594억	5년, 4~6%
재생에너지	2,400억	5년, 4~6%
의료기기	1,842억	5년, 5%
화학	1,810억	5년, 미정
의약품	1,500억	6년, 3~10%
통신	1,220억	5년, 4~7%

자료: 하나은행 하나금융연구소, 미래에셋자산운용

인도 정부의 지속적인 노력

정책	정책 내용	기간
메이크 인 인디아	글로벌 기업의 인도 내 제조 공장 유치	2014년~
자립 인도	제조업 육성을 통한 탈중국과 경제 자립	2020~2025년
생산 연계 인센티브	전략적 육성 산업에 인센티브 제공	2020~2025년
국가 수익화 파이프라인	정부 인프라 사업의 민영화 추진	2020~2025년

자료: 미래에셋증권, 미래에셋자산운용

하고 있다. 외국인 자금 순유입은 플러스를 기록하고 있다. 중국은 기간별로 부침이 심한 반면, 인도는 신흥국 서열에서 중국에 밀리지만 FDI는 세계 경제가 어떤 국면을 지나가고 있는지에 영향을 덜 받으며

인도 내 제조업 프로젝트 투자 규모

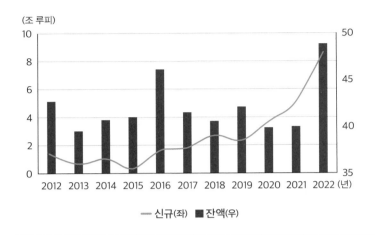

자료: 대외경제정책연구원, 미래에셋자산운용

꾸준히 순유입되었다.

탈세계화와 중국 경제의 부진 타이밍이 모두 알맞게 떨어져 인도 투자가 늘어날 것으로 기대되는데, 세계은행에서 발표하는 '사업을 하기 좋은 환경 점수'도 점점 높아지고 있어 글로벌 기업들이 인도라는 선택지를 매력적으로 느끼기 충분하다. 중국의 정책 규제와 정치적인 리스크 그리고 미국의 눈치 보기 게임에서 기업들은 차이나 플러스 원China+1 전략을 구사하고 있고, 인도는 그러한 기업들에 레드 카펫을 깔아주었다. 인도는 넥스트 차이나로 떠오르면서 경제성장과 증시 상승을 함께 누릴 것으로 예상된다.

인도와 중국의 FDI 순유입액 비교

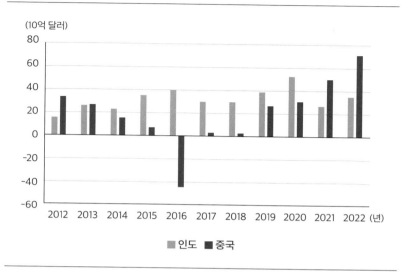

(10억 달러)

■ 인도 ■ 중국

자료: 블룸버그, 미래에셋자산운용

글로벌 생산기지국 사업 환경 점수 추이

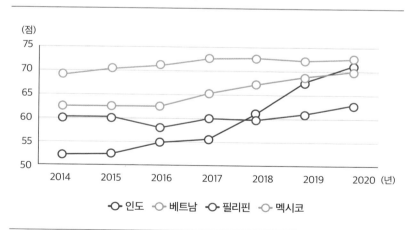

(점)

◆ 인도 ◆ 베트남 ◆ 필리핀 ◆ 멕시코

자료: 세계은행

경제 대국 3위로 올라설 인도

인도가 중국의 자리를 꿰찬다는 것은 인도의 경제성장률을 기대해 볼 수 있다는 이야기다. 인도는 글로벌 공급망에서 두각을 나타내고 외국인 투자 유치까지 늘어날 것으로 전망되는데, 경제 전망 역시 이를 반영한 듯 다른 국가와 비교했을 때 높은 편이다.

S&P 글로벌 마켓 인텔리전스S&P Global Market Intelligence는 2022년 11월에 발간한 보고서에서 인도가 2030년에는 세계 경제 대국 3위의 반열에 오를 것이라고 발표했다. 블룸버그에 따르면 2025년까지 인도의 연간 실질 GDP는 6.4% 내외다. 이러한 내용을 종합해 보면 인도의 미래는 무척이나 밝다고 말할 수 있다.

중산층 확대

인도 경제와 증시가 같이 발전할 것이라고 보는 이유는 인도 중산층의 확대가 기대되기 때문이다. 경제학에서는 중산층이 제일 두툼한 경제 구조를 가장 이상적인 환경이라고 말하는데, 그 이유는 중산층이 확대되면 소득과 소비가 늘어나기 때문이다. 중산층이 뚱뚱해질수록 폭발적인 소비 성장이 기대된다. 전 세계적으로 중산층이 뚱뚱한 나라는 찾아보기 어렵다. 고령화, 저출산이 날로 심해지는 글로벌 상황에서 모래시계형이 아닌 다이아몬드형 인구구조를 가질 인도로 관심이 쏠릴 수밖에 없다. 이러한 내수 소비가 경제를 견인할 것으로 보인다. 세계적인 컨설팅 회사인 베인앤컴퍼니Bain&Company에 따르면 인구 내 중상위층의 비중이 2018년 5가구 중 1가구에서 2030년에는 2가구

인도의 가계 수 및 소득 전망

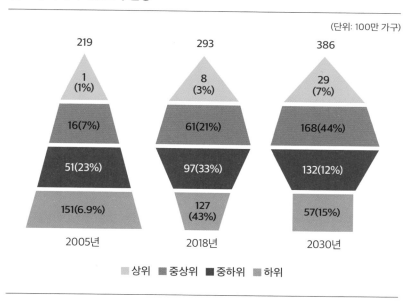

(단위: 100만 가구)

219   293   386

	2005년	2018년	2030년
상위	1 (1%)	8 (3%)	29 (7%)
중상위	16(7%)	61(21%)	168(44%)
중하위	51(23%)	97(33%)	132(12%)
하위	151(6.9%)	127 (43%)	57(15%)

■ 상위 ■ 중상위 ■ 중하위 ■ 하위

자료: 베인앤컴퍼니

인도의 가계 연소득 증가 추이

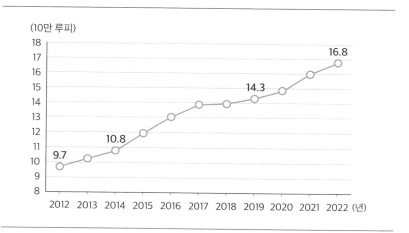

(10만 루피)

9.7   10.8   14.3   16.8

2012 2013 2014 2015 2016 2017 2018 2019 2020 2021 2022 (년)

자료: 프롭에퀴티

중 1가구로 확대될 전망이다.

생산인구 확대

인도는 생산을 책임질 젊은 인구 역시 늘어날 전망이다. UN에 따르면 인구구조 측면에서도 2030년까지 생산 연령 인구 비중이 꾸준히 높아져 고용이 개선되고 중산층이 확대되어 경제성장에 기여할 것으로 예상된다.

대외경제정책연구원에 따르면 인도의 연평균 노동생산성은 지금까지 꾸준히 증가해 왔다. 앞으로도 계속 증가할 것으로 보이며, 미국과 중국 그리고 글로벌 주요 국가들 중에서 가장 젊은 인구구조를 가질 전망이다. 똑똑하고 젊은 인구, 과학 기술 분야의 우수성을 기반으로 생산성과 소비력이 증가하면 분명 인도 증시 역시 크게 성장할 것이다. 여기에 더해 2020년 GDP 대비 기업 부채 비율은 50%에 육박했지만 점점 줄어들어 2022년에는 24%로 낮아졌다.

점점 더 건강해지고 있는 인도의 기업들

마지막으로 가장 중요한 부분이 남아 있다. 인도 경제가 성장하고 인도의 소비 여력이 막강하다 해도 기업들이 부실하면 증시 상승을 기대하기 어렵다. 2023년 2월 발생한 아다니 사건은 잘 넘어갔지만 신흥국 기업들이 언제나 안고 있는 리스크는 기업의 건전성이다.

그런데 인도 기업들은 코로나19 이후 크게 달라졌다. 그들은 코로

2030년 예상 인도의 인구구조

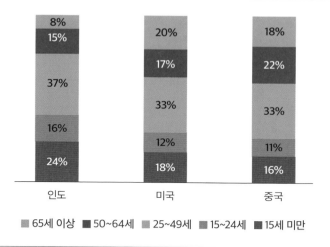

자료: UN, 미래에셋자산운용

인도의 연평균 노동생산성

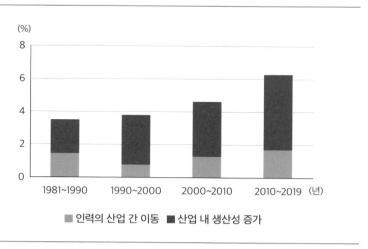

자료: 대외경제정책연구원, Reserve Bank of India, 미래에셋자산운용

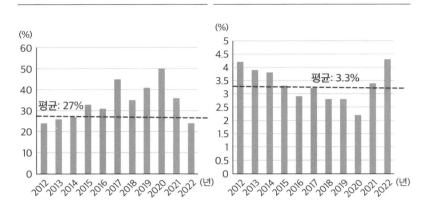

자료: 블룸버그, 미래에셋자산운용

나19 당시 낮은 기업 금리와 정부의 지원금 지급 상황에서 똑똑하게 부채를 상환했다. 이것이 바로 최근 다시 금리가 높아졌음에도 인도 내 기업 부채가 부각되지 않는 이유다. 앞서 언급했듯 2020년 인도의 GDP 대비 기업 부채 비율은 50%에 육박했지만 2022년에는 24%까지 낮아졌다. 2012년 이래 최저치로, 기업들의 퀄리티가 상향되었음을 유추할 수 있다.

　특히 니프티50에 포함된 기업들은 적극적인 M&A을 하면서 역량을 강화했다. 그로 인해 약한 기업들이 증시를 끌어내리지 못하게 된 것이다. 전반적으로 니프티50의 재무건전성이 향상되었고, 그 영향으로 인도 기업들의 GDP 대비 영업이익도 좋은 상황이다.

　정리하면, 인도는 미국과 중국의 갈등으로 전 세계 제조업 공장으로 거듭날 가능성이 크고, 생산과 소비 모두 늘어날 것으로 기대된다.

기업의 건전성도 개선될 것이기에 ETF 투자자들은 인도 증시에 관심을 둘 필요가 있다.

<u>인도 니프티50의 대표 기업들</u>

인도는 미국 그리고 중국과 비교했을 때 개별 기업들에 대한 정보가 많지 않다. 국가대표지수인 니프티50 ETF에 투자하더라도 시가총액 가중 평균 방식으로 지수가 구성되어 시가총액이 큰 기업들에 영향을 많이 받으니 어떤 기업들이 포함되어 있는지 알아보자.

릴라이언스 인더스트리

일단 니프티50 ETF에서 가장 큰 비중을 차지하고 있는 기업은 릴라이언스 인더스트리Reliance Industries다. 석유화학, 에너지, 유통까지 모두 섭렵한 인도의 대표 기업으로, '인도의 SK'라는 별명이 있다. 그중 가장 큰 비중을 가지고 있는 것은 석유화학인데, 우리나라로 치환해 예를 들어보면 SK이노베이션/S-oil/롯데케미칼 등이 결합된 화학 사업을 필두로 SK텔레콤과 이마트가 결합된 기업이다. 한마디로 초대기업인 것이다.

지금은 새로운 성장 동력으로 통신 사업을 키우고 있다. 릴라이언스 지오Reliance Jio는 세계에서 가장 짧은 기간 동안 많은 가입자를 확보한 통신사로, 4G 서비스 출시 이후 인도의 월간 모바일 데이터 소비량이 10억 GB까지 증가했을 정도로 파급력이 있다. 인도의 이동통신 시장은 우리나라와 비슷하게 3사로 이루어져 있는데, 릴라이언스 지오의 시장점유율은 55%다(2022년 기준). 인구수가 압도적인 만큼 통신 산업의 활황이 이어질 것으로 기대를 모으고 있다.

인포시스

인도라는 국가를 생각하면 '수학을 잘하는 똑똑한 민족'이라는 이미지가 떠오른다. 실제로 현재 구글Google의 CEO인 순다르 피차이Sundar Pichai도, 마이크로소프트의 CEO인 사티아 나델라Satya Nadella도 모두 인도계 미국인이다. 그만큼 인도의 IT 기업은 위상이 높은데, 이것이 바로 인도의 대표 수출 중에 IT 서비스가 포함되는 이유다.

인포시스Infosys는 '인도인들의 꿈의 직장'이라 불리는 기업이다. 인도 기업 중에서 최초로 미국 나스닥 상장에 성공했다. 콜센터로 시작한 벤처 기업이 이제는 IT 인재의 유출을 막는 막중한 업무를 맡고 있다. 블룸버그 미디어, 다우존스, 파이낸셜 타임즈The Financial Times 등과 같은 전 세계 IT 기업들을 고객으로 두고 있으며, 역대 최연소 영국 총리로 임명된 리시 수낙Rishi Sunak이 인포시스 회장의 사위다.

타타 컨설턴시 서비스

타타 컨설턴시 서비스Tata Consultancy Services는 인도 최대 그룹인 타타 TATA의 IT 계열사로, IT 서비스, 컨설팅, 비즈니스 솔루션 등을 제공하는 기업이다. 인도의 기업 중에서 이직률이 가장 낮은 것으로 유명하다. IT 서비스는 기업에 운영 체제를 만들어주거나 홈페이지 구축 및 유지 보수 업무를 해주는 것을 말한다. 특히 회사 내에 IT 전문 인력을 꾸리기 어려운 국가기관들의 웹사이트나 애플리케이션 등을 만들어 주고 유지 보수를 해주면서 수수료를 받는 경우가 많다. 그리고 금융 회사들의 뱅킹 애플리케이션, 트레이딩 애플리케이션 등을 개발하는 역할을 맡기도 한다.

타타 컨설턴시 서비스는 금융, 통신 미디어, 소매, 제조업체들에게 이러한 서비스를 제공해 매출을 일으킨다. 특히 금융회사들과 많은 일을 해 금융 IT 서비스 개발에 강점을 가지고 있다. 43개국에 약 1,500개 고객사를 두고 있으며, JP모건, 시티은행Citybank, 월마트Walmart, 모건스탠리Morgan Stanley 등이 대표적이다. 최근 마이크로소프트 인도지사에서 개최한 코딩 해커톤 대회에서 1등을 차지할 정도로 IT 기술력이 뛰어난 회사다.

ITC

ITC는 인도 최초 담배 기업으로 시작해 농수산물 수출 기업으로 성장했다. 해산물, 대두, 콩 등을 전 세계에 수출한다. KOTRA에서 발표한 자료에 따르면 인도 내 80% 담배 시장점유율을 가지고 있다. 그런데 특이하게도 ITC가 유명한 이유는 호텔 때문이다. 실제로 포털사이트 검색창에 ITC를 검색해 보면 가장 많이 나오는 것은 인도 7성급 호텔 'ITC Grand Cholai'다. 인도 2위 호텔 체인 사업을 가지고 있는데, 지금은 담배 회사라는 이미지에서 벗어나 호텔 업계의 인도 최대 프리미엄 브랜드로 자리 잡았다.

인도 증시에는 대기업이 많으며, 다양한 섹터를 포함하고 있다.

인도 기업들에 대한 정보가 많지 않아 설명한 것이지 개별 기업 투자를 추천하는 것은 아니다. 인도 기업에 투자하고자 하더라도 미국 기업들만큼 접근성이 좋지 않다. 그래서 인도의 경우 국가대표지수를 추종하는 ETF를 담아 포트폴리오 안에서 신흥국 비중을 할애해 전체 포트폴리오의 수익률 상승을 기대해 볼 수 있다. 나스닥100 ETF와 S&P500 ETF가 ETF 포트폴리오의 주춧돌 역할을 하고 있다면 인도 니프티50 ETF를 담아 추가적인 장기 수익률을 기대해 보는 것도 좋은 방법이다.

CHAPTER 3

일본

보통 투자 도서에는 일본 기업, 일본 ETF가 잘 등장하지 않는다. 일본의 경제 그리고 증시의 별명이 '잃어버린 30년'이라는 사실을 잘 알고 있을 것이다. 그렇기에 30년 가까이 언급되지 않은 것이다. 하지만 지금은 다르다. 2023년부터 긍정적인 내용들이 속속 등장하더니 증시가 지속적으로 상승하며 달라진 모습을 보여주고 있다. 2023년에 워런 버핏이 일본 ETF에 관심을 두고 있다는 사실이 알려지면서 일본 증시가 30년 만에 돌아오는 것이 아닌가 하는 기대감이 시장에 서려 있는 상황이다. 이번 챕터에서는 일본 ETF에 대해 자세히 알아보자.

일본의 대표지수 비교 분석

지난 30년 동안 일본 투자에 대한 관심은 그다지 크지 않았다. 하지만 상황이 조금씩 달라지고 있다. 지금부터 일본 대표지수 ETF에 대해 하나하나 알아보자.

니케이225지수

일본을 대표하는 지수는 니케이225^{Nikkei225}로, 글로벌 벤치마크로 사용되고 있다. 다른 국가들과 상승률을 비교할 때 미국에서 S&P500을 사용한다면 일본에서는 니케이225지수를 사용한다. 니케이225지수는 도쿄증권거래소 제1부에 상장되어 있는 기업들 중 시가총액과 유동성이 높은 225개 기업을 보유한다. 따라서 대형주 위주의 포트폴리오라고 볼 수 있다.

토픽스지수

토픽스^{TOPIX}지수는 니케이225지수와 다르게 도쿄증권거래소 제1부에 상장된 모든 기업에 대해 시가총액을 가중 평균해 산출한 지수다. 그래서 큰 차이는 없지만 토픽스지수는 상대적으로 중소형주를, 니케이225지수는 대형주를 많이 가지고 있다. 본인의 포트폴리오에 일본 증시 비중을 가지고 싶다면 토픽스 ETF보다는 니케이225 ETF를 추천한다. 역사적으로 니케이225지수 수익률이 토픽스지수 수익률보다 높았기 때문이다. 1999년 이후 토픽스지수는 57%가량, 니케이225지수는 111%가량 상승했다. 이는 일본 증시가 상승할 때 대형주 위주의

니케이225지수와 토픽스지수 상승폭

(pt, 1999.12.30=100pt)

범례: ━ 토픽스지수　━ 니케이225지수

자료: 블룸버그

상승폭이 더욱 크다는 의미다.

우리나라와 미국에 상장되어 있는 일본 대표지수를 추종하는
ETF는 다음과 같다.

일본 대표지수를 추종하는 국내&미국 상장 ETF

국가	티커	이름	추종 지수
국내	241180	TIGER 일본니케이225	니케이225
	238720	ACE 일본니케이225(H)	니케이225
미국	NKY	MAXIS Nikkei225	니케이225

이제 일본 증시에 투자해도 되는지 판단해 봐야 한다. 일본 증시는 2023년부터 상승세를 탔다. 하지만 증시의 장기적인 성장성은 또 다른 이야기다. 투자 판단을 내리기 위해서는 일본 경제, 일본 정부 정책, 정권 교체 등 일본 증시를 둘러싸고 있는 매크로 환경들을 확인해 봐야 한다.

정부와 일본은행 총재가 교체된 일본

2024년 일본 니케이225지수는 1989년 이후 처음으로 4만 선을 돌파했다. 물론 2024년 3월 임금 투쟁이라는 말이 무색하게 임금을 단기간에 파격적으로 인상하면서 그로 인한 피로감으로 주가가 잠시 쉬기도 했지만, 이는 디스플레이션의 악순환을 끊어내기 위함이었다. 장기적으로 봤을 때는 오히려 긍정적이다. 일본 증시는 조금씩 잃어버린 30년을 되찾아가고 있다. 그렇다면 일본은 어떻게 30년 만에 다시 일어설 수 있었을까?

2022년 하반기부터 일본 증시에 영향을 미칠 만한 매크로 이슈가 상당히 많았다. 2022년 7월, 8년 동안 정권을 이어오던 아베 신조 Abe Shinzo 총리가 피살당하는 일이 발생했다. 그다음에 기시다 후미오 Kishida Fumio가 총리가 되었다. 거의 10년 만에 국가를 이끄는 총수가 바뀐 사건이라 많은 우려와 기대가 공존했다.

물론 자민당이 다시 힘을 쥐었다는 사실은 증시에 긍정적인 요소로 작용했다. 역사적으로 일본 증시는 자민당이 정권을 잡았을 때 상

니케이225지수

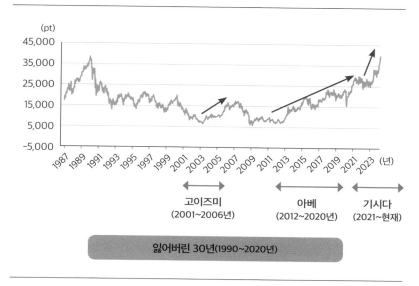

자료: 도쿄증권거래서, NH투자증권 리서치센터, 미래에셋자산운용

승하는 모습을 보였기 때문이다. 큰 그림에서 보면 박스권 안에 있지만 그래도 자민당이 집권했던 시기가 일본 증시를 밀어주었던 시기다.

장기 집권이 예고 없이 갑작스럽게 끝이 나고 아베 총리의 정책 아베노믹스Abenomics의 방향성이 모호해진 상황이 이어졌으나 2023년 초부터 새로운 정권에 대한 불안감이 많이 해소되어 증시가 오를 수 있는 여건이 마련된 것으로 보인다.

또 한 가지 중요한 것은 일본은행BOJ의 총재 교체다. 일본 증시에는 엔화에 영향을 많이 받는 수출 기업이 대거 포진되어 있다. 일본은행 총재의 말 한마디에 엔화가 움직이기 때문에 그가 어떤 '파'인지가 무척 중요하다. 2023년 우에다 가즈오Ueda Kazuo 총재가 새롭게 인선

되었을 때 증시는 갈팡질팡하는 모습을 보였다. 우에다 총재는 비둘기파도, 매파도 아닌 경제학자로서의 면모가 두드러진 인물이었기 때문이다. 하지만 2023년 4월 우에다 총재가 비둘기파적인 면모를 보여준 이후 일본 증시는 상승세를 타기 시작했다. 그만큼 엔화 그리고 일본 증시의 방향성은 일본은행 총재의 말 한마디에 많은 영향을 받는다.

일본 투자를 생각하고 있다면 일본은행 총재의 입장을 확실히 확인하고 넘어가야 한다. 2023년 4월 일본은행은 대규모 금융 완화 정책을 유지하는 동시에 1년에서 1년 6개월에 걸쳐 다각적인 정책 리뷰를 실시할 것이라고 발표했다. 그리고 2024년 3월 19일 일본은 17년 만에 마이너스 금리에서 벗어나며 0%로 기준금리를 인상했다. 그럼에도 엔화 약세는 계속해서 이어졌고, 증시는 오히려 기준금리 인상이 발표된 뒤에 상승세로 전환되었다. 일본은행은 당분간 완화적인

계속해서 낮은 수준인 엔달러 환율

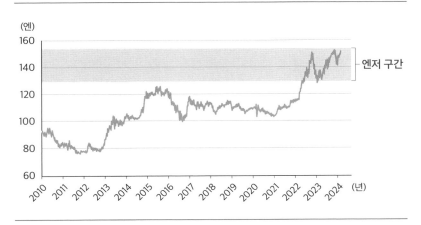

자료: 블룸버그, 미래에셋자산운용

나는 ETF로 돈 되는 곳에 투자한다

금융 환경을 지속할 것이라고 밝혔고, 시장은 이를 그대로 해석했다. 2024년 4월 26일 일본은행은 엔화 약세를 인지하고 있지만 기준금리를 동결하겠다고 밝혔다. 이에 엔달러 환율이 156엔을 돌파하며 34년 만에 최저 수준을 기록했다. 이는 엔화 약세가 당분간 지속될 것임을 확인할 수 있는 계기가 되었으며, 일본 증시 전체에 밝은 분위기를 더했다.

물론 미국이 긴축에서 완화로 돌아서면서 강달러가 완화되면 엔저 효과는 완화될 수도 있다. 하지만 증시에 악영향을 미칠 정도로 강한 모습을 보이지는 않을 것이라 생각한다. 엔화의 가치는 지금처럼 낮게 유지되기 힘들다. 그래서 지금처럼 140~150엔선의 엔저 구간에 위치하긴 어렵지만 120~130엔선으로 내려온다 하더라도 역사적으로는 엔저 수준이다. 엔화가치 반등에 대한 우려가 일본 증시 상승 여력을 해할 정도는 아니다.

그리고 일본은 새로운 정부가 들어서면서 2023년 1월부터 '자본비용과 주가를 의식한 경영'을 시작했다. 이를 벤치마크로 삼아 국내에서도 밸류업 프로그램이 발표되기도 했는데, 일본판 밸류업 프로그램 역시 증시에 긍정적인 영향을 미치고 있다. 정권 교체와 함께 도쿄증권거래소가 기업에 개선책을 낼 것을 요구한 부분도 증시를 받쳐주고 있다.

도쿄증권거래소는 주가순자산비율인 PBR^{Price Book Value Ratio} 1배 이하 기업에 밸류에이션을 높일 방법을 찾아오라는 숙제를 내주었다. 쉽게 말해 기업들의 주가가 너무 낮으니 어떻게 하면 주가를 끌어올릴 수 있을지 방법을 강구하라고 시킨 것이다. 이에 많은 기업이 자사주 매입, M&A, 주주 환원 정책 등 다양한 방법을 제시하며 거래소와 정부의 방향성에 발맞춰 움직였고, 그에 대한 효과가 증시에 나타나기 시작했다.

점점 좋아지고 있는 일본의 경제지표

이제 일본 경제지표들을 살펴보자. 일본은 코로나19에 대한 해제를 매우 늦게 풀었다. 다른 나라들을 편하게 여행할 수 있었던 시기에도 일본은 마지막까지 코로나19를 경계했다. 그래서 막연히 경제 회복도 늦을 것이라 생각했는데, 실상은 그렇지 않았다. 일본은행이 긴축적인

선진국 제조업 PMI 비교

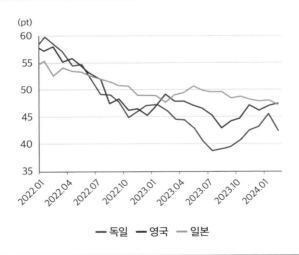

자료: 블룸버그, 미래에셋자산운용

나는 ETF로 돈 되는 곳에 투자한다

행보를 보이지 않은 까닭에 선진국 제조업 PMI 그래프를 보면 일본만 호전하는 모습을 보이고 있다. 일본 경기 동향을 나타내는 PMI지수가 경기 확장 국면을 나타내는 것을 보면 일본 체감 경기는 견조하다는 사실을 알 수 있다. 2024년 들어 다소 후퇴하는 모습을 보이기는 하지만 그래도 다른 국가들과 비교했을 때 선방하고 있다.

여기에 글로벌 원자재 가격도 안정적으로 하락하면서 원유, 천연가스, 철광석을 수입해 사용하는 일본 경제에 도움이 되고 있다. 일본은 우리나라와 비슷하게 에너지 의존도가 높은 나라이기 때문에 에너지 가격 안정화가 경기 회복에 상당히 중요한데, 러시아-우크라이나 전쟁, 이스라엘-하마스 전쟁 등으로 비정상적이었던 에너지 가격이 하향 조정되면서 숨통이 트였다.

그리고 피부에 가장 와닿는 일본 경제 정상화 요인은 '여행수지

일본을 여행한 해외 관광객 수

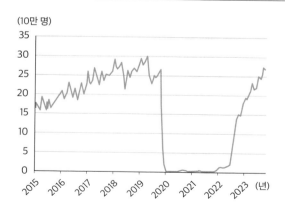

자료: 블룸버그, 미래에셋자산운용

개선'이다. 이제는 코로나19 이전 수준을 모두 회복했다. 주변에서 일본 여행을 계획하고 있다는 이야기가 많이 들려오고, 실제로 2023년 한 해 동안 약 2,500만 명이 여행 목적으로 일본에 입국했다. 기시다 정부가 전국 여행 지원 정책, 인바운드* 정책까지 펼치면서 내수 위주의 경기 회복세가 나타나고 있다.

또한 일본의 근원인 소비자물가지수가 40여 년 만에 4%를 돌파해 3%대를 유지하고 있다. '그럼 혹시 미국처럼 소비자물가지수를 잡겠다고 금리를 연속적으로 인상하는 것 아니야?'라는 생각이 들 수도 있지만 일본은 완화적인 금융 정책에 있어서는 매우 강경하다. 금리 인상을 한 번 단행하기는 했지만 계속적으로 단행할 가능성은 낮다. 일본은행은 2025년 소비자물가지수를 1.6%로 제시하면서 2%를 하회할 것으로 예상되는 만큼 완화 정책을 고수할 것임을 시사했다. 경제는 살아나고 있지만 완화 정책은 할 수 있는 만큼 이어가겠다는 의지를 엿볼 수 있다.

일본은 분명 달라졌다. 물론 2023년부터 지속적인 상승세를 보인 것에 대한 부담감이 있고, 솔직히 말하면 기업을 판단하는 중요 요소인 성장성과 혁신성은 반도체 분야를 제외하곤 그렇게 번뜩이지 않는다. 하지만 이미 일본 주식을 가지고 있다면 지금 굳이 매도할 필요는 없다. 30년 만에 매력적인 투자처로 떠오른 것은 부정할 수 없는 사실이다. 경제는 살아나고 있는데 완화 정책은 유지하고 있고, 거래소가

---

* 해외 관광객이 일본에 입국해 여행하는 것

나는 ETF로 돈 되는 곳에 투자한다

앞장서 기업에 밸류에이션을 높일 방법을 모색해 오라고 압박을 넣고 있다. 그리고 그러한 부분이 일본 반도체 기업들의 약진과 더불어 증시에 실질적으로 영향을 미치고 있다. 다른 국가들과 비교했을 때 일본만이 처해 있는 현 상황과 고유의 요인들이 매력적으로 느껴지기도 한다. 어쩌면 일본은 잃어버린 30년을 되찾는 것에 그치지 않고 더 뚫고 넘어갈지도 모른다.

다만 일본 내국인 투자자들은 안정적인 성향이 매우 강해 일본 주식시장 자체가 인기를 얻어 주가 상승의 동력으로 작용하기는 어려워 보인다. 일본의 고령층은 채권금리가 마이너스라도 투자하는 경우가 있을 정도로 주식보다 안정적인 채권을 선호한다. 부가 기성세대에서 젊은층으로 이전해 2030 투자가 늘어날 수도 있겠지만 확률이 그리 높아 보이진 않는다. 하지만 외국인들이 꾸준히 투자하고 있고, 일본 은행도 지속적으로 ETF를 매입하고 있다. 이러한 사실을 종합해 보면 일본은 톱다운 분석 측면에서 투자하기에 양호한 나라라고 판단할 수 있다.

사실 일본은 박스권에 갇혀 있던 기간이 무려 30년이나 되기 때문에 선뜻 믿음을 가지긴 어렵다. 하지만 정부와 일본은행 총재의 교체로 새로운 국면을 맞이했다. 이미 주가에 반영된 부분에 대한 부담이 있고, 앞으로 미국 대표지수만큼의 높은 수익률이 기대된다고 말하기는 어렵지만 관심을 두고 지켜볼 필요가 있다.

CHAPTER 4

중국

이웃 나라 중 경제 규모가 가장 큰 나라는 바로 중국이다. 경제 2순위인 만큼 투자처로 중국을 생각하는 것은 전혀 이상하지 않다. 그리고 2006~2007년에 중국 투자를 해본 사람이라면 짜릿한 그 순간을 잊기 어려울 것이다. 그 당시에는 신흥국 투자 열풍이 불었다. 중국이 높은 경제성장률을 보이며 미국과 버금가는 경제 대국이 될 것이라는 전망하에 전 세계 투자자들이 중국 투자에 열을 올렸다.

현재 중국은 미국과 어깨를 나란히 할 수 있는 경제 대국으로 거듭났다. 하지만 증시는 실망스럽다. 경제 대국으로 거듭나면서 미국으로부터 각종 제재를 받기 시작한 중국은 현재 상황으로선 그렇게 선호되는 투자 국가가 아니다. 그럼에도 중국을 대표하는 지수들을 이해하고, 현재 상황을 점검해 볼 필요는 있다.

중국 대표지수 비교 분석

중국 증시 대표지수를 분석해 보자. 일단 중국 증시를 대표하는 지수로는 상해종합지수, 심천종합지수, CSI300지수, 항생지수가 있다.

상해종합지수

중국의 대표지수 중에서 가장 유명한 것은 상해종합지수다. 상해증권 거래소는 A주와 B주, 두 가지로 나뉘어져 있는데, A주는 중국 내에 상장되어 중국 내 투자자들만 거래가 가능했던 주식을 일컫는다. 하지만 2002년부터 중국이 자본시장을 개방하면서 자격을 가진 외국인 기관투자자들도 거래할 수 있게 되었다. B주는 외국인 투자 전용으로 거래되는 시장이다. 이 또한 2001년부터 중국인들도 거래가 가능해졌다. A주와 B주를 통합한 지수가 상해종합지수이고, 4개 지수 중에서 국영 기업이 가장 많이 포함되어 있다.

심천종합지수

심천종합지수도 A주와 B주로 만들어져 있지만 자본시장 개방으로 지금은 서로 투자가 가능하다. 국내 코스닥지수와 비슷하다고 생각하면 되는데, 벤처 기업들, IT 기업들, 중소기업들이 상장되어 있다. 대표적인 예로 전기차 기업인 비야디^{BYD}를 들 수 있다.

CSI300지수

CSI300지수는 상해종합지수와 심천종합지수를 합친 지수로, 중국 본토에 상장되어 있는 기업 중 거래대금과 시가총액을 바탕으로 상위 300개 기업을 선정해 보유한다. 2개 지수를 종합해 만든 지수인 만큼 대표성을 가지고 있으며, 중국 본토에 투자하고 싶다면 상해종합지수와 심천종합지수를 나누어 생각하기보다는 CSI300지수를 추종하는 ETF를 통해 한 번에 투자하는 것을 추천한다.

항셍지수

항셍지수는 앞서 언급한 지수들과 성격이 다르다. 홍콩에 상장되어 있는 기업들을 추종하기 때문이다. 3종류의 기업, 즉 홍콩 기업, 중국 기업(H주식), 외국 기업이 상장되어 있어 항셍지수냐, 항셍중국기업지수냐에 따라 보유 종목 수가 다르다. 항셍중국기업지수란, 홍콩증권거래소에 상장된 중국 본토 기업에 투자하는 지수다. 항셍중국기업지수는 50개 기업을, 항셍지수는 80개 기업을 담고 있다. 예를 들어 항셍지수는 HSBC, AIA, 버드와이저^{Budweiser}, 트립닷컴^{Trip.com} 같이 중국 본토 기업이 아닌 기업들도 담고 있는 반면, 항셍중국기업지수는 이 기업들을 보유하지 않는다. 물론 종목 구성에 있어 큰 차이는 없지만 홍콩에 상장되어 있는 중국 기업에 투자하고 싶다면 항셍중국기업지수 ETF를, 좀 더 광범위하게 홍콩에 상장되어 있는 기업에 투자하고 싶다면 오리지널 항셍지수 ETF를 선택하는 것이 좋다.

상해종합지수, 심천종합지수, CSI300지수에 포함된 종목들은 비슷하다. 항셍지수 역시 크게 다르지 않은데, 중국을 대표하는 대부분의 기업이 중국 본토에도 상장하고 홍콩에도 상장하기 때문이다. 모든 지수가 시가총액 가중 방식을 택하고 있어 포함된 종목이 비슷할 수밖에 없다. 다만 꼭 기억해야 할 것이 있다. 중국의 아마존Amazon인 알리바바Alibaba, 중국의 대형 게임 업체인 텐센트Tencent, 중국의 배달의 민족인 메이투안Meituan은 항셍지수에는 포함되지만 CSI300지수에는 포함되지 않는다는 점이다. 알리바바, 텐센트, 메이투안은 홍콩에만 상장되어 있어 이 기업들의 주가가 움직인다면 항셍지수와 CSI300지수의 수익률이 크게 달라질 수 있다. 중국의 빅테크 비중을 높게 가져가고 싶다면 항셍지수를 추종하는 ETF를, 중국 본토 기업들이 포함된 증시 전체에 투자하고 싶다면 CSI300지수를 추종하는 ETF를 추천한다.

중국 대표지수를 추종하는 국내&미국 상장 ETF

국가	티커	이름	추종 지수
국내	192090	TIGER 차이나CSI300	CSI300
	283580	KODEX 차이나CSI300	CSI300
	168580	ACE 중국본토CSI300	CSI300
	463300	KBSTAR 중국본토CSI300	CSI300
	245360	TIGER 차이나HSCEI	항셍중국기업지수
	117690	TIGER 차이나항셍25	항셍홍콩기업지수
미국	ASHR	Xtrackers Harvest CSI300 China A-Shares ETF	CSI300

중국 대표 ETF, 지금 당장 담을 필요는 없다

지수의 대략적인 차이점을 알아봤으니 중국 증시를 대표하는 지수에 투자해야 할지 고민이 될 것이다. 결론부터 말하면 중국 대표지수인 CSI 300 혹은 상해종합지수에 투자하는 것은 시기상조라고 생각한다. 중국은 대표지수를 추종하는 ETF보다 특정 산업에 투자하는 ETF를 선택하는 것이 더욱 적합하다. 왜일까?

그 이유는 간단하다. 중국은 그 어떤 나라보다 정치에 영향을 많이 받는다. 아니, 영향을 많이 받는다는 말이 무색할 정도로 증시의 모든 것이 정부에 의해 좌우된다. 정부에서 밀어주는 산업인지, 아닌지에 따라 기업의 성장성이 결정된다. 이러한 특징을 가진 중국 전체 증시가 성장하려면 중국 정부가 시장친화적으로 바뀌어야 한다. 몇 가지 산업을 선별해 도와주는 것이 아니라 정부 자체가 중국의 자본시장 그리고 기업들의 밸류에이션을 신경 써야 한다는 의미다.

그런데 지금 중국은 어떠한가. 시진핑 중국 국가 주석은 '공동 부유'를 강조하는 리더다. 그리고 2022년 10월 그는 지도부를 자신의 측근으로 가득 채웠다. 당일 미국 내에 상장된 중국 기업들의 주가는 100조 원 넘게 증발하기도 했다. 이후 리커창 총리가 경제공작회의에서 소비 회복을 통한 경제 회복을 강조하며 다소 햇볕이 드는 듯했으나 지지부진한 상황이 이어졌고, 리커창은 2023년 10월 심장마비로 사망했다. 시진핑과 사뭇 다르게 시장친화적인 모습을 보였던 리커창의 죽음을 둘러싸고 암살 소문이 돌기도 했지만, 어쨌든 중요한 건 그는 이미 사망했다는 것이다.

2024년 1월 말 중국 증시는 5년 만에 최저치를 기록했다. 이후 부양책에 대한 기대감으로 반등에 성공하긴 했지만 부양책의 강도, 지속성, 실효성 등을 확인할 필요가 있으며, 미-중 무역 분쟁에 대한 리스크도 확인해야 한다.

실제로 시진핑이 집권을 시작했을 당시에는 중국 경제에 누적된 문제가 많았다. 중국 경제는 후진타오 집권 시절 대규모 유동성 공급으로 고성장을 이어갔으나 과잉 생산, 과잉 투자, 높은 재고, 심각한 부채 등 많은 부작용을 낳았고, 시진핑은 이런 문제들을 떠안은 채 집권을 시작했다. 그래서 그는 반시장적인 정책을 펼쳤고, 이전과 다르게 대규모 부양책은 자제하고 규제 정책은 강화했다.

중국은 2020년 코로나19로 전 세계 정부가 대규모 유동성을 공급해 경제를 살리려 했던 것과 다르게 상대적으로 소극적인 모습을 보였다. 중국은 '제로 코로나'라는 정책으로 경제보다는 질서를 강조했다. 2022년 다른 국가들과 비교했을 때 상대적으로 여력이 남았던 중국은 미국과 달리 기준금리를 인하했지만 다른 이슈들로 증시와 경제는 힘을 받지 못했다.

그런데 중국 빅테크 기업들로 대변되는 항셍테크지수의 움직임은 괜찮다. 중국판 밸류업 프로그램과 자사주 매입 소식 그리고 밸류에이션 매력을 근거로 2024년 중국지수와 항셍지수는 디커플링^{Decoupling}되었다. 다만 장기적으로 이런 흐름이 이어질까에 대한 부분은 마냥 낙관하긴 어렵다.

급격히 냉각된 중국의 부동산

중국 증시를 보기 위해서는 현재 중국 부동산 시장 상황이 어떤지 반드시 확인해 봐야 한다. 글로벌 금융 기업 UBS에 따르면 중국 가계 자산의 60% 이상이 부동산이다(2024년 4월 기준). 중국 경제 및 소비에 있어 부동산은 정말 중요하다는 의미다.

최근 몇 년간 중국 부동산 시장을 정리해 보면 2020년 8월 부동산 기업 부채 감축 조치인 3대 레드라인 정책을 도입한 이후 2021년 상반기까지 강력한 제재를 가해왔다. 전 세계적으로 부동산 가격 상승이 화두로 떠올랐을 때 많은 국가가 부동산 억제 정책을 펼쳤다. 중국만큼 정부의 정책 실효성이 매우 높았고, 이에 중국 부동산 시장은 급격히 냉각되었다.

시작점은 헝다그룹Evergrande Group의 디폴트였다. 이후 다른 부동산 기업들도 비슷한 유동성 위기를 맞으며 부정적인 뉴스가 쏟아졌다. 중국 부동산 기업들의 채권 만기 물량이 55조 원에 달한다는 뉴스, 중국 부동산 기업들이 이자도 상환하지 못해 디폴트 처리되었다는 뉴스, 부동산 우량 기업들(정룽)마저 채권을 상환하지 못하고 있다는 뉴스가 부동산 경기침체를 부추겼다. 부동산 가격, 투자, 거래 면적 모두 2000년대 이후 최악의 상황을 기록하는 등 부동산 시장이 크게 흔들렸다. 이는 경제에 악영향을 미쳤고, 결국 중국 증시도 그런 분위기에서 자유로울 수 없었다.

실제로 2022년 12월까지 중국 70개 주요 도시 부동산 가격이 모두 0%대의 낮은 상승률을 기록했다. 하지만 중국 정부는 꾸준히 노력했고, 그 결과가 2023년 1~2월에 잠깐 나타났다. 18개월 만에 신규 주택가격이 상승하고 부동산 거래량 하락폭이 점점 줄어들었다. 다만 4~5월 전국주택판매액 수치는 역성장했다. 중국 중앙정부와 지방정부까지 부동산 경기를 살리기 위해 안간힘을 쓰고 있지만 주택 구매 심리가 위축되어 중국 정부의 부동산 부양 노력을 무색하게 만들고 있다.

2022년 중국의 부동산 지원 정책

발표일	발표 부처	부동산 지원 정책 내용
8월 19일	주건부/재정부/인민은행	정책성 은행 특별 대출 방식으로 인도 중단 프로젝트 지원
9월 29일	인민은행/은보감회	각 지방정부가 자체적으로 2022년 말까지 첫 주택대출 금리 하한을 단계적으로 유지, 인하
9월 30일	인민은행/은보감회	첫 주택 개인 부동산 공적금 대출 금리 0.15%p 인하, 5년 이하, 5년 이상 금리 각각 2.6%, 3.1%로 조정
	재정국/세무총국	10월 1일부터 2023년 말까지 부동산 판매 이후 1년 이내에 다시 부동산을 구매할 경우 개인 소득세 반환
11월 8일	거래상협회	민영기업 채권 지원 지속(민영 부동산 기업 포함)
11월 11일	인민은행/은보감회	'부동산 시장의 안정적이고 건강한 발전을 위한 금융 지원 작업 통지' 16개 조치 발표, 부동산 인도 보장을 위한 금융 서비스 지원, 부동산 기업 리스크 처리 지원, 소비자 권익 보호, 금융 관리 정책 단계적 조정, 부동산 임대 금융 지원 등 포함
11월 21일	인민은행/은보감회	상업은행과 좌담회 개최, 부동산 인도 보장 특별 대출 지원에 이어 인민은행은 6개 상업은행을 대상으로 2,000억 위안 규모의 부동산 인도 보장 대출 지원 계획 발표, 상업은행에 비용 자금을 공급해 부동산 인도 보장 지원 예정
11월 28일	증감회	부동산 상장사 재융자 허용, 주택 건설 프로젝트 마무리, 운영 자금 보충, 부채 상환용 자금 조달, M&A을 위한 자금 조달 등 지원, 리츠 활성화 계획

자료: 유진투자증권

2024년 최근까지도 중국 70개 주요 도시 부동산 가격 증가율은 0% 구간에서 벗어나지 못하고 있다. 2024년 4월 기준 중국 70개 주요 도시의 부동산 가격은 10개월 연속 하락했다.

중국 정부는 부양책을 사용하고 있지만 '집은 거주용이지 투기용이 아니다'라는 기조를 유지하고 있다. 2024년 전국인민대표대회에서도 부동산을 살리기 위한 노력을 지속할 예정이라고 밝혔고, 2024년 5월 17일 인민은행이 추가 자금 1조 위안을 지원하고 모기지 규제를 완화하는 등 조치를 취해 중국 부동산 기업들의 주가가 반등했다. 하지만 변화를 기대하기에는 너무 침체되어 있었다. 정부의 생각이 확실하게 변하지 않는 한 아무리 많은 부양책을 쏟아 낸다 해도 빠른 시일 내에 살아나기는 어려울 것으로 보인다.

긍정적이지 않은 중국의 경제지표

중국의 경제지표를 확인해 봐도 결론은 크게 달라지지 않는다. 중국의 산업생산과 소매판매 증가율은 회복 활력을 잃고 있다. 리오프닝 Reopening(경제활동 재개)으로 2023년 초에 잠시 반짝였지만 이내 사그라들었다. 중요한 것은 2024년 4월 산업생산과 소매판매가 썩 만족스럽지 않았다는 점이다. 이와 더불어 PMI지수는 2024년 3월 6개월 만에 50pt 기준선을 넘었으나 지정학적 리스크로 제조업지수의 확장 국면에 얼마나 이어질지는 장담하기 어렵다.

세계적인 경제지 〈이코노미스트The Economist〉는 '중국의 경제성장률 전망에 대한 우려가 끊이지 않고 있다'라고 분석했다. 물론 중국의 경제성장성이 여전히 높다고 판단하는 전문가들도 있다. 하지만 부동산과 경제지표 회복이 확인되지 않는다면 중국 대표지수에 투자하는 ETF를 포트폴리오에 담는 것은 신중하게 생각해야 한다.

지금은 중국 대표지수가 성장할 것이라고 전망하기 어려운 상황이다. 그리고 추가적으로 '미국과 중국이 사이가 좋아져 중국 증시에 훈풍이 불지 않을까'라는 기대감은 접어두는 것이 좋다. 앞서 이야기했듯 탈세계화는 50년 동안 상호 이익을 추구하던 세계 경제를 상호 의심을 바탕으로 굴러가게 만들고 있다. 탈세계화를 피부로 느끼게 해준 이벤트가 2017년 미-중 무역 분쟁이다. 그로 인해 전 세계적인 흐름이 변했고, 미국 정권이 교체되더라도 쉽사리 바뀌지 않을 것이다. 중국은 단기적으로 반짝거릴 수는 있으나 장기적으로 봤을 때는 신중하게 생각해야 한다. 부양책 발표와 소비 증진 정책에 대한 기대감으로 회복세를 보이다가도 실망감을 안겨줄 수 있기 때문이다. 물론 중국 정부의 입장이 손바닥 뒤집듯 바뀐다면 모르겠지만 말이다.

그래서 어느 나라의 ETF를
적극 매수해야 할까?

지금까지 미국, 인도, 일본, 중국에 투자하기 위한 방법으로 대표지수 ETF에 대해 알아봤다. 개별 주식에 대한 접근성이 떨어지는 국가라 해도 ETF를 활용하면 곧바로 투자할 수 있다. 또한 실질적으로 투자를 할 때 여러 가지 대표지수 ETF 중에서 어떤 지수에 투자하는 것이 더욱 유리한지도 알아 봤다.

그렇다면 돈이 한정적일 때 어떤 ETF를 가장 먼저 사야 할까? 물론 때에 따라 매크로 환경이 변화하며 달라지겠지만 지금 이 순간, 장기적인 관점에서 어떤 나라를 대표하는 ETF에 투자해야 하는지 묻는다면 필자는 나스닥100 ETF와 S&P500 ETF, 니프티50 ETF라고 말하고 싶다. 순위를 매긴다면 1순위는 미국, 2순위는 인도, 3순위는 일본, 4순위 중국이다. 더욱 구체적으로 말한다면 미국은 적극 매수 Strong Buy, 인도와 일본은 매수 Buy, 중국은 다소 오랜 시간을 기다려야 할 수도 있는 상황이기에 지금 당장은 투자를 추천하지 않는다. 조금 더 지켜볼 필요가 있다.

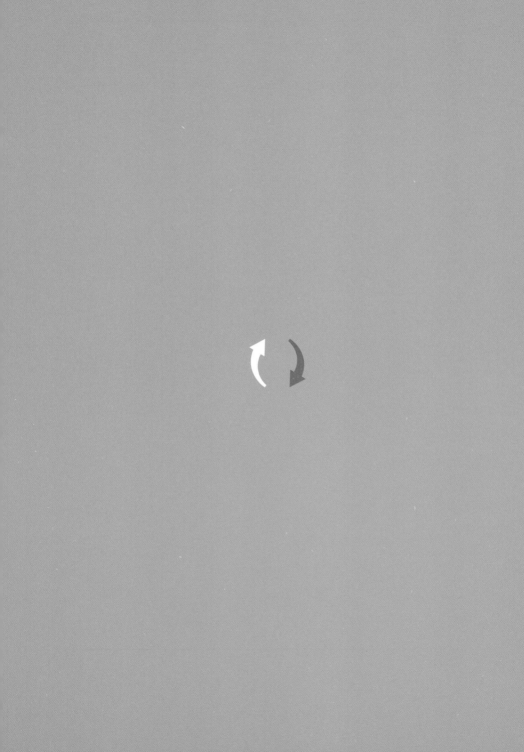

PART 4

혁신 성장 테마형 ETF
(1) IT

ETF 포트폴리오를 구성하는 데 있어 주춧돌 역할을 할 국가대표지수 ETF를 골랐다면 그다음에는 자신의 포트폴리오에 추가적인 수익률을 만들어줄 ETF를 담아야 한다. 이때 활용해 볼 수 있는 것이 바로 혁신 성장 테마형 ETF다. 이는 종류가 매우 다양한데, 자신의 취향에 맞는, 자신이 목표하는 ETF 포트폴리오 특성에 맞는 것을 고르면 된다. 혁신 성장 테마형 ETF는 크게 두 가지로 나눌 수 있다. 바로 IT와 비IT다. '혁신 성장'이라는 용어를 접하면 'IT가 아닌데도 성장이 가능해?'라고 생각할 수도 있는데, 세상은 다방면으로 변화하고 있고, 금융시장에는 이러한 메가트렌드들이 모두 반영된다. 이번 파트에서는 혁신 성장 테마형 ETF에 투자해야 하는 이유와 IT 기술과 관련된 산업 그리고 ETF들에 대해 알아보자.

CHAPTER 1

혁신 성장 테마형 ETF에 투자해야 하는 이유

ETF의 묘미는 테마형 ETF에 있다. 국내 투자자들이 말하는 테마주와는 다른 개념인데, 소위 말해 '단타로 치고 빠지는 주식'을 말하는 것이 아니라 '장기적으로 성장'할 가능성이 높은 트렌드를 기준으로 종목을 편입해 ETF를 만든 것이다.

혁신 성장 테마형 ETF를 포트폴리오에 담는 목적은 '+α' 수익률 때문이다. 앞서 국가대표지수 ETF에 투자하면서 시장 벤치마크 수익률을 따라갈 수 있도록 포트폴리오를 구성해놓았다. 그런데 시장 벤치마크 수익률만 누리는 것이 조금은 아쉽다. 그래서 혁신 성장 테마형 ETF를 통해 장기적인(짧게는 2~3년, 길게는 5년) 시장대표지수 수익률에 더해 +α 수익률까지 노려보는 것이다. 그럼 지금부터 혁신 성장 테마형 ETF에 대해 좀 더 자세히 알아보자.

혁신 성장 테마형 ETF의 정의

한국거래소에 따르면 혁신 성장 테마형 ETF에 투자하는 건 투자시장, 나아가 산업 트렌드에 투자하는 것을 의미한다. 투자 대상은 이미 성과를 보인 기업보다는 앞으로 기대가 되는 기업에 가깝다. 한국거래소는 개별 종목으로 테마 투자에 접근하면 투자자도 투자한 기업의 성장통을 같이 겪을 수 있기 때문에 운용사가 사전에 부실한 종목을 걸러낸 혁신 성장 테마형 ETF를 활용할 것을 추천한다.

　미국에서 가장 많은 혁신 성장 테마형 ETF를 보유하고 있는 기업은 글로벌 엑스Global X다. 글로벌 X에 따르면 테마 ETF는 매크로 레벨에서 파괴적이면서 혁신적인 트렌트에 투자할 수 있는 방법이다. 테마 ETF가 되기 위해서는 우선 장기적으로 성장 가능성이 높아야 하고, 전통적인 기준에서 한 가지 섹터 혹은 지역에 국한되면 안 된다. 여기서 전통적인 기준이란, MSCI에서 제공하는 글로벌산업분류기준GICS, Global Industry Classification Standard을 활용해 기업을 11개 섹터로 분류하는 것을 의미하는데, 예를 들어 소재, 산업재, 자동차 등 아주 오래전부터 주식들을 나누는 기준을 의미한다. 이에 대해서는 이후에 더욱 자세히 알아보기로 하고 넘어가자. 그리고 다른 성장 전략과 상관관계가 낮아야 하고, 투자자들에게 공감을 얻을 수 있을 만큼 잘 알려진 트렌드를

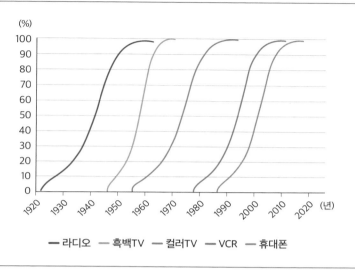

자료: 글로벌 엑스, SK증권

기반으로 해야 한다.

참고로 '파괴적인 혁신'이란, 1962년 에버렛 로저스Everett Rogers 가 혁신적인 기술이 발전하는 모양을 정리한 혁신확산이론Diffusion of Innovation Theory에 걸맞게 'S' 자 형태의 성장을 보여주는 기술, 제품, 새로운 아이디어를 뜻한다. 이 이론에 따르면 혁신 기술은 모두 'S' 자 형태를 띠며 발전한다. 처음 등장한 이후 여러 논문과 기사, 이론 등에서 활용되었다.

위 그래프를 보면 모두 'S' 자로 발전한 것을 확인할 수 있는데, 테마형 ETF를 통해 그 성장 가도를 누리기 위해 투자하는 것이다.

혁신 성장 테마형 ETF의 등장 배경

기존의 섹터, 기술 발전이 여러 산업에 침투하면서 전통적인 산업이 점점 변화하고 있다. 그러한 변화에 대응하기 위해 투자 방법으로 등장한 것이 바로 혁신 성장 테마형 ETF다. 혁신 성장 테마형 ETF는 계속해서 변화하는 전통 산업에 대한 투자 대안으로 역할을 수행한다.

2017년 맥킨지Mckinsey는 〈국경 없는 부문의 세계에서 경쟁하기 Competing in a world of sectors without borders〉라는 제목의 리포트를 발간했는데, 제목을 통해 알 수 있듯 전통적인 섹터 사이의 경계선이 무너지고 있다고 주장했다. 라쿠텐 이치바는 일본의 가장 큰 온라인 리테일 마켓이다. 그런데 이용자들에게 이머니e-money를 사용하게 하고 신용카드를 발급해 준다. 이와 더불어 일본에서 가장 큰 여행 포털사이트를 운영하기도 하고, 모기지부터 주식 브로커리지Brokerage(위탁매매)까지 금융상품을 제공하기도 한다. 라쿠텐 이치바가 리테일 기업인지, 인터넷 기업인지, 금융 기업인지 헷갈릴 정도다.

GICS는 여전히 전 세계 금융 업계에서 사용하는 기준이지만 빠르게 변화하는 세상의 속도를 반영하지 못하고 있다. GICS 분류 체계로 보면 라쿠텐 이치바는 자유소비재 섹터 안에 소매산업과 인터넷& 다이렉트 마케팅 업종으로 분류된다. 그런데 이 분류 기준은 현재 라쿠텐 이치바가 영위하고 있는 사업을 총괄할 수 없다. 기술이 발전하고 단일 기업이 다양한 사업을 영위하게 되면서 금융 기업인지 리테일 기업인지 명명하기 어려워진 것이다.

라쿠텐 이치바뿐 아니라 세계적으로 이름을 날리고 있는 기업들

나는 ETF로 돈 되는 곳에 투자한다

모두 비슷한 상황이다. 아마존은 리테일 기업일까? 그렇다고 하기에는 보험, 모기지, 대출, 로지스틱스, 클라우드, 헬스케어, 모바일 페이, OTT 등 너무나도 다양한 산업에 진출해 있으며, 앞으로 발을 더욱 넓혀 나갈 계획을 가지고 있다.

미국 빅테크 기업 이외에도 산업 간 경계를 허물고 있는 기업이 많다. 64개국에 진출한 스타벅스^{Starbucks}는 커피 매장을 운영하는 회사이지만 미국 내 모바일 애플리케이션 사용률 1위를 차지했다. 애플리케이션 호환성 문제를 해결하고 당국의 인가를 받으면 금융 업무를 할 수 있을 정도다.

GICS 기준에 따르면 아마존은 자유소비재 섹터 내에 포함된 리테일 회사로, 스타벅스는 자유소비재 섹터 내에 포함된 레스토랑 회사로 분류되지만 현실과 동떨어진 느낌이다. 아마존과 스타벅스가 하고 있는 사업으로 다시 분류해 보면 아마존은 금융, IT, 자유소비재, 운송, 부동산, 헬스케어, 미디어 섹터에 다 포함되어야 하고, 스타벅스는 자유소비재 기업이면서 모바일 페이 업체로도 분류되어야 한다.

물론 모든 기업이 아마존이나 스타벅스 같지는 않다. 중요한 것은 전통적인 섹터의 경계가 이미 사라졌다는 사실이다. 중국의 알리바바는 알리페이로 중국의 모든 결제 시스템을 장악해 나가고 있고, 텐센트도 위챗, 게임, 모바일 페이 등 다양한 분야를 섭렵해 나가고 있다.

이러한 상황에서 섹터 ETF들로 포트폴리오를 구성하는 것은 시대착오적이다. 따라서 혁신 성장 테마형 ETF는 매우 좋은 투자 수단이라 할 수 있다.

전통적인 시각에서 벗어나 세상의 변화를 이끌어 나갈 기술력과 트렌드에 투자함으로써 국가대표지수 수익률에 추가적인 수익률을 더할 수 있는 기회를 모색하고 싶다면 혁신 성장 테마형 ETF에 관심을 가져보기 바란다. 물론 추가적인 수익률을 노릴 수 있다는 것은 그만큼 변동성이 크다는 의미다. 그러므로 다양한 혁신 성장 테마형 ETF들을 잘 알아보고 그중에서 적합한 것을 선택해야 한다.

CHAPTER 2

반도체

대한민국 국민이라면 '반도체'라는 단어가 꽤 익숙할 것이다. 반도체
는 투자로도 굉장히 매력적인 산업인데, 이 역시 패러다임의 변화를
겪고 있다. 글로벌 정세에 관심이 있는 투자자라면 많은 나라가 반도
체 산업을 지키고 영위하기 위해 얼마나 노력하고 있는지 잘 알 것이
다. 반도체 산업에서도 '총성 없는 전쟁'이 만만치 않게 일어나고 있
다. 그리고 마침 반도체 사이클이 돌아왔다. 따라서 반도체는 확실한
미래 성장 동력이라 할 수 있다. 반도체 산업은 앞으로도 계속 성장할
것이다. 이런 상황에서는 어떤 분야에서 누가 리드를 해나갈지 알아보
는 것이 매우 중요하다. 지금부터 반도체 산업에 대해 간단하게 알아

보고, 성장성을 전망해 보고, 투자할 수 있는 ETF를 알아보자.

반도체 산업이란

반도체는 크게 복잡한 정보 처리 기능을 수행하는 시스템 반도체와 정보 저장 기능을 수행하는 메모리 반도체로 나뉜다.

시스템 반도체는 고도의 연산을 담당하고 차량 전용 IC, 스마트폰 전용 AP 등을 통칭하는 로직 칩Logic Chip, 전자 제품 작동에 필요한 수많은 명령어를 담고 있는 CPU와 GPU, 아날로그 신호(온도, 이미지, 소리, 터치스크린 등)를 전기 신호로 바꾸는 아날로그 IC로 나뉜다. 시스템 반도체는 설계부터 생산까지 까다롭고 정교해야 하며, 자본의 집약적 투자를 요한다. 그래서 보통 설계와 생산이 분리되어 있는데, 생산 시설에 대한 투자 부담 없이 똑똑한 시스템 반도체를 개발하기 위해 올인하는 기업을 '팹리스Fabless(공장이 없는)'라 칭하고, 심도를 기울여야 하는 공정 과정에 올인하는 기업을 '파운드리Foundary'라 칭한다.

메모리 반도체는 만들기가 비교적 쉬워 대량 생산이 가능하다. 그래서 한 회사가 설계와 생산을 동시에 진행하는 경우가 많다. 우리나라의 SK하이닉스와 삼성전자, 미국의 마이크론 테크놀로지Micron Technology가 대표적인 IDMIntegrated Device Manufacturer(종합반도체기업) 회사다. 메모리 반도체는 낸드NAND와 디램DRAM으로 나뉘는데, 낸드는 비휘발성 메모리로 USB와 하드디스크를 만들 때 필요하고, 디램은 휘발성을 가지고 있어 전자기기(컴퓨터, 스마트폰 등)의 나머지 메모리를

반도체 산업 구조

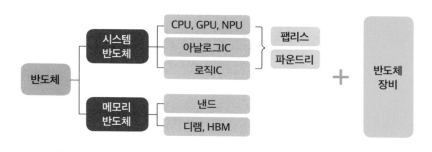

자료: 미래에셋자산운용

담당한다. 일반적으로 낸드보다 디램이 기업 매출에 더욱 중요하다.

그리고 어떤 반도체는 제조할 때 고도의 기술력을 가진 반도체 장비가 필요하다. 반도체 산업 구조를 간단하게 정리하면 위의 표와 같다.

새로운 패러다임에 진입한 반도체

투자를 해본 사람이라면 반도체에 사이클이 있다는 사실을 알고 있을 것이다. 경기흐름에 따라 사이클을 타기도 하고, IT 기술 발전에 따라 발전하기도 한다. 둘 중에 더 관심 있게 봐야 하는 것은 IT 기술 발전에 따라 변화하는 반도체 산업이다. 경제와 무관하다는 의미가 아니라 반도체가 폭발적으로 성장했던 모든 순간은 IT 기술이 변화했을 때다. 그러므로 투자자로서 수익률을 노리고 반도체 ETF에 투자하고 싶다면 IT 기술 변화에 따른 반도체 사이클을 살펴봐야 한다.

긴 사이클에서 보면 반도체 산업은 이제 3~4번째 국면에 접어들었다. 반도체 산업은 역사적으로 IT 기기 패러다임 변화에 맞춰 10배씩 성장했는데, 세 번째 패러다임 변화의 신호탄이 터지고 있다. 첫 번째는 PC의 시대, 두 번째는 휴대폰의 시대, 세 번째는 서버/IoT/AI의 시대다. PC의 시대는 마이크로소프트의 퍼스널 컴퓨터 상용화와 함께, 휴대폰은 2000년대부터 본격적으로 시작되었다. 서버의 시대는 데이터센터가, IoT의 시대는 전기차가, AI의 시대는 챗GPT를 비롯한 기술력이 주된 수요처다.

그렇다면 시스템 반도체와 메모리 반도체 중 시스템 반도체가 더 많은 수혜를 입을 것이라는 점을 추론할 수 있다. 세계반도체무역통계 기구인 WSTS^{World Semiconductor Trade Statistice}에 따르면 2023년 전체 반

반도체 출하량

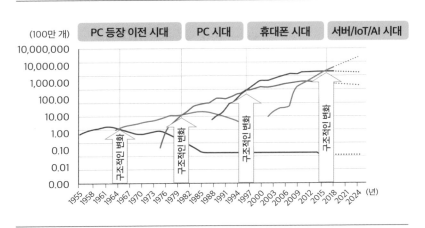

자료: 제프리스 에쿼티 리서치Jefferies Equity Research, 미래에셋자산운용

도체 시장 규모 중 83%는 시스템 반도체였고, 나머지 17%는 메모리 반도체였다.

시스템 반도체의 강자는 미국

그럼 시스템 반도체의 강자는 누구일까? 바로 미국이다. 미국은 전자 설계 자동화EDA, 핵심 지적재산권, 첨단 제조기기, 시스템 반도체 설계 등 고부가가치 분야에서 가장 높은 비중을 차지하고 있다(2022년 기준). 특히 미국 반도체 기업들은 부가가치가 높은 디자인 및 설계에 필요한 EDA&Core IP에 특화되어 있고, 시스템 반도체Logic 분야에서 65%나 차지한다.

시스템 반도체는 홀로 전체 반도체 밸류체인이 만드는 부가가치에서 차지하는 비중이 30%일 정도로 무척이나 중요하다. 반도체 칩 하나가 100만 원이라고 가정해 보자. 이 반도체에는 시스템 반도체도, 메모리 반도체도 들어간다. 그리고 이를 만들기 위해 연구 → 디자인 및 설계 → 제조(장비, 소재) → 조립 및 패키징의 과정을 거친다. 각 과정마다 100만 원짜리 반도체 칩을 만들 때 기여한 비중이 부가가치다. 시스템 반도체 설계와 디자인이 차지하는 비중이 30%라는 것은 반도체 칩이 100만 원이면 30만 원은 시스템 반도체 몫이라는 뜻이다. 메모리 반도체를 설계하고 디자인하는 데 차지하는 비중이 9%라면 메모리 반도체 설계 및 디자인에 기여한 금액은 9만 원이라는 뜻이다.

시스템 반도체는 기억 저장 기능을 수행하는 메모리 반도체와 다르게 판단과 연산이 가능해 CPU, GPU, NPU, 이미지 센서, 라이다 센서 등에 사용된다. 메모리 반도체는 소품종 다생산인 반면, 비메모리 반도체는 다품종 맞춤형 산업으로 우수 설계 인력과 첨단 기술이 핵심이다. 대한민국 정책 브리핑에 따르면 시스템 반도체는 AI, IoT, 자율주행 등의 필수 요소로 지속적으로 성장할 가능성이 크다.

반도체 중 부가가치가 가장 높으면서 성장성도 기대되는 분야에서 미국이 차지하는 비중은 65%다. 이는 시스템 반도체의 주인공은 미국이라는 뜻이다.

반도체 부품별 부가가치 및 국가별 비중

구분	부품	부가가치	미국	중국	대만	한국	일본	유럽	그 외
디자인/설계 관련	EDA	3%	96%	<1%	0%	<1%	3%	0%	0%
	Core IP		52%	2%	1%	0%	0%	43%	2%
	로직	30%	65%	5%	11%	3%	4%	9%	4%
	DAO	17%	41%	9%	5%	4%	18%	17%	6%
	메모리	9%	25%	3%	4%	60%	7%	0%	0%
제조 관련	장비	12%	47%	3%	0%	3%	26%	18%	2%
	소재	5%	9%	18%	28%	18%	12%	6%	10%
	웨이퍼 제조	19%	10%	24%	18%	17%	17%	8%	7%
	조립, 포장, 시험	6%	3%	30%	28%	9%	6%	3%	20%

자료: 미국반도체산업협회, CTEC, 보스턴컨설팅그룹

대한민국 정책 브리핑에 따르면 시스템 반도체의 선두주자로 꼽히는 10개 기업 중 6개가 미국 기업이다. 인텔Intel, 퀄컴QCOM, 브로드컴Broadcom, 텍사스 인스트루먼트Texas Instruments, 엔비디아NVIDIA, AMD가 '미래 산업의 쌀'이라 불리는 시스템 반도체를 이끌어 나가고 있다.

미국이 반도체 분야 1위 자리에 앉아 있는 것은 그리 놀랍지 않다. 그런데 앞으로도 그 위상을 유지할 수 있을까? 이럴 때 봐야 하는 것은 R&D다. 특히 디자인 설계 분야는 R&D 집약적이다. 기술 발전을 위해 얼마나 많은 돈을 투자하고 있는가를 보면 앞으로 누가 디자인과 설계 분야에서 리더 역할을 맡을 것인지 예상할 수 있다. 반도체 생산 과정에서 칩 디자인은 높은 수준의 지식과 기술을 요구한다. 이미 벌어진 기술력 차이를 따라잡는 것은 결코 쉬운 일이 아니지만 미

미국의 반도체 산업 R&D 금액 추이

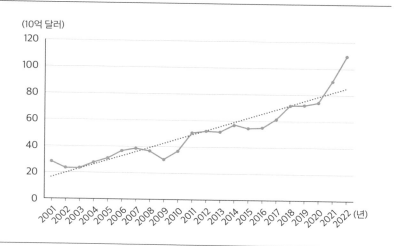

자료: 미국반도체산업협회(2023년 기준)

국가별 반도체 R&D 매출 비교

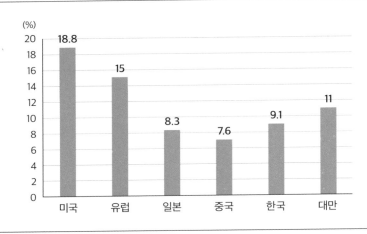

자료: 미국반도체산업협회(2023년 기준)

국은 안주하지 않고 반도체 R&D에 진심을 다하고 있다.

미국 반도체 산업의 R&D 금액은 매출 그리고 업황 사이클과 무관하게 20년 넘게 매년 연평균 7%가량 늘어나 2022년에는 588억 달러를 기록했다. 22년 동안 반도체 산업에 쏟은 R&D 금액이 약 6배 늘어난 것이다. 다른 국가와 비교해 보면 매출 대비 R&D 비중은 18.8%로, 주요국 중에서 가장 크다. 미국은 반도체 기술 발전을 위해 지출을 아끼지 않고 있다. 이러한 노력이 있었기에 반도체 산업의 선두주자이자 시스템 반도체 리더로 자리매김한 것이다. 미국은 앞으로도 반도체 산업을 선도하는 기술력, 즉 황금알을 낳기 위해 끊임없이 노력하고 있다.

앞서 언급했던 AI 시대의 흐름이 이미 미국 반도체 산업에 영향을

AI 반도체 칩 시장 성장 전망

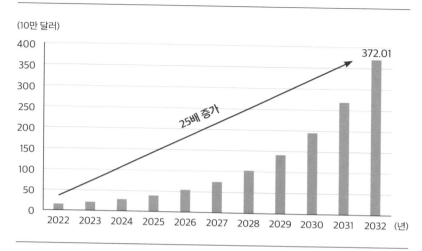

(10만 달러)

25배 증가

372.01

자료: 더 브레이니 인사이트The Brainy Insights

미치고 있다. AI의 발전에 따라 수혜를 입을 산업은 꽤 많지만 직접적으로 제품의 수요가 늘어나는 분야는 반도체다. 특히 엔비디아를 필두로 한 미국 기업들은 AI 기술에 특화된 반도체를 만들고 있다. AI는 많은 연산을 한꺼번에 처리해야 한다. 이를 진행하기 위해서는 기계가 해야 하는 연산들을 직렬이 아닌 병렬로 계산해야 한다. 그래서 순차적으로 일 처리를 하는 CPU가 아닌 GPU가 제격이고, CUDA라는 GPU 프로그래밍 도구를 제공하며 가장 앞서 있던 엔비디아가 AI 반도체를 장악한 것이다.

AI의 대중화를 위해선 고성능 반도체가 필수다. AI는 시스템 반도체, 그중에서도 성능이 높은 GPU를 요구한다. 기술집약적인 반도체를 만드는 리더는 엔비디아와 인텔, AMD로, 3사의 GPU 시장점유율은 100%다(2023년 기준). 따라서 미국 반도체 산업 ETF를 놓쳐서는 절대 안 된다.

그리고 한 가지 더! AI로부터 파생된 미국 반도체 산업에 긍정적인 흐름은 NPU다. NPU는 'Neural Processing Unit'의 약자로, 애플, 구글, 마이크로소프트가 엔비디아의 비싼 GPU 대신 AI 연산만을 담당하는 칩을 개발해 사용하겠다고 이야기하면서 등장했다.

AI 반도체가 감당해야 할 연산은 실로 엄청나다. 챗GPT로 생각해 보면 전 세계 모든 사람이 실시간으로 전 세계 모든 언어를 사용하면서 하나의 기계에 물어보는 것이다. 그럼 그 기계는 얼마나 많은 연산 처리를 동시다발적으로 해야 할까? 가늠도 되지 않는다. 그래서 엔비디아의 2024년 1분기 매출이 전년 대비 262%나 늘어난 것이다. AI 전쟁에서 이기기 위해선 엔비디아의 GPU가 필요하니 말이다.

그런데 미국의 테크 기업들은 비싼 엔비디아의 GPU에서 조금 탈피한 새로운 반도체 칩을 원하고 있고, 그것이 바로 NPU다. 사실 평범한 사람이 AI를 접하는 통로는 매우 단순하다. 이미 사용하고 있는 IT 기기를 떠올려보면 쉽게 이해가 될 것이다. '그러한 IT 기기에 간단한 AI 연산만 할 수 있는 칩을 부착하면 되지 않을까?'라고 생각한 것이 온디바이스On-Device AI이며, 만약 그것이 가능하다면 각종 IT 기기에 부착될 NPU를 제작할 수 있는 반도체 기업에는 희소식이다. 여기서 다시 GPU보다 더 세분화해 아이폰인지, 갤럭시인지, 노트북인지, PC인지 등 기기별로, AI 모델별로 맞춤형 반도체를 제조할 수 있는 기업들이 부각될 수 있다. 현재 물망에 오른 곳은 ARM, 퀄컴 등 다수의 미국 반도체 기업들이다.

그리고 AI 만큼 관심을 받지는 못할 테지만 데이터센터도 반도체 기업에는 희소식이다. AI를 위해 GPU가 대량으로 필요하다면 데이터센터, 차세대 클라우드와 관련해서는 DPU^{Data Processing Unit}가 필요하다. 엔비디아의 창립자 젠슨 황^{Jensen Huang}은 CPU와 GPU에 이어 DPU가 데이터 중심 가속 컴퓨팅의 또 하나의 핵심 축이 될 것이라고 이야기했다.

CPU는 범용 컴퓨팅을, GPU는 그래픽 및 인공지능, 빅데이터 분석 애플리케이션을 구축했다면 DPU는 데이터센터에서 데이터를 이동시키는 일을 담당한다. 글로벌 컴퓨팅 ODM/OEM 업체 프레미오^{Premio}에 따르면 글로벌 대표 DPU 업체는 자일링스^{Xilinx}(2022년 2월 AMD에 M&A), 마벨테크놀로지그룹^{Marvell Technology Group}, 엔비디아, 브로드컴^{Broadcom}이다. 모두 미국 대표 반도체 기업이다. 앞으로 데이터

데이터센터 시장 규모 전망

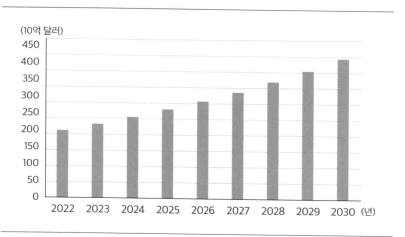

자료: Industry ARC, 미래에셋자산운용

센터는 연평균 9.6%의 성장률을 기록할 전망이다. 미국 반도체 기업들의 성장이 기대되는 대목이다.

활짝 웃고 있는 파운드리 업체와 장비 업체들

반도체 산업이 새로운 패러다임으로 진입하면서 서버, IoT, AI 관련 반도체 수요가 늘어나 미국 반도체 기업들이 직접적인 수혜를 입을 것이라고 설명했다. 그런데 반도체는 위탁 주문이 많고 유기적인 밸류 체인을 가지고 있어 미국 기업 이외에도 신패러다임 진입에 따른 수혜를 입을 기업이 많다. 고성능 시스템 반도체 수요가 늘어난다는 것은 해당 반도체 공정을 담당하는 파운드리 업체와 관련 장비 업체들까지 수혜가 이어질 수도 있다는 뜻이다.

고성능 반도체를 만들기 위해서는 큰 규모의 시설 투자(메모리 반도체)보다는 섬세한 기술이 필요하다. 앞으로 반도체 산업의 패러다임 변화가 3~4단계로 진입해 AI와 자율주행이 반도체 수요를 이끈다면 시스템 반도체를 설계하는 기업들과 실질적으로 이 반도체를 만드는 데 중요한 역할을 하는 기업들이 수혜를 입을 것이다. 여기서 설계하는 기업들은 대부분 미국 반도체 기업(엔비디아, AMD, 애플, 인텔 등)이고, 이를 만드는 기업은 TSMC, 삼성전자 등이다. 파운드리 공정에 사용되는 반도체 부품과 장비를 제공하는 업체들은 미국, 일본, 대만에 상장되어 있다.

파운드리 공정은 매우 섬세한 작업이다. 그래서 대규모 시설 투자를 통해 대량 생산하는 메모리와 다르게 밸류체인 생태계가 매우 중요하다. 고객 맞춤형으로 소량 생산을 하기 때문에 주문마다 맡은 바를 제대로 수행할 수 있는 장비 제공 업체들이 있어야 한다. 따라서 파운드리 공정에 참여하는 반도체 장비 리더 업체들도 한 세트라고 보면 된다. 파운드리는 설계를 받아 웨이퍼 제조 → 산화 공정 → 포토 공정 → 식각 공정 → 증착 공정 → 배선 공정 → 테스트 공정 → 패키징 공정까지 이른바 '반도체 8대 공정'을 거친다. 시스템 반도체 수요가 늘어나고, 미국 기업들이 설계 및 디자인을 하면 파운드리 공정 과정을 함께하는 밸류체인 업체들도 동반 성장할 가능성이 크다.

공정 과정과 주요 장비 업체들을 살펴보면 밸류체인 생태계의 중요성을 알 수 있다. 반도체 업계에서 '슈퍼 을'이라 불리는 ASML은 전 세계에서 유일하게 극자외선 광원을 이용한 노광장비를 생산한다. 웨이퍼 위에 원하는 반도체를 제작하기 위해 회로 패턴을 그려 넣는 과정이 포토 공정인데, 세상에서 가장 얇은 붓으로 회로를 그릴 수 있게 해주는 것이다.

포토 공정에서 두각을 나타내는 또 하나의 기업은 도쿄 일렉트론Tokyo Electron이다. 회로 패턴을 그리기 전에 포토레지스트를 균일하게 도포시키는 도포 현상 장치 점유율 1위를 자랑한다(점유율 90%, 2023년 3월 기준). 도쿄 일렉트론은 ASML, 어플라이드 머티어리얼즈Applied Materials, 램 리서치Lam Research와 함께 글로벌 4대 장비 업체로 불리는 회사다. 포토 공정 다음에 불필요한 부분을 제거하는 식각 공정에서도 도쿄 일렉트론의 장비가 쓰이며, 대장 업체는 플라즈마 식각 시스템을 제공하는 램 리서치다.

식각 공정이 끝나면 증착 공정이 필요한데, 반도체는 육안으로 보이지 않지만 수많은 층으로 이루어져 있다. 미세한 층들이 하나하나 탑처럼 쌓여 반도체 소자를 이룬다. 이런 미세한 층을 쌓아 올리는 일을 가장 잘하는 기업은 어플라이드 머티어리얼즈다.

그리고 마지막으로 반도체를 외부로부터 보호하고 전기적으로 연결하는 패키징 공정이 필요한데, 다양한 패키징 타입에 사용할 수 있는 장치를 제공하는 KLA가 압도적인 기술력을 자랑한다.

장비를 받아 이 모든 공정을 주도적으로 진행하는 곳은 파운드리 업체들이다. 이 분야의 강자는 TSMC다. 삼성전자 파운드리 역시 글로벌 시장에서 차지하는 점유율이 13%나 되지만 TSMC의 시장점유율은 58%에 육박한다(2023년 12월 기준). AI, 스마트폰, IoT에 탑재되는 반도체를 만드는 일을 대부분 TSMC가 받아간다. 트럼프가 TSMC를 공격하는 말을 많이 내뱉고 있는 것은 분명한 리스크이지만 현재 반도체를 생산하는 프로세스에서 TSMC의 기술력과 노하우를 무시하긴 어렵다.

HPC^{High Performing Computing} 관련 반도체들은 주로 5nm 이하 공정을 사용한다. 파운드리 산업에서는 얼마나 더 작은 반도체를 결함 없이 만드는지에 따라 경쟁력이 결정된다. 똑같은 웨이퍼 위에 똑같은 반도체를 50개 만드는 기업과 100개 만드는 기업이 있다면 당연히 100개 만드는 기업이 훨씬 많은 이익을 내기 때문이다. 그리고 더 많은 반도체가 집약적으로 들어가면 집적도가 높아지는데, 집적도가 높아지면 작은 소자들이 더 빽빽하게 들어가 신호가 전달되는 속도가 빨라지는 반면 소모하는 전력은 줄어든다. 우선 2020년부터 시작된

5나노 공정 경쟁에서는 TSMC가 90%의 점유율을 차지하면서 압승을 거두었다. 실제로 오픈 AI가 사용하는 엔비디아 H100 프로세서는 모두 TSMC에서 제조했다.

이제 파운드리 기술력 경쟁은 3나노로 이동했다. 이는 더 작게, 더 정교하게 만드는 작업이다. 가장 먼저 3나노 공정을 도입했다고 발표한 곳은 우리나라의 삼성전자였다. TSMC도 이에 질세라 3나노 공정 준비를 시작했고, 퀄컴과 논의한 끝에 3나노 AP 파운드리 전량을 생산하는 계약을 체결했다. 미국과 중국의 긴장감이 높은 상황에서 대만의 입장이 조금 난처하긴 하지만 TSMC는 독자적으로 미국 아리조나주에 공장을 짓고 있다. 아직 3나노의 승자는 결정되지 않았고, 2나노 시대에 대한 이야기도 나오고 있다. 그러나 시스템 반도체 주문량 증가로 파운드리 공정을 잘하는 기업들이 수혜를 입을 것은 분명한 사실이다.

그리고 ETF 투자자로서 알아두어야 할 점은 TSMC는 대만 기업이지만 미국에 상장되어 있다는 것이다. 그래서 미국 반도체지수에 투자하는 ETF에 포함되어 있다. '슈퍼 을' 글로벌 장비 업체인 ASML도 네덜란드 기업이지만 미국에 상장되어 있어 미국 반도체에 전반적으로 투자하는 ETF에 늘 포함되어 있다.

물론 어떤 분야의 비중을 더 높게 가지고 가고 싶은지에 따라 투자할 수 있는 ETF가 다르다. 가장 간편하게 시스템 반도체의 스토리와 파운드리까지 함께 투자하고 싶다면 미국 반도체지수를 추종하는 ETF를 추천한다.

반도체 장비 업체가 웃으면 일본 반도체도 웃는다

반도체 장비는 어느 나라가 가장 유명할까? 주요국 반도체 장비 및 부품 수출 규모를 보면 알 수 있듯 일본이 1위다. 글로벌 반도체 공급망의 재편과 미세화되는 반도체 공정의 중요도가 높아지면 반도체 장비 수출 1위 국가인 일본 반도체 기업들의 수혜가 기대된다.

장비 업체는 전 세계에 포진되어 있다. ASML도 대표적인 장비 업체 중 하나다. 그런데 요즘에는 일본 반도체 장비 업체들이 주목받고 있다. 앞서 이야기했듯 일본 증시를 둘러싼 매크로 환경은 매우 좋다. 그리고 이러한 환경과 반도체 사이클이 겹치면서 일본 반도체 기업들이 40년 만에 빛을 보고 있다.

주요국의 반도체 장비 및 부품 수출 규모

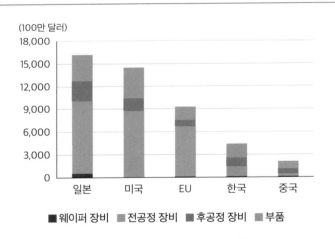

자료: 한국무역협회, 미래에셋자산운용(2022년 8월 기준)

나는 ETF로 돈 되는 곳에 투자한다

1980년대까지만 해도 일본 반도체는 세계 최강이었다. 당시 매출액 기준 상위 10개 반도체 기업 중 6개가 일본 기업이었다. 하지만 세상의 변화를 이끌 반도체를 가장 먼저 발명한 곳은 미국 기업인 AT&T였다. 미국이 로열티를 받는 대신 특허를 개방한 후 일본은 이를 기반으로 반도체 산업을 발전시켰다. 1980년대에는 메모리 반도체 시장에서 일본 기업이 차지하는 비중이 80%에 달했고, 도시바Toshiba, 히타치Hitachi, 후지쯔Fujitsu, 미쓰비시Mitsubishi, 파나소닉Panasonic이 디램 등 전 세계 메모리 반도체 시장을 주름 잡았다.

하지만 미국은 계속해서 이런 상황을 지켜만 보고 있지 않았다. 미국은 결국 일본 반도체 기업에 보복 관세를 부과하고, 일본 반도체 몰락을 야기했다고 평가받는 '미일반도체협정' 체결을 강요했다. 일본 정부는 1986년과 1991년, 1996년 세 차례에 걸쳐 미국과 이 협정을 체결했는데, 미국은 일본이 약속을 제대로 지키지 않았다며 슈퍼 301조를 통해 무역 보복까지 단행했다.

일본은 이에 맞서고자 반도체 산업 전략 2.0을 제시하며 일본 기업만을 위한 지원책을 제공하는 등 배타적인 정책을 펼쳤다. 하지만 미국의 환율 정책과 무역 압박을 이기지 못했다. 2012년 일본 정부가 출범한 엘피다 메모리Elpida Memory는 결국 파산했고, 도시바는 누적 적자를 이기지 못해 2017년 반도체 사업 부문을 SK하이닉스가 포함된 해외 사모펀드 컨소시엄에 매각했다.

일본 반도체의 아성을 무너뜨린 미국은 중국 반도체 굴기를 억누르기 위해 약 40년 만에 일본 반도체 기업에 손을 내밀었다. 미국에 의해 무너졌지만 이번에는 도움을 주는 포지션으로 바뀐 것이다. 공공의 적은 이제 중국이고, 일본은 미국을 아군으로 두었다. 미국 대선에서 누가 차기 대통령이 되든 이러한 분위기는 계속해서 이어질 전망이다.

일본 정부는 미국이 내민 손을 꼭 잡을 것이다. 일본의 반도체 기업들이 가진 꼼꼼함은 그 어느 때보다 밝게 빛날 것이라 예상된다. 일본 반도체 기업들은 우리가 미처 몰랐던 반도체 공정의 매우 세부적인 분야들에서 중요한 역할을 수행하고 있다. 전체적으로 일본 반도체 산업을 보면 고도의 기술을 요하는 웨이퍼 제조 장비부터 패키징, 검사 장비, 유통 업체까지 고르게 분포되어 있다.

일본 반도체 대장 기업인 도쿄 일렉트론은 식각 공정 분야에서 글로벌 선두주자로 꼽힌다. 동경정밀Accretech은 웨이퍼를 세정하는 기계를 납품하는 업체로, 웨이퍼를 만드는 공정에 반드시 필요하다. 어드반테스트Advantest는 비메모리와 메모리 반도체 테스트 시스템 장비를 생산하는, 일본 내에서 도쿄 일렉트론에 이어 두 번째로 매출이 큰 반도체 장비 업체다. 팹리스, 파운드리, 메모리 반도체 생산 업체까지 모두를 고객으로 두고 있어 후공정의 중요도가 높아지면 많은 수혜를 입을 것으로 예상된다.

레이저테크Lasertec는 EUV 블랭크 마스크 검사 장비를 독점으로 생산한다. 이 장비는 ASML의 EUV 노광장비로 생산한 포토 마스크와 생산 이전의 블랭크 마스크를 검사하는 데 필요한 장비다. 반도체 제조 공정에서 웨이퍼에 미세한 결함이 하나라도 발견되면 반도체 전체를 사용할 수 없게 되어 폐기 처분되기 때문에 EUV 블랭크 및 포토 마스크 결함 확인은 필수다.

디스코DISCO는 전공정이 끝난 웨이퍼를 UV 시트에 붙인 뒤 절단해 하나하나의 칩으로 잘라내는 기기를 생산한다. 첨단 제품 양산 라인이 많아지면서 정확도가 높은 반도체의 수요가 늘어날수록 이 분야에서 독보적인 기기를 생산하는 디스코의 위상도 높아질 전망이다. 디스코는 창립 이래 최고가를 경신했을 정도로 큰 주목을 받고 있다(2024년 3월 기준).

주변을 둘러보면 일본 반도체 산업이 우리나라와 경쟁 구도를 가지고 있다고 생각하는 투자자가 많은데, 결코 그렇지 않다. 우리나라 반도체 회사에 부품과 장비를 납품하는 곳도 있다. 트럼프가 미국의 차기 대통령으로 당선되면 미국을 제외한 다른 국가 반도체 기업에는 부정적인 측면이 있겠지만, 새로운 반도체 사이클은 일본에도 햇살을 비추고 있다.

메모리 반도체의 새로운 성장 동력 HBM

그렇다면 국내 기업들이 우위를 점하고 있는 메모리 반도체는 어떨까? 메모리 반도체의 수요 역시 늘어날 것으로 보인다. 시스템 반도체만으로 초거대 AI가 작동할 수는 없다. 메모리 반도체는 AI의 머리를 담당하는 시스템 반도체(보통은 GPU)에 기본적으로 탑재되기 때문이다. 막대한 용량의 데이터를 처리하기 위해서는 효율적인 메모리 반도체가 필요하고, 속도와 성능이 월등히 높은 지능형 메모리 칩Processing in Memory을 요구한다.

쉽게 말하면 AI 반도체는 대규모 병렬 처리 연산에 최적화되어 있으며, 프로세서와 메모리 간 데이터 전송을 줄인다는 특징을 가지고 있다. 그리고 더 빠르게 데이터를 처리해야 하기 때문에 프로세서와 메모리 간 데이터 전송에 걸리는 시간을 줄였다는 특징이 있다. 보통 AI 반도체를 생각하면 엔비디아의 GPU를 떠올리지만 AI 전용 GPU를 감당할 수 있는 HBM(고대역폭메모리)이 있어야 AI 연산에 걸맞는 AI 반도체 칩이 완성된다.

HBM은 이름 그대로 높은 메모리 대역폭을 구현할 수 있는 반도체 칩이다. 메모리 대역폭은 일정한 시간 내에 전송이 가능한 데이터 처리량을 의미하는데, 이 대역폭이 높을수록 더 많은 데이터를 더 빠르게 전송할 수 있다. HBM은 1개의 시간 주기에 1,024bit 데이터를 전송할 수 있다. 일반적인 디램 최신 모델인 DDR5 모듈이 64bit가 메모리 폭인 것을 고려하면 HBM이 얼마나 많은 양의 데이터를 보낼 수 있는지 가늠해 볼 수 있다.

AI 시스템이 잘 작동하기 위해서는 여러 개의 연산이 한꺼번에 돌아가 결과 값을 내놓아야 한다. 그래서 대규모 병렬 데이터 작업을 처리할 수 있도록 설계되어 있어 수천 개의 코어가 있다. 그리고 데이터를 효율적으로 처리하기 위해서는 메모리 반도체와 지속적인 커넥션이 이어져야 한다. HBM은 대역폭이 높아 GPU와의 데이터 전송 속도가 빠르므로 GPU가 데이터에 접근하는 대기 시간이 줄어든다. 그래서 HBM을 GPU 칩셋 내에 포함시킴으로써 많은 양의 데이터를 한 번에 빠르게 GPU에 전달할 수 있다. 이는 GPU도 많이 필요하지만 그에 상응하게 HBM도 필요하다는 이야기다.

특히 챗GPT나 달리Dall-E* 같은 언어, 이미지 모델은 AI 중에서도 데이터를 많이 거쳐야 하는 거대한 모델인 만큼 앞으로 성장할 생성형 AI 분야에서는, 특히 메모리 반도체 칩 중에서는 HBM의 수요가 기대된다. 국내 메모리 반도체 기업들이 HBM을 생산하면 엔비디아와 AMD 같은 고객사에 보내지고, 이 고객사들은 GPU 등 프로세서와 함께 HBM을 파운드리 업체에 보내 최종적인 반도체 칩을 생산하게 된다.

여기서 주인공은 국내 대표 반도체 업체인 SK하이닉스와 삼성전자다. 글로벌 전문 리서치 기관인 트렌드포스TrendsForce에 따르면 SK하이닉스는 2013년에 세계에서 최초로 HBM을 시장에 공개했고, 전세계 HBM 시장의 50%를 차지하고 있다(2022년 말 기준). 그 뒤를 이어 삼성전자는 40%, 마이크론 테크놀로지는 10%를 차지하고 있다. 삼성전자는 HBM3를 이미 고객사에 납품하기 시작했다고 알려졌고, SK하이닉스 역시 HBM3 CAPA(자체 생산능력) 확대 투자가 포착되고 있다. SK하이닉스는 2027년까지 HBM 시장이 연평균 87%의 성장률을 보여줄 것이라 전망했다.

이렇게 폭발적인 성장이 기대되는 HBM 시장을 SK하이닉스와 삼성전자가 독식한다면 국내 중소형 반도체 기업들도 수혜를 기대할 수 있다. HBM은 수직으로 반도체를 여러 개 쌓아 올려야 한다. 메모리를 더 얇게, 더 많이 쌓아 올리는 패키징 기술을 통해 똑같은 크기의 반도체로 더 높은 성능의 HBM을 구현할 수 있다.

---

* 오픈 AI가 개발한 자연어 서술로부터 이미지를 생성하는 기계 학습 모델

잘 쌓아 올리는 것도 기술이다. 예전에는 가느다란 금속선(와이어)을 이용해 칩들을 연결하곤 했는데, 적층되는 칩이 많아질수록 와이어의 부피와 복잡도가 증가한다. 이러면 속도 향상에 한계가 있고, 전체적인 칩의 부피가 커진다. 그다음이 와이어 대신 미세한 구멍을 뚫어 상단 칩과 하단 칩을 전극으로 연결하는 기술인 TSV 본딩인데, 반도체 간 신호 전달 경로가 단축되어 와이어 본딩 대비 속도와 소비 전력이 크게 개선된다. 또한 와이어 면적이 축소되어 공간 활용도 극대화된다. TSV 본딩의 국내 선두 업체는 한미반도체다. 그래서 한미반도체 주가가 크게 상승한 것이다.

이외에도 제대로 된 본딩을 하기 위해선 그 전에 반도체를 잘 잘라야 한다. 이를 싱귤레이션 혹은 다이싱이라고 하는데, 레이저나 칼날을 이용해 웨이퍼에서 칩을 분리해내는 과정을 말한다. 이때 조금이라도 잘못 자르면 본딩을 하는 과정에서 문제가 생길 수도 있다. 백그라인더로 웨이퍼 후면을 갈아내 집적도*가 높아지게 만들어 다이싱을 한 뒤 본딩을 한다. 그런 다음 외부 환경으로부터 반도체가 상하지 않게 패키징하고 제품 정보를 인쇄하는 공정까지를 모두 포함해 '패키징 공정'이라고 한다.

그렇다면 각 분야별 주요 국내 기업에는 어떤 곳들이 있을까? 백그라인딩에는 케이씨텍KCTech, 다이싱에는 이오테크닉스Eotechnics, 본딩에는 국내 선두주자 한미반도체, GPU와 HBM을 동시에 탑재할 수 있는 FC-BGAFlip Chip Ball Grid Array 패키징 기판 제작에는 이수페타시스

* 반도체 칩 내부에 담긴 소자들의 수가 단위 면적당 많은 것

　　　　　　　　나는 ETF로 돈 되는 곳에 투자한다

^{ISU Petasys}, 반도체 검사용 프로브와 소켓 제조에는 리노공업이 대표적인 기업이다. 국내 반도체 중소형주들에도 반도체 사이클이 돌아오고 있다.

반도체 혁신 성장 테마형 국내&미국 상장 ETF

국가	티커	이름	혁신 성장 테마
국내	381180	TIGER 미국필라델피아반도체나스닥	미국 반도체
	390390	KODEX 미국반도체MV	미국 반도체
	469050	KBSTAR 미국반도체NYSE(H)	미국 반도체
	465660	TIGER 일본반도체 FACTSET	일본 반도체
	469160	ACE 일본반도체	일본 반도체
	396500	TIGER Fn반도체TOP10	국내 반도체
	471760	TIGER AI반도체핵심공정	국내 반도체
	091230	TIGER 반도체	국내 반도체
	475300	SOL 반도체전공정	국내 반도체
	475310	SOL 반도체후공정	국내 반도체
	455850	SOL AI반도체소부장	국내 반도체
	469150	ACE AI반도체포커스	국내 반도체
	395160	KODEX Fn시스템반도체	국내 반도체
	091160	KODEX 반도체	국내 반도체
미국	SOXX	iShares Semiconductor ETF	미국 반도체
	SMH	VanEck Semiconductor ETF	미국 반도체
	XSD	SPDR S&P Semiconductor ETF	미국 반도체
	PSI	Invesco Semiconductors ETF	미국 반도체

반도체 산업은 복잡하고 성장성이 높은 만큼 설명이 길었다. 결론은 반도체 산업에 대한 긍정적인 이야기들이 나오고 있다는 것이다. 물론 트럼프가 다시 대통령의 자리에 앉는다면 많은 부분이 달라질 수도 있지만, 장기적으로는 반도체 산업의 슈퍼 사이클이 기대된다. 가장 먼저 시스템 반도체를 설계하고 디자인하는 미국 반도체 기업들과 파운드리 공정 업체들에 훈풍이 닿은 다음, 메모리 반도체를 만드는 기업에도 좋은 소식이 들려올 것으로 보인다. 따라서 미국 반도체 지수를 추종하는 ETF에 가장 먼저 투자하고, 글로벌 반도체 장비 선두주자에 투자하고 싶다면 일본 반도체 ETF에, 메모리와 HBM의 글로벌 강자인 국내 기업에 투자하고 싶다면 국내 반도체지수를 추종하는 ETF에 투자할 것을 추천한다.

CHAPTER 3

AI와
미국 빅테크 기업들

금융권에서 지금 가장 핫한 키워드를 꼽으라고 한다면 단연 'AI'다. 챗
GPT로부터 시작되었고, AI 때문에 주가가 움직인다. 챗GPT로 대변
되는 생성형 AI가 대체 무엇이기에 많은 사람이, 기업이 너도 나도 손
을 들며 AI 기술 발전을 위해 노력하겠다고 말하는 것일까?

바야흐로 AI의 봄을 넘어 여름이다. AI 기술은 1970년대부터 봄
과 겨울을 지나며 각광을 받다가도 다시 사그라드는 모습을 보였다.
가장 가까운 예시로 우리나라의 바둑 기사 이세돌과 알파고의 대국을
들 수 있다. 이 대국으로 AI 관련 기업들이 한창 관심을 받았지만 장기
적인 트렌드로 자리 잡지는 못했다.

하지만 이번에는 AI가 장기적인 메가트렌드로 자리 잡을 수 있을 것으로 보인다. 왜일까? 생성형 AI, 챗GPT의 특징 때문이다. 주식시장에서 장기적인 혁신 성장 트렌드로 자리 잡으려면 기업들이 끊임없이 AI 기술력을 발표하고, 이를 통해 돈을 버는 모습을 보여주어야 한다. 따라서 메가트렌드로 자리를 잡느냐, 잡지 못하느냐는 지금 각광받고 있는 생성형 AI가 기업들의 성장 동력이 될 수 있느냐와 동일한 질문이다. 다양한 기술적인 차이가 있지만 그럼에도 생성형 AI, 챗GPT로 대표되는 AI 기술은 오랫동안 사람들의 주목을 받을 것이다. 그 이유는 그동안 챗GPT가 해낸 것들에서 찾을 수 있다.

챗GPT는 무엇을 바꾸었나?

AI 기술 관점에서 보면 챗GPT는 완전히 새로운 기술이 아니다. AI의 흐름을 살짝 짚고 넘어가자면 지금 회자되고 있는 언어 모델들의 기반을 만들어준 기술은 2017년 구글에서 처음 개발했다. 그것은 바로 '트랜스포머'라는 언어 모델인데, 그로 인해 병렬화로 대규모 데이터 학습을 할 수 있게 되었고, 자연어 처리 분야에서 '맥락'과 '의미'를 학습할 수 있는 신경망을 구축할 수 있었다. 예전에는 단어 순서에 따라 한 단어, 한 단어 순차적으로 학습했다면 트랜스포머를 기반으로 발전시킨 결과, 이제는 한 번에 뭉텅이를 학습할 수 있게 된 것이다. 구글에서 개발한 트랜스포머 알고리즘으로 GPT가 탄생했고, 구글의 버트 BERT, 페이스북의 로베르타RoBERTa, 마이크로소프트의 튜링Turing이 나온 것이다.

그렇다면 왜 챗GPT만 이렇게까지 세간의 관심을 받는 것일까? AI 전문가들이 꼽는 가장 큰 이유는 마케팅이다. 마이크로소프트가 투자했고, 거기에 일론 머스크Elon Musk까지 함께했다고 하니 이보다 더 좋은 마케팅이 있을까? 또 하나의 이유는 개인들이 편하게 놀 수 있는 환경을 만들었다는 것이다. AI이지만 어렵지 않고, 온라인 서비스 SNS(스트리밍 서비스 등) 일종으로 느끼게 한 것이 주된 성공 요인이다.

기술적으로 다른 점도 빼놓을 수 없다. 2020년 GPT-3가 처음 발표되었을 때 초대규모 언어 모델이 이미 등장했다고 판단된다. 1조 개의 단어를 학습했고 1,750억 개의 매개 변수를 가지고 있어 언어 능력이 남다르다고 평가받았다.

그리고 가장 중요한 한 가지를 꼽는다면 '문장 필터링 능력'이다. 어떠한 기술력을 사용하는지는 구체적으로 알려진 바가 없지만 조용히 사라진 다른 챗봇들과 가장 차별화되는 포인트는 대놓고 부정적인 답변을 하지 않는다는 점이다.

국내 AI 기업이 출시한 이루다는 사회적 혹은 도덕적으로 이슈가 되는 말들을 많이 해 질타를 받았다. 이런 경우 문제가 될 만한 데이터를 데이터셋 안에서 모두 삭제한 뒤 다시 학습시켜야 한다. 그러면 엄청난 비용과 시간이 드는데, 해당 AI 챗봇에 대한 유저들의 신뢰를 잃는 결과를 초래한다.

그런데 챗GPT는 다르다. 사회적으로 문제가 될 만한 말들을 실시간으로 막아가며 서비스를 제공하고 있다. 챗GPT는 이런 점 때문에 챗봇의 한계를 뛰어넘었다는 평가를 받고 있다. 챗봇은 실시간 대화를 통해 배워 나가는데, 수많은 유저가 챗봇을 부정적인 방향으로 집중 공격하면 결국 사회적인 잣대로 납득하기 어려운 방향으로 발전하는 경우가 많다. 그런데 챗GPT는 이러한 선을 넘지 않고 서비스를 제공한다는 것이 가장 중요한 차별점이다.

다양한 기술적인 차이가 있음에도 ETF 투자자 관점에서 생성형 AI를 바라볼 때 중요한 것은 '선을 넘지 않고 서비스를 제공한다'는 점이다. 이것이 바로 주가에 영향을 미치는 포인트이기 때문이다. 선을 넘지 않기 때문에 돈을 벌 수 있다. 챗봇은 앞서 언급한 고질적인 문제로 보조적인 역할밖에 하지 못했는데, 최근 출시된 생성형 AI 서비스는 그러한 문제가 없으니 상업성이 생긴 것이고, 다양한 플랫폼에 탑재될 수 있게 된 것이다.

생각해 보면 새로운 기술력이 발표되었다고 해서 주가가 영향을 받는 것은 아니다. 챗GPT도 AI라서, 새로운 언어 모델이라서 주목을 받은 것이 아니다. AI의 역사는 길고 챗봇의 예시는 많았지만 유독 챗GPT만 주가에 영향을 미친 이유는 상용화가 가능하고, 범용 AI의 특징을 가장 잘 살렸다는 평가를 받아 확장성이 높기 때문이다. 쉽게 말해 여기저기 팔아먹을 수 있는 기술이기에 주가에 영향을 미친 것이다. 예를 들어 오픈 AI에서 챗GPT와 달리, 소라^Sora* 등을 통해 수익을 창출하면 투자금을 회수할 때까지 75%를 가져간다는 계약을 한 마이크로소프트는 성장성이 높은 돈주머니가 생겼다는 의미이고, 그러한 맥락에서 주가가 움직인 것이다.

---

* 오픈 AI가 개발한 동영상 생성 인공지능

그리고 챗GPT가 범용 AI라는 점에서 확장성에 기인하는데, 이 또한 주가에 영향을 미친다. AI가 특정 목적을 위해 만들어졌는지, 주어진 상황에 따라 생각과 학습을 하고 창작을 할 수 있는지에 따라 범용 AI와 그렇지 않은 기술로 나뉜다. 예를 들어 금융사의 챗봇은 금융사와 관련된 제도 및 특정 질문에 대한 정해진 답변을 하기 위해, 쇼핑몰의 AI 기술은 고객에게 어울리는 옷과 브랜드를 추천하기 위해, 알파고는 바둑 대국에서 이기기 위해 만들어졌다. 그런데 오픈 AI가 출시하는 생성형 AI는 목적이 없다. 이는 텍스트로 결과물을 만드는 모든 분야에 적용할 수 있다는 의미이며, 어디든 장착되어 수익을 창출하는 데 활용될 수 있다는 의미다.

하나의 문제를 엄청나게 잘 해결하기 위해 만들어진 AI 기술이 아니라 다양한 텍스트, 이미지, 영상 기반 업무를 '적당히' 납득 가능할 정도로 해낸다는 것이 투자자들에게는 오히려 더욱 매력적으로 다가왔다. 그래서 마이크로소프트가 애저^{Azure}에도, 빙^{Bing}에도, 오피스(워드, PPT, 엑셀, 노트 등)에도 적용한 것이다. 실제로 마이크로소프트 코파일럿^{Copilot}을 소개하는 영상을 보면 노트에 막 적은 글자들을 기반으로 PPT를 만들어 달라고 하면, 엑셀에 있는 내용으로 그래프를 포함한 PPT를 만들어 달라고 하면 결과물이 뚝딱 나온다. 물론 수정을 해야 하는 부분도 있지만 처음부터 시작할 필요가 없고 그저 잘못된 부분만 고치면 되니 너무나도 편리하다.

이는 모든 생성형 AI 기반 기술이 소프트웨어에 적용된 성공적인 사례라 할 수 있다. 어도비도 파이어플라이^{Firefly}를 통해 AI를 성공적으로 접목시킨 소프트웨어 업체인데, 앞으로 이러한 미국 대형 테크 기업이 많아질 것으로 보인다. 결론적으로 '이런 생성형 AI가 테크 기업들의 성장 동력으로 장기간에 걸쳐 작용할 수 있을까?'라는 질문에 대한 답변은 'Yes'다.

AI 수혜주는 미국의 빅테크다?

자, 그럼 누가 수혜를 입게 될까? AI 시장에 미리미리 투자를 해놓은 기업들, 범용 AI 기술을 적용할 수 있는 소프트웨어를 가지고 있는 기업들, AI 기술 적용이 늘어나면 제품 수요가 늘어나는 기업들 정도로 정리할 수 있다.

그리고 꼭 기억해야 할 것은 AI 시장에서 아직 승자가 가려지지 않았다는 점이다. 챗GPT로 AI에 대한 관심이 늘어나고 새로운 성장 동력으로 인정받을 만한 AI 모델이 나온 것은 사실이지만 특정 기업이 장악할 것이라고 당장 판단을 내리기 어려울 정도로 초기 단계다. 이번 챗GPT로 세간의 관심을 받았지만 AI 모델을 연구하는 기업이 오픈 AI만 있는 것은 아니라는 뜻이다. 그리고 이를 뛰어넘는 모델은 앞으로 얼마든지 나올 수 있다.

그럼에도 불구하고 앞서 언급한 조건들을 기반으로 좁혀 볼 수는 있다. 어차피 승자는 미국 빅테크라고 이야기하는 이유는 앞서 언급한 세 가지에 모두 해당하기 때문이다. 미국 빅테크들은 10년 전부터 AI에 투자했다. 10년 넘게 수익을 맛보지 못했어도, 투자한 기업이 망했어도 M&A 등을 통해 누구보다 활발하게 투자했으며 10년 넘게 기술 발전을 위해 노력했다. 그 결과 구글은 텍스트, 이미지, 영상을 이해하는 제미나이와 개발자들을 위한 생성형 AI 모델인 버텍스 AI와 함께 다양한 AI 라인업을 갖춘 것이고, 마이크로소프트가 투자한 오픈 AI가 이렇게 발전한 것이다. 앞으로도 오랜 경험과 노하우 그리고 쌓여 있는 투자처들을 이기기 어려울 것이다. 막대한 자본력, R&D 비용으로 뿌려놓은 씨앗이 싹을 틔우면 미국 빅테크 기업들은 수확을 하기 위해 나설 것이다. 특히 테크 기반의 기술력인 AI이기 때문에 그 연결고리가 끈끈하다.

그렇다면 이번 AI 열풍에서 우리가 얻어야 할 인사이트는 무엇일까? 바로 미국 빅테크 기업들의 성장 스토리다. AI가 발전한다는 건 미국 대표 테크 기업들의 성장이 이어질 것이라는 말이다. 주가는 미래에 대한 가치이기 때문에 미국 빅테크 기업으로 금융시장의 관심이 쏠릴 것이다.

어차피 승자는 미국 빅테크인 이유

새로운 기술이 등장할 때마다 과실을 먹는 건 왜 미국 빅테크 기업인 것일까? 그 이유를 투자자들만 고민하는 것이 아니다. 하버드 대학교에서도 같은 고민을 한 적이 있다. 성장이라는 것은 작을 때 더 높은 성장성을 가지기 마련인데, 미국 기업들은 1990년대 이후 규모가 큰 기업들의 매출성장률이 평균을 훌쩍 상회하는 현상이 이어졌다.

2019년 8월 〈하버드 비즈니스 리뷰Harvard Business Review〉에서 발간

한 'The Gap Between Large and Small Companies Is Growing. Why?'라는 제목의 글을 보면 ROA^Return On Asset(총자산 순수익률, 경영의 효율성을 나타내는 지표)는 1990년 15%였던 것이 최근 2배 이상 커져 30~35% 수준이다. 수익성 면에서 살펴보면 큰 기업이 훨씬 잘하는 것이다. 〈하버드 비즈니스 리뷰〉는 이러한 차이는 무형자산에 대한 투자와 R&D 투자금액의 차이에서 기인된다고 이야기했다. 이러한 관점에서 바라본다면 이번 실적 발표에서 매출, 영업이익, 주당순이익 EPS, Earnings Per Share도 중요하지만 앞으로 장기적인 투자를 생각한다면 R&D 투자금액도 잘 살펴봐야 한다.

글로벌 리서치 전문기관인 스태티스타^Statista에 따르면 2022년 전 세계 상장 회사 중 가장 많은 R&D 투자를 한 기업은 메타^META, 알파벳^Alphabet, 아마존, 애플, 마이크로소프트였다. 나스닥100지수, S&P500지수에 포함되어 있는 기업들의 R&D 투자금액과 비교해 보면 차이가 상당하다. 매출 대비 투자금액만 보더라도 미국 빅테크 기업들은 미래를 위한 준비를 열심히 하고 있는 듯하다.

물론 R&D 투자를 많이 한다고 해서 미래의 성장이 보장되는 것은 아니다. 미래의 황금알을 낳을 거라고 결론 내리는 것도 섣부른 판단이다. 다만 〈하버드 비즈니스 리뷰〉가 이야기한 것과 같이 앞으로도 기업의 크기에 따른 수익성의 차이가 R&D 투자금액 그리고 무형자산에 대한 투자에서 기인한다면 미국 빅테크 기업들은 황금알을 낳을 수 있는 '가능성'을 크게 열어놓는 셈이다. 미국 빅테크 기업들은 나스닥 기업 평균 R&D 비용의 100배, S&P500 기업 평균 R&D 비용의 400배 수준을 투자하고 있다(2024년 3월 기준). 매출 대비 비중으로 보면 나스닥 기업들과 비슷한 수준이며, S&P500 평균치보다는 훨씬 높다.

더욱 구체적인 예시를 들어보도록 하겠다. 최근 미국 빅테크 기업들의 실적에서 시장이 주목한 부분은 클라우드였다. AI를 이용하기 위해서는 수많은 데이터를 저장할 공간과 컴퓨팅 성능이 필요하다. 클라우드는 이를 충족시키기에 적합한 플랫폼이기에 기업들이 AI 사업을 얼마나 잘 영위하고 있는지를 알려주는 척도 역할을 하기 때문이다. 2023년 4분기 기준 아마존의 AWS, 알파벳의 구글 클라우드, 마이크로소프트의 애저 모두 전년 대비 높은 성장률을 기록했다(각 14%, 10%, 41%).

그렇다면 미국 빅테크 기업들은 새로운 성장 동력으로 각광받고 있는 클라우드 분야를 대체 언제부터 준비한 것일까? 결론부터 말하면 11~15년 전부터다. 가장 먼저 클라우드 사업부를 출범한 회사는 아마존으로, 2006년 3월 19일 AWS를 론칭했다. 그 뒤를 이어 알파벳의 구글 클라우드는 2007년 4월 7일에, 마이크로소프트의 애저는 2010년 2월 1일에 공식적으로 출범했다. 여기서 중요한 사실은 세 기업 모두 최소 11년 전부터 미래를 위한 준비를 매우 착실하게 해왔다는 것이다.

'클라우드'라는 단어가 본격적으로 회자된 것은 비교적 최근이라는 점을 감안하면 정말 놀랍지 않은가? 구체적으로 알 수는 없지만 클라우드 사업부를 론칭하기 전부터 R&D를 진행했을 가능성이 크다. 그렇게 생각하면 앞서 언급한 R&D 투자금액과 연결고리가 생긴다. 자본력을 기반으로 미래를 위한 준비를 꾸준히 해왔으며, 지속적으로 황금알을 낳을 기회를 모색했다. 클라우드는 하나의 예시에 불과하다. 미국 빅테크 기업들은 각자 강점을 가지고 있는 분야에서 미래를 준비하고 있다.

애플은 아직 출시되지도 않은 제품에 대한 기술들을 특허 신청까지 했다. 2021년 말 미래 게임 콘솔에 대한 특허를 신청했는데, 상당히 의외의 행보였다. 스마트폰 관련 기술도, 웨어러블 관련 기술도 아닌 게임 콘솔이라니! 그런데 애플은 이를 통해 미래를 준비하고 있는 것이다. 현재 애플 전용 게임 콘솔은 없다. 물론 아이패드, 아이폰, 애플 TV에 소니^{Sony}나 마이크로소프트가 만든 게임 컨트롤러를 연결해 사용할 수는 있지만 애플은 여기에 만족하지 않고 자체적인 게임 컨트롤러 제작에 나설 수 있는 기술적인 발판을 만들고 있을지도 모른다.

엔비디아에서 리서치를 담당하는 기관인 엔비디아 리서치^{NVIDIA Research}는 챗GPT가 등장하기 전인 2021년에 간단한 단어나 문구를 사실적인 '명화'로 바꾸어주는 딥러닝 모델 'GauGAN2'를 공개했다. 그들은 세계 최초로 텍스트, 분할, 스케치를 단일 GAN^{Generative Adversarial Networks}(적대적 생성 신경망)으로 결합 가능하다는 점을 강조했다.

구글을 보면 미국 빅테크 기업들이 어떻게 미래를 준비하고 있는지 엿볼 수 있다. 대부분의 미국 빅테크 기업이 그러하듯 구글은 하는 일이 너무나 많다. 표면적으로 실적 발표에는 광고와 클라우드만 나오지만 알파벳은 다양한 기술 발전을 도모하고 있다. 웨이모^{Waymo}는 자율주행 회사, 글래스^{Glass}는 AR 관련 자회사, 크로니클^{Chronicle}은 사이버 보안 회사, 네스트^{Nest}는 IoT 계열 회사다. 최근에야 회자되기 시작한 다양한 산업을 오래전부터 자회사를 둘 만큼 철저하게 준비해

오고 있었다는 이야기다. 심지어 구글의 미래를 그리는 회사 중에 칼리코Calico라는 곳이 있다. 바이오 회사로, 인간의 노화를 막고 수명을 500살로 늘리는 것이 목표다.

추가적으로 테크 업계 관계자들은 보통 CES International Consumer Electronics Show(국제전자제품박람회)에서 발표된 기술들을 보고 미래를 이야기하곤 하는데, 구글은 CES보다 먼저 동일한 기술을 발표하는 것으로 유명하다. 비단 구글뿐 아니라 미국 빅테크 기업들은 실적에 표면적으로 나타나지 않는 부분에서 수많은 미래를 준비하고 있다.

중요한 점은 애플, 엔비디아, 구글 등 미국 대형 테크 기업들은 현재 가장 중점적인 사업 영역 외에도 R&D를 통해 성과를 내며 미래를 착실하게 준비하고 있다는 것이다. 그들은 앞으로도 혁신 성장과 가장 잘 어울리는 길을 걸어 나갈 것이다.

AI와 미국 빅테크 혁신 성장 테마형 국내&미국 상장 ETF

국가	티커	이름	혁신 성장 테마
국내	381170	TIGER 미국테크TOP10 INDXX	미국 빅테크
	472160	TIGER 미국테크TOP10 INDXX(H)	미국 빅테크
	314250	KODEX 미국빅테크10(H)	미국 빅테크
	465580	ACE 미국빅테크TOP7 Plus	미국 빅테크
미국	VGT	Vanguard Information Technology	미국 테크
	XLK	Technology Select Sector SPDR	미국 테크
	IYW	iShares U.S. Technology	미국 테크
	QTEC	First Trust NASDAQ100 Tehnology Sector	미국 테크

새로운 IT 기술이 등장할 때마다 수혜를 입을 기업들은 미국 빅테크가 될 가능성이 크다는 사실을 기억하자. AI의 봄을 지나 뜨거운 여름으로 향하고 있다. 비로소 생성형 AI가 우리의 일상을 파고들기 시작했다. 수혜주는 단연 미국 대표 테크 기업들이다. 지금까지 혁신 성장을 거듭해 왔고, 앞으로도 IT와 관련된 혁신 성장은 그들로부터 시작될 가능성이 크다. 미국 대선을 앞두고 다소 흔들릴 수는 있으나 누가 차기 대통령이 되든 미국의 거대한 성장 엔진을 쉽게 건드리지는 못할 것이다. AI의 열풍을 마음 편히 누리고 싶다면 미국 대표 테크 기업에 투자하는 ETF에 관심을 두기를 바란다.

CHAPTER 4

메타버스

애플의 비전 프로 기기가 나오면서 꺼진 줄만 알았던 메타버스 테마가 다시 수면 위로 떠올랐다. 메타버스는 사라지지 않았다. 영화 〈레디 플레이어 원Ready Player One〉이나 〈매트릭스The Matrix〉 같은 세상이 펼쳐지기까지는 시간이 많이 남았지만, 2021년 메타버스가 전 세계 금융시장을 강타해 페이스북이 상호까지 바꾸었을 때와 비교하면 언론 노출이나 단어가 우리가 보는 콘텐츠에서 사라졌을 뿐, 기업들은 계속 노력하고 있고 메타버스 산업은 꾸준히 성장하고 있다.

메타버스의 정확한 정의

네이버 백과사전에 따르면 메타버스는 가상공간이 현실 세계에 흡수되거나 현실 세계의 역할을 하는 것을 말한다. 우리는 ETF 투자자로서 전 세계에서 가장 먼저 메타버스 ETF지수인 Ball Metaverse Index를 만든 매튜 볼^{Matthew Ball}이 정의한 메타버스를 알아보자.

메타버스라고 불리기 위해 가상공간이 가져야 하는 특징은 다음과 같다.

1. 무제한으로 이어져야 한다. 게임처럼 잠시 멈춤, 끝, 재부팅과 같은 것은 불가능하다.
2. 현실에서 경험하는 것과 비슷한 일들이 실시간으로 일어난다.
3. 완벽한 경제활동이 가능하다. 경제학적으로 '일'을 해 '부가가치'를 만드는 생산성 창출이 가능하고, 그로 인해 만들어진 부가가치를 다른 사람들이 소비하는 것이 가능하다.
4. 경험이 가상과 현실을 넘나든다.
5. 다양한 데이터, 모든 네트워크의 상호 이용이 가능하다. 경험해 보지 못한 '연결된' 디지털 세상을 구현한다. 예를 들어 포트나이트^{Fortnite}에서 총을 꾸밀 때 사용하는 'gun skin'은 페이스북을 통해 친구에게 선물해 주는 것이 가능하다. 로켓 리그^{Rocket League}(자동차 게임)에서 사용할 차도 로블록스^{Roblox}에서 구매할 수 있다.
6. 수많은 콘텐츠를 UGC^{User Generated Content}가 제작하고 유저들이 운용한다.

메타버스는 VR 게임과도, 인터넷과도 다르다. 물론 게임의 종류마다 다르겠지만 게임은 현실에서 경험하는 것과 비슷한 일들이 실시간으로 일어나지 않는다. 또한 무제한으로 이어지지도 않는다. 끝낼 수도 있고, 재부팅할 수도 있다.

이런 점에서 인터넷과도 다르다. 인터넷은 내가 몸소 경험하지 못하는 세계이니 말이다. 경험이 가상과 현실을 넘나들지 않는다. 메타버스가 진정으로 구현되기 위해서는 하드웨어, 소프트웨어, 그래픽, 컴퓨팅 등 다양한 분야의 기술력 향상이 필요하다. 따라서 메타버스를 위한 투자와 관심이 증가할 때는 다양한 분야의 성장을 기대해 볼 수 있다.

메타버스를 구현하기 위한 필수 요소는 약 일곱 가지다. ① 하드웨어(초고속 반도체 및 비전 프로와 같은 기계), ② 네트워킹(클라우드 솔루션), ③ 가상 플랫폼, ④ 결제 시스템, ⑤ 콘텐츠(시뮬레이션 소프트웨어), ⑥ 메타버스 세상 내 기준, ⑦ VR 플랫폼이 바로 그것이다.

그러한 관점에서 메타버스는 단순히 로블록스나 포트나이트가 아니다. 두 기업 모두 앞으로 VR, AR로 인한 메타버스 세상이 게임 플랫폼에서 어떠한 방식으로 펼쳐질 수 있는지에 대한 예시라고 보는 것이 적합하다. 메타버스가 되기 위해서는 하드웨어, 컴퓨팅, 네트워킹, 가상 플랫폼, 결제 시스템, 콘텐츠, 자산, 개인 아이덴티티 서비스 등 다양한 분야의 합작이 필요하다. 아이폰의 등장이 모바일 인터넷 시대를 연 것 같지만 아이폰뿐 아니라 다른 모든 분야에서 발전이 일어났기 때문에 모바일 인터넷이 상용화된 것과 비슷하다. 따라서 메타버스를 생각할 때 게임 회사나 가상현실만 생각하는 것은 메타버스를 제대로 이해하지 못했다는 증거다. 두 분야가 메타버스 산업의 수혜가

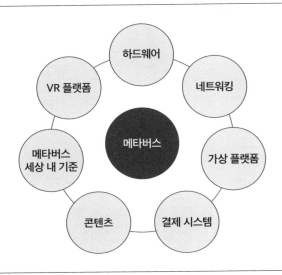

자료: 라운드힐Roundhill, 메튜 볼Matthew Ball, 미래에셋자산운용

기대되는 대표 분야이긴 하지만 한정적이지는 않다.

컴퓨팅 부품의 예로 엔비디아를 꼽을 수 있는데, 현실과 경계를 없애기 위해서는 그래픽이 중요하다. 그래서 전 세계에서 GPU 기술력이 가장 뛰어나다고 평가받고 있는 엔비디아 같은 기업이 메타버스 구현을 위해 필요한 컴퓨팅 부품을 만드는 회사라고 볼 수 있다. 이외에도 데이터센터에 필요한 DPU 등 초고속 반도체를 만드는 기업들이 컴퓨팅 부품 회사로 분류된다.

비전 프로를 만든 애플이 현 상황에서는 가장 대표적인 하드웨어 기업이라 할 수 있고, 플랫폼의 예시로는 텐센트를 들 수 있다. 포트나이트로 유명한 에픽 게임Epic Game에 대한 지분을 약 40% 가지고 있는 것만으로도 메타버스 ETF에 포함될 만한데, 이와 더불어 메타버스 가상 플랫폼 역할을 수행할 수 있는 게임 회사들의 지분을 대거 보유하고 있다(액티비전 블리자드^{Activision Blizzard} 지분 5%, 유니소프트^{Unisoft} 지분 5%). 독보적인 IP를 가지고 있는 게임 회사 혹은 게임 플랫폼을 가지고 있는 회사들은 메타버스 플랫폼을 더 쉽게 제공할 수 있다.

이외에도 3D 프린팅 및 AI 소프트웨어 회사인 오토데스크^{Autodesk}, 클라우드 컴퓨팅 회사인 패스틀리^{Fastly}, 3D 비디오 게임 개발 환경을 제공하는 유니티^{Unity}도 메타버스 관련주다.

메타버스는 아직은 매우 초기 단계이지만 궁극에는 지금의 인터넷처럼 하나로 합쳐질 것이다. 마크 저커버그^{Mark Zuckerberg}는 메타버스가 인터넷과 같은 옴니버스가 될 것이라고 말했다. 그리고 메타버스에 대한 확신을 드러내기도 했는데, 미래에는 회사가 메타버스를 구축하고 있는지 묻는 것이 회사에 인터넷이 어떻게 돌아가고 있는지 묻는 것만큼 바보같이 들릴 것이라고도 말했다.

지금은 포털사이트 검색창에 '메타버스'를 검색하면 NFT, 가상자산, XR 기기, 하드웨어, AI 디자인 등 다양한 용어가 등장한다. 머지않아 유명 인사들이 말한 바와 같이 1개의 인터넷 혹은 iOS, 안드로이드 같은 존재로 발전할 것이라고 생각한다.

<u>메타버스, 진짜 발전하고 있나?</u>

그런데 메타버스의 시대는 정말 올까? 2021년에는 매우 뜨거웠지만 그 후에는 들려오는 소식이 별로 없어 불안감과 회의감이 들 수도 있다. 애플이 비전 프로를 출시하며 의지를 보여주었지만 그래도 아직은 불안하다. 결론부터 말하면 메타버스 산업은 '진짜'로 성장하고 있다. 아직 초기 단계이기 때문에 많은 의구심이 들 수도 있지만 1990년대에 인터넷이라는 흥미로운 기술이 나왔을 때처럼 의심의 눈초리를 극복하고 발전할 것으로 보인다.

재미있는 이야기를 하나 소개할까 한다. 1995년 빌 게이츠**Bill Gates**는 유명 토크쇼에서 진행자에게 이런 질문을 받았다.

"What the hell is this internet?"

지금 그 영상을 보면 정말 말도 안 되는 이야기가 난무하지만 빌 게이츠가 인터넷이라는 개념을 처음 전파할 땐 그랬다. 마크 저커버그가 메타버스 역시 그렇게 될 거라고 말한 것을 생각하면 지금 이 개념을 이해하기 어렵고 기업들의 수익률이 지지부진하다 해도 절대 버릴 수 없는 테마다. 하지만 투자자라면 메타버스 산업이 정말 발전하고 있는지 관심을 두고 지켜볼 필요가 있다.

새로운 기술력이 실질적인 가치를 가질 것인가를 알아보기 위해 확인해야 하는 것은 세 가지다. 기업들의 움직임, 소비자들의 변화, 기술 발전의 방향성이 바로 그것이다. 이 세 가지가 만나야 소문 혹은 허상에 그치지 않고 실제 혁신 성장 산업으로 힘차게 발돋움할 수 있기 때문이다.

기업들이 끊임없이 기술 발전을 도모하고, 이를 기반으로 기술 발전의 방향성이 정해지고, 사람들이 새로운 제품 및 서비스를 소비해야 산업이 형성된다. 2008년 구글이 시작한 클라우드, 2010년 테슬라의 상장과 함께 회자되었던 전기차, 2016년 알파고와 이세돌의 대국으로 회자되었던 AI 등 세상을 바꾸고 있다고 평가받고 있는 혁신성은 상당히 오랜 기간 구설수와 의구심에 시달렸다는 사실을 기억하자.

기업들의 움직임

투자를 많이 한다고 해서 특정 산업이 무조건적으로 발전하는 것은 아니다. 다만 기업들이 앞다퉈 투자한다는 것은 해당 산업을 기회로 인식했다는 방증이고, 높은 가치로 되돌아올 가능성이 크다. 메타버스 산업으로 향하는 투자는 여전히 순항하고 있다. 2022년에 절정을 찍고 2023년에 다소 내려오긴 했지만 메타버스가 핫했던 2021년보다 2022년과 2023년에 더 많은 투자금이 유입되었다. 개인투자자들과 언론은 이에 대해 활발하게 언급하고 있지 않지만 실질적으로 돈은 메타버스 산업으로 향한 것이다.

다음 페이지의 그래프를 보자. M&A, 벤처캐피털, 기업 내 투자를 모두 합친 금액으로, 전 세계적으로 많은 기업이 메타버스를 긍정적으로 생각하고 있다는 사실을 알 수 있다.

지금 전 세계 주식시장을 이끌어 나가고 있는 AI도 투자가 제대로 이루어지지 않은 시기가 있었다. 2016년 알파고와 이세돌의 대국으로 전 세계적으로 회자되었던 AI 기술에 대한 투자금은 390억 달러밖에 되지 않았다. 하지만 2021년 투자금이 급격하게 늘어나 결국에는 AI 시대가 도래했다. 사모펀드와 벤처캐피털들의 자금이 AI 산업이 만개하기 전에 늘어났던 것처럼 메타버스를 향하는 자금도 꾸준히 유입되고 있다.

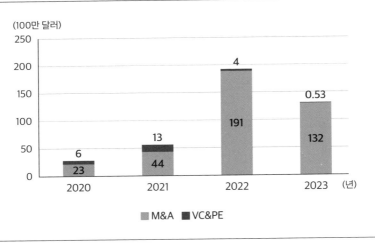

(100만 달러)

자료: 맥킨지&컴퍼니

투자 형태가 비슷하다고 해서 같은 궤도로 성장할 것이라고 단언할 수는 없다. 하지만 기업들의 투자 형태가 비슷하고 2016년 AI 산업이 수많은 의구심에 시달렸던 것을 생각해 보면 비슷한 흐름을 보일 가능성이 크다. AI가 오픈 AI의 챗GPT를 필두로 시장 규모가 급격하게 증가했듯 메타버스 역시 장기 성장성이 기대되는 산업이라고 볼 수 있다.

2022년 4월 맥킨지&컴퍼니McKinsey&Company는 다양한 기업에 '향후 3~5년 동안 디지털 투자 중 메타버스에 어느 정도 투자할 것인가'라는 질문을 던졌다. 이에 디지털 예산의 10~20% 비중으로 투자할 것이라고 대답한 기업이 가장 많았다. 기술 산업, 미디어 엔터 산업, 에너지, 자동차 산업이 높은 비중으로 메타버스에 투자할 것이라고 대답했다.

일례로 BMW는 엔비디아 옴니버스(메타버스 플랫폼)에 쌍둥이 디지털 공장을 지었다. 실제로 존재하는 공장에 대한 점검을 디지털로 진행해 공급 체인 프로세스를 향상시키기 위함이다. 기업들은 가상공간에 현실 물건이나 건물의 레플리카를 만들어 현실에 적용할 수 있는 디지털 데이터를 손쉽게 얻기 위해 BMW와 같은 일들을 진행하고 있다. 공장 내 모든 기계에 대한 시뮬레이션을 한 번 돌리는 것보다 메타버스 공간에서 동일한 시뮬레이션을 돌리는 것이 비용적인 측면에서도, 데이터 정확도에 있어서도 더욱 효율적이기 때문이다.

구글은 2019년부터 구글 쇼핑에서 AR 서비스를 접목한 'Try On Tools'를 제공했다. 그들은 2022년 실적 발표에서 앞으로 AR과 구글 쇼핑, 유튜브 쇼핑을 접목시켜 본격적으로 이커머스E-Commerce 산업에 진출할 것이라고 포부를 밝혔다. 마이크로소프트 역시 2023년 8월 AR과 마이크로소프트 제품 쇼핑을 접목시킬 방법을 강구하고 있다는 내용을 발표했다. 그들은 실제로 매장에 방문하지 않고도 마이크로소프트의 다양한 제품을 사용해 볼 수 있는 AR 서비스인 'Shop in 3D Experience'를 만들고 있다고 밝혔다. 애플도 2020년 VR 회사인 넥스트VR NextVR을 인수해 2023년 여름 비전 프로를 선보였다.

이처럼 빅테크 기업들은 소비자들의 메타버스 산업에 대한 니즈를 파악하고 열심히 움직이고 있다.

소비자들의 변화

앞서 언급했듯 기업들은 투자와 경영 방식의 변화를 통해 메타버스를 신성장 산업으로 받아들이고 있다. 하지만 그것만으로는 기하급수적인 성장을 이룩하기 어렵다. 소비자들의 인식 변화, 그에 따른 소비 등이 맞물려야 한다.

소비자들은 과연 메타버스를 제대로 이해하고 있을까? 2022년 2월 맥킨지&컴퍼니가 1,000명(13~70세) 이상을 대상으로 설문조사를 진행한 결과, 55%가 메타버스가 무엇인지 알고 있다고 대답했고, 30%가 로블록스, 포트나이츠 등을 해봤다고 대답했다. 이와 더불어 미국 소비자들은 향후 5년 이내에 하루에 4시간 정도를 메타버스 세상에서 지낼 것이라고 이야기했다. 평균적으로 잠자는 시간인 8시간을 제외하면 4시간은 하루 중 4분의 1, 즉 25%에 해당한다. 이는 결코 적은 시간이 아니다. 그리고 약 60%의 글로벌 소비자들은 일상이 메타버스로 옮겨가는 것을 긍정적으로 생각한다고 이야기했다. 이를 통해 메타버스 돌풍은 잦아들었지만 소비자들은 메타버스 산업에 기대감을 갖고 있다는 사실을 알 수 있다.

그리고 한 가지 더 흥미로운 사실은 많은 사람이 '메타버스 = 게임'이라고 생각하지 않는다는 것이다. 투자시장에서 회자되었던 대부분의 기업이 게임 회사였던 것을 생각해 보면 이미 변화가 이루어지고 있음을 짐작할 수 있다. 소비자들이 가장 기대하는 분야는 원격 의료와 쇼핑인데, 이는 소비자들이 가장 먼저 경험할 수 있는 분야이기도 하다.

이와 더불어 많은 소비자가 메타버스 공간에서 돈을 사용하고 있다. 앞으로 그 금액은 더욱 늘어날 것이다. 메타버스 내 경제가 형성되면 계속해서 발전할 수 있는 원동력이 되기 때문이다. 2022년 2월 맥킨지&컴퍼니가 2,093명을 대상으로 진행한 설문조사에 따르면 메타버스를 활발하게 이용하는 유저들 중 79%가 메타버스 내 소비를 해본 적이 있다고 대답했다. 물론 게임을 구매한 비중이 47%나 차지했지만, 자신을 꾸밀 수 있는 화장품을 구매한 사람이 37%, NFT에 투자한 사람이 20%, 가상 부동산에 소비한 사람이 13%였다.

2022년 2월 맥킨지&컴퍼니는 미국 소비자 1,011명에게 어느 정도의 돈을 메타버스에 사용했는지 물었다. 이에 많은 소비자가 디지털 자산 소비 중 30% 이상을 메타버스에 사용했다고 대답했다. 그리고 '향후 5년 동안 메타버스 관련 소비를 평균 13% 늘릴 것인가?'라는 질문에도 긍정적으로 대답했다.

이 모든 내용을 종합해 보면 메타버스의 성장 가능성을 예측할 수 있다.

기술 발전의 방향성

그렇다면 실제 메타버스 기술력의 침투력은 어느 정도일까? 침투율은 대부분의 혁신 성장 산업을 이야기할 때 사용하는 척도인데, 예를 들어 스마트폰의 침투율은 국가마다 다르고 나이대에 따라 다르지만, 성인 기준 대부분의 국가에서는 거의 100%에 달한다. 거의 모든 사람이 스마트폰을 사용하고 있다고 봐도 무방한 수준이다. 애플 워치가 세상에 처음 나왔을 때 거의 0에 수렴했던 웨어러블 테크 기기의 침투율은 40%에 달했으며, 태블릿은 60%에 육박했다.

현재 3D 경험을 하게 해주는 메타버스 디바이스들은 상대적으로 낮은 침투율을 가지고 있다. 여러 가지 메타버스 기기 중 가장 쉽게 접할 수 있는 것은 비전 프로 같은 VR 기기인데, 약 20%의 침투율을 가지고 있다. 하지만 맥킨지&컴퍼니에서 분석한 표를 보면 비슷한 궤도를 보이고 있어 사용자가 점점 늘어날 것으로 보인다. 이 말은 메타버스 기기가 발전하는 방향성이 대중적으로 사용하는 IT 기기와 비슷한

각 전자기기의 침투율

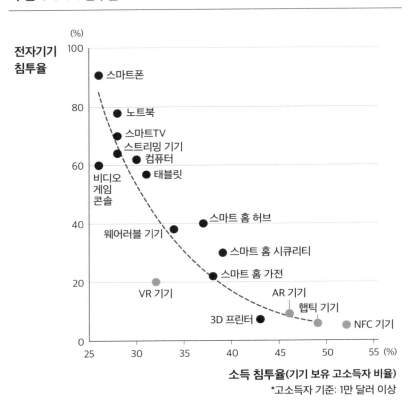

자료: 맥킨지&컴퍼니

나는 ETF로 돈 되는 곳에 투자한다

궤도로 움직이고 있다는 의미다. 물론 스마트폰처럼 모두가 하나씩 가지고 있는 기기가 될지는 알 수 없지만 애플 워치나 갤럭시 워치 혹은 아이패드 정도의 침투율은 노려볼 만하다

애플의 비전 프로 가격은 약 3,500달러다. 시간이 흐를수록 기기의 평균 가격은 떨어지고 콘텐츠는 늘어나 침투율은 10년 이내에 20~50% 이상 늘어날 가능성이 크다.

2024년 2월 글로벌 리서치 기관인 프리시던스 리서치Precedence Research가 발표한 자료에 따르면 메타버스 산업은 2033년까지 5조 달러에 달할 것으로 예상된다. 메타버스에 대해 꾸준히 공부하며 분석 자료를 제공하는 맥킨지도 메타버스 시장은 2030년까지 5조 달러에 달할 것이라고 이야기했다. 어디까지를 메타버스 시장으로 정의하느냐에 따라 규모의 차이는 있겠지만 모든 기관이 '가파른 성장성'을 공

글로벌 메타버스 시장 규모 전망

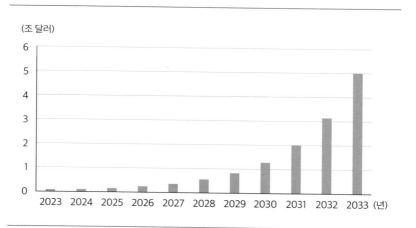

자료: 프리시던스 리서치(2024년 2월 기준)

통적으로 말하고 있다.

현재 메타버스라는 용어가 잘 언급되고 있지 않다고 해서 그 개념이 사라진 것은 아니다. 애플은 비전 프로에 대해 설명하면서 앞서 설명한 기술을 메타버스가 아닌 '첫 공간 컴퓨팅Spatial Computing'이라고 불렀지만, 사실 이는 메타버스 기기다. 2024년 3월 미국의 AI 기업 유나니머스 AIUnanimous AI의 CEO 루이스 로젠버그Louise Rosenberg는 한 인터뷰에서 "메타버스는 죽지 않았다. 사실은 굉장히 뜨겁다"라고 말했다. 그는 메타버스를 지칭하는 용어만 바뀌었을 뿐, 디지털 세계와 현실 세계의 경계가 모호해지고 컴퓨터 시스템이 사용자를 에워싸는

메타버스 혁신 성장 테마형 국내&미국 상장 ETF

국가	티커	이름	혁신 성장 테마
국내	412770	TIGER 글로벌메타버스액티브	글로벌 메타버스
	411420	KODEX 미국메타버스나스닥액티브	미국 메타버스
	411050	ACE 글로벌메타버스테크액티브	글로벌 메타버스
	411720	KBSTAR 글로벌메타버스Moorgate	글로벌 메타버스
	400970	TIGER Fn메타버스	국내 메타버스
	401470	KODEX K-메타버스액티브	국내 메타버스
	401170	KBSTAR iSelect 메타버스	국내 메타버스
미국	METV	Roundhill Ball Metaverse	글로벌 메타버스
	VR	Global X Metaverse	글로벌 메타버스
	ARVR	First Trust INDXX Metaverse	글로벌 메타버스
	VERS	Proshares Metaverse	글로벌 메타버스
	MTVR	Fount Metaverse	글로벌 메타버스

듯한 세상을 향해 발전되고 있는 것은 변하지 않았다고 이야기했다.

모두가 입을 모아 성장 가능성을 이야기하고 있지만 아직까지는 누가 1등 자리에 앉을지, 어떤 기술이 가장 중요하게 작용할지 알 수 없다. 따라서 메타버스라는 테마는 ETF로 투자해 다양한 기업에 분산투자하는 것이 적합하다.

현재 메타버스 산업은 치열한 경쟁을 벌이고 있다. 물론 초기 단계이고, 대내외적인 이슈로 관련 기업들의 주가는 힘든 시기를 거치기도 했지만 통상적으로 기업과 소비자의 '핑퐁'을 통해 혁신 산업의 발전이 이루어져 왔다는 것을 생각하면 메타버스 산업은 이미 선순환의 고리에 들어왔다고 말할 수 있다. 하지만 누가 1등이 될지는 섣부르게 판단할 수 없다. 따라서 전문적으로 테마에 대해 공부하며 저절로 분산투자를 할 수 있게 해놓은 ETF 투자를 고민해 볼 것을 추천한다.

혁신 성장 테마형 ETF 중에서
리스크가 낮은 것은 무엇일까?

지금까지 IT와 관련된 혁신 성장 테마형 ETF에 대해 알아봤다. IT와 관련된 혁신 성장 테마의 경우 주가 움직임이 상당히 빠르고 변동성도 높다. 그래서 ETF로 투자하더라도 리스크가 있다는 것을 기억해야 한다.

리스크 측면에서 보자면 미국 빅테크 ETF < 미국 반도체 ETF < 일본과 한국 반도체 ETF < 메타버스 ETF 순이다. 필자는 리스크가 낮은 순서대로 선호한다. 그 이유는 아직 미국 대선 결과가 나오지 않았기 때문인데, 미국 빅테크들은 대선 결과에 영향을 크게 받지 않을 것이라고 생각한다. AI 기술은 어떠한 국가도 빼앗기기 싫어하는 혁신 기술이며, 누가 차기 대통령이 되든 악영향을 미치지 않을 것이다.

그리고 미국 반도체 산업도 반드시 지켜줄 것이다. 일본과 한국 반도체의 경우 반도체 사이클 회복으로 장기적인 성장 국면을 맞이했다. 따라서 AI와 관련된 새로운 반도체의 수요가 증가할 것이라 전망된다. 다만 트럼프가 차기 대통령이 된다면 일본과 한국 반도체는 단기적으로 흔들릴 수 있으며, 미-중 관계 속에서 발생하는 여파에 영향을 받을 수 있다. 메타버스 세상이 오고 있다는 건 분명한 사실이나 상당한 시간이 걸릴 것이므로 리스크가 상대적으로 높다.

PART
5

혁신 성장 테마형 ETF
(2) 비IT

....

파트 4에서는 IT와 연관된 혁신 성장 테마형 ETF에 대해 알아봤다. 지금부터는 IT
가 아닌 혁신 성장 테마형 ETF들에 대해 알아보자. 'IT가 아닌 분야가 혁신적으로 성
장할 수 있을까?'라고 생각한 사람도 있을 것이다. 컴퓨터와 그다지 관련이 없더라도
크게 성장할 수 있다. 물론 IT 분야에서 기술적 혁신이 주가에 반영될 때 그 폭과 속
도가 훨씬 빠르다. 다만 개별 종목 투자가 아닌 장기적인 ETF 포트폴리오를 만들고
있는 과정에서 알고 넘어가야 할 메가트렌드들이 있다. 이번 파트에서는 국내 투자
자들에게 친숙한 전기차/자율주행 산업과 2차전지 산업, 투자처로 생각하지 못했던
럭셔리 산업과 펫 산업, 바이오 산업을 알아보자.

CHAPTER 1

전기차/자율주행 산업

이번 챕터에서는 전기차와 자율주행 ETF에 대해 알아보자. 최근 테슬라의 주가가 실망스러워 전기차의 시대는 끝났고, 자율주행 기술력은 요원해 보일 수 있다. 2024년 4월 영국의 헤지펀드 매니저 페르 레칸더Per Lekander는 테슬라의 적정 주가는 14달러라며 공격적으로 말하기도 했다.

하지만 으레 그러하듯 세상을 바꿀 정도의 혁신 기술은 많은 반대와 의구심에 시달린다. 전기차와 자율주행은 분명 장기적으로 혁신을 보여줄 가능성이 큰 신산업이다. 그리고 전 세계적으로 정부의 정책에까지 영향을 미친 테마로, 쉽게 사라질 혁신 테마가 아니다. 그러므로

ETF 투자자라면 전기차와 자율주행 산업에 대해 이해하고, 미래를 생각해야 한다.

전기차 밸류체인 쉽게 이해하기

가장 먼저 전기차와 자율주행 ETF를 알아보자. 전기차와 관련된 ETF는 굉장히 많은데, 투자 전에 전기차 밸류체인을 먼저 이해하는 게 중요하다. 전기차 밸류체인에는 네 가지가 필요하다. 우선 ① 원자재(리

글로벌 전기차 밸류체인

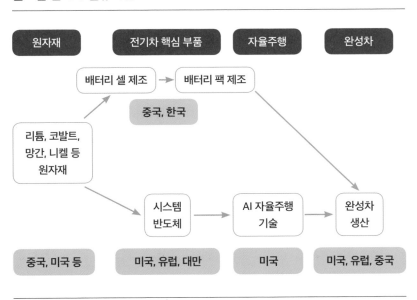

자료: 미래에셋자산운용

나는 ETF로 돈 되는 곳에 투자한다

튬, 니켈, 코발트 등 다양한 원자재)와 ② 전기차 핵심 부품이 필요하다. 여기에는 2차전지, 배터리, 시스템 반도체가 포함된다. 그리고 ③ 자율주행 기술을 다루는 소프트웨어가 모두 만나 ④ 완성차를 조립하는 과정을 거친다. 이외에도 수많은 부품과 기술력을 요구하지만 간략하게 그림으로 정리하면 다음과 같다.

원자재는 어떤 원자재인지에 따라 매장되어 있는 국가, 채굴하는 기업이 각각 다르다. 예를 들어 2022년 러시아-우크라이나 전쟁으로 니켈 가격이 이틀 만에 200% 넘게 올라 전 세계를 놀라게 했다. 니켈의 9%는 러시아에서 생산된다. 코발트의 51%는 콩고에 매장되어 있고, 리튬은 주로 호주와 칠레에서 생산된다. 이러한 원자재는 2차전지를 만드는 데도 반드시 필요하다.

그다음에는 전기차 핵심 부품이 필요한데, 2차전지 배터리와 자율주행에 들어가는 반도체가 주를 이룬다. 2차전지 기업으로는 CATL, 비야디, LG에너지솔루션, 삼성SDI가 있다. (2차전지 셀 제조업체들과 소재 기업들에 대해서는 다음 챕터에서 더욱 자세히 다루도록 하겠다.)

그다음에는 자율주행 전용 반도체가 필요하다. 자율주행 소프트웨어를 담당하는 기업은 대부분 미국 기업이다. 원래는 테슬라를 대장으로 애플, GM, 폭스바겐Volkswagen 등이 자율주행 기술을 발전시키기 위해 노력했는데 애플과 GM, 폭스바겐은 포기를 선언했고, 지금은 테슬라와 구글의 웨이모 그리고 인텔이 2017년에 인수했다가 2022년 10월 26일 나스닥에 독자적으로 상장한 모빌아이Mobileye만 남아 있다.

애플이 전기차/자율주행 산업에서 발을 뺀 이유

독일과 미국의 대형 자동차 회사들 그리고 시장의 판도를 바꿀 수도 있다고 생각했던 애플까지 자율주행 기술 개발을 철회했다. 기업들의 포기에 자율주행 시장에 대한 의구심이 늘어난 것도 사실이다. 하지만 이는 자동차 업체들은 자동차에 집중하고, 미국의 전기차와 자율주행은 테슬라가, 중국의 전기차와 자율주행은 비야디와 바이두Baidu가 독점할 가능성이 높아졌다는 의미다. 그래서 각자가 잘하는 분야에서 공생 관계가 형성될 것으로 보인다.

한 단계 더 나아가 생각해 보면 자율주행이란 그만큼 어려운 기술이다. 대형 자동차 업체들에 가지고 있던 기대감은 그리 크지 않았기에 포기 선언을 한 것이 그렇게까지 놀랍지 않다. 하지만 애플이 포기 선언을 한 것은 상당히 의외였다. 외신들은 자율주행 시장의 둔화를 이야기하지만, 어쩌면 애플은 자신들이 아무리 노력해도 이미 크게 앞서 있는 테슬라를 이길 자신이 없었을지도 모른다.

자율주행 기술은 방대한 양의 데이터가 필수다. 운전을 많이 해본 사람이 운전을 잘하는 것처럼 자율주행 기술이 발전하기 위해서는 그만큼의 데이터와 시간이 절대적으로 많이 필요하다. 그런데 테슬라는 이미 전 세계적으로 운행 데이터를 실시간으로 모아 동시에 학습을 시키고 있다. 이러한 테슬라를 넘어서는 것은 결코 쉬운 일이 아니다.

그리고 현실적으로 애플 입장에서는 이미 가지고 있는 아이폰과 맥 컴퓨터에 온디바이스 AI와 생성형 AI를 활성화시킬 수 있는 방법을 모색하는 것이 훨씬 더 쉽다. 그래서 자율주행 인력을 온디바이스

나는 ETF로 돈 되는 곳에 투자한다

AI와 생성형 AI로 이동시켰을 것이다. 테슬라에서 애플로 자리를 옮겨 전기차 개발팀을 이끌었던 더그 필드Doug Field는 애플 경영진과의 의견 차이로 결국 포드Ford로 이직했다.

블룸버그에 따르면 애플은 애플카 프로젝트인 타이탄 프로젝트에 매년 10억 달러(약 1조 3,000억 원)를 투자했다고 한다. 애플 경영진들은 자신들의 강점인 하드웨어 기기와 접목시킬 수 있는 온디바이스 AI와 생성형 AI 기술을 통해 돈을 버는 것이 더욱 효율적이라고 판단했을 가능성이 크다. 그래서 애플의 자율주행 기술 개발 철회를 전기차와 자율주행 산업에 대한 부정적인 전망과 연결시키는 것은 다소 과도한 해석이다.

전기차/자율주행 산업에 투자하기 전에 이것만은 알아두자

전기차와 자율주행은 글로벌 트렌드다. '당연히 대부분의 혁신 테마는 글로벌 단위로 일어나지 않나?'라고 생각할 수도 있지만 자율주행은 '글로벌'인 점이 중요하다. 여기서 글로벌이란, 자율주행은 지금 스마트폰의 iOS 시스템처럼 양강 체제가 될 가능성이 높고, 전기차 차체는 다양한 자동차 기업이 제조할 수 있다.

필자는 전기차 시장이 스마트폰 시장과 비슷하게 전개될 것이라고 생각한다. 스마트폰을 구성하는 요소는 크게 두 가지인데, 소프트웨어인 OS 체제와 휴대폰 그 자체인 하드웨어가 바로 그것이다. 전기차 역시 소프트웨어 역할을 하는 자율주행 체제와 자동차 그 자체인 전기차가 있다. 스마트폰 운영 체제의 경우 현재 중국을 제외하곤 애플의 iOS와 구글의 안드로이드가 독과점하고 있고, 중국은 샤오미Xiaomi의 MIUI와 OPPO가 시장을 나누어 먹고 있다. 하드웨어인 스마트폰도 애플, 삼성, 샤오미 등이 전 세계 스마트폰 시장을 장악하고 있다.

이를 자율주행 시장과 전기차 시장에 대입해 보면 테슬라의 자율주행 시스템과 구글의 웨이모가 미국에서는 자율주행을 장악하고, 자동차는 테슬라와 다른 전통 자동차 업체들이 지속적으로 만들어 나갈 것으로 보인다. 그리고 중국에서는 비야디와 바이두가 자동차와 자율주행 시스템 모두를 이끌어 나갈 것이다.

왜 그럴까? 거의 모든 산업이 미국과 중국의 싸움이지만 전기차와 자율주행은 양보할 수 없는 분야다. 자율주행 기술은 국가 기간산업인 자동차와 직결되고, 도시 곳곳을 지도로 세세하게 인식하기 때문에 지역별, 국가별 보안 이슈도 걸려 있어 절대 양보할 수 없다. 물론 상해에 가보면 이미 테슬라가 장악했고 앞으로도 중국에서 테슬라가 팔리겠지만 중국 정부 입장에서는 테슬라가 자율주행 시스템으로 중국의 모든 길을 찍고 다니는 모습이 다소 불편할 것이다.

그리고 전기차는 자동차 산업이다. 자동차 산업은 많은 나라의 기간산업으로, 국가의 경제와 산업의 토대가 되는 산업이다. 우리나라도, 중국도, 미국도, 독일 자동차 기업들도 그러하다. 고용, 국가 경제, 수출 등 다양한 문제와 엮여 있어 각 정부가 한 기업이 전 세계를 장악하게 놔두지 않을 것이다. 물론 성장성은 신규 산업이고 혁신 테마이기 때문에 스마트폰과 비슷한 양상으로 시장 전체가 발전하는 것을 빗대어 생각해 볼 수 있으나 전기차와 자율주행은 다양한 기업에 투자하는 것이 중요하다.

현재 전기차와 자율주행 산업 모두를 리드하고 있다고 평가받고 있는 곳은 미국이다. 하지만 전기차와 자율주행 산업의 특성상 구글과 애플이 전 세계 스마트폰 시장의 운영 체제를 장악하고 마이크로소프트가 컴퓨터의 운영 체제를 완벽하게 장악한 것처럼 전개되지 않을 가능성이 크다. 그래서 전기차와 자율주행 ETF는 글로벌 단위 혹은 개별 종목보다는 다양한 기업에 투자하는 ETF를 추천한다.

미국의 전기차와 자율주행

그럼 자율주행 기술은 어디까지 왔을까? 일단 가장 앞서 있다고 평가받고 있는 미국부터 살펴보자. 기업들이 자율주행 관련 기술을 공개하지 않는 경우도 있고, 기술력을 판단하기 어려운 부분도 있지만 2018년에 실시한 산업연구원의 설문조사에 따르면 미국의 자율주행 기술력을 100점으로 봤을 때 중국은 85점, 한국은 80점이다. 그때도 미국이 가장 앞서 있었고, 지금도 그럴 것이라 생각한다.

테슬라를 필두로 발전하고 있는 미국의 자율주행 기술

2023년 필자가 미국 서부로 여행을 갔을 때 우버를 타고 다니면서 테슬라 운전자들이 주행 중에 휴대폰을 사용하고 양쪽 팔을 머리 위에 올리고 있는 모습을 자주 목격했다. 일론 머스크가 지속적으로

FSD^{Full-Self Driving}, 즉 완전 자율주행 공개 시기에 대한 약속을 어기면서 신빙성은 줄어들었지만 어쨌든 테슬라는 유일하게 자율주행 기술 개발을 포기하지 않는 기업이다. 2024년 4월 테슬라는 FSD 12.3.4 버전을 미국과 캐나다에 배포했으며, 신경망 기반 의사결정으로 전환되었다. 이로써 테슬라는 인간의 인지 과정을 더욱 가깝게 모방하고 있다는 평가를 받았다. 고급 기능으로는 스마트 서먼^{Smart Summon}이 있는데, 주차장에서 차량을 호출하면 차량이 자율주행해서 오는 기술도

자율주행 기술 단계별 구분

구분	레벨 0	레벨 1	레벨 2	레벨 3	레벨 4	레벨 5
특징	자율주행 없음	운전자 보조 수준	일부 자율주행	조건부 자율주행	높은 수준 자율주행	완전 자율주행
	안전을 위해 단순 경고	조향 또는 가감속 단일 제어 보조	조향+가감속 제어 통합 보조	제한적 자율주행 (돌발 시 운전자 개입)	시스템이 주행을 수행하지만 항상 제어하는 것은 아님	완전 자율주행
기술 수준	충돌 경고, 차선 이탈 경고	특정 조건하에서 개별 기능 작동	고속도로에서 차량 간격과 속도 조절	특정 주행 모드에서 경로상 일정 부분 자율주행	완전 자율주행 지역에 일부 제약 존재	완전 자율주행
운전자 역할	모든 기능 직접 수행	운전 및 상황 주시	운전 상황 주시(독서, 휴식 불가능)	필요 시 운전자 개입	운전자 개입 불필요	독서, 휴식, 수면 등
주행 주체	운전자	운전자	운전자	운전자+차량 (시스템)	차량 (시스템)	차량 (시스템)
책임 소재	운전자	운전자	운전자	운전자	차량 (시스템)	차량 (시스템)

자료: 국립자동차기술자협회, 미래에셋자산운용

탑재되어 있다. 일각에서는 이 기술을 레벨 3을 넘는 자율주행 기술이라 평가하기도 한다.

자율주행 기술 단계는 0~5레벨로 나뉘는데, 레벨 3~5가 자동화 기술의 자율주행이라고 보면 된다. 예를 들어 고속도로에서 스스로 차선을 변경하고 속도를 조절하는 조건부 자율주행은 레벨 3이고, 운전자가 전혀 개입하지 않아도 되는 정도는 레벨 4다. 현재 판매되고 있는 대부분의 자율주행차는 레벨 2로, 차선 유지 지원 시스템, 자동 긴급 제동 시스템, 주행 보조 기술 등이 포함되어 있다.

글로벌 리서치 기관인 내비건트 리서치Navigant Research에 따르면 미국에서는 2025년부터 레벨 3 차체가 본격적으로 판매되고, 점점 레벨 4로 진입할 것으로 예상된다. 레벨 2와 레벨 3 이상의 차이는 상당히 크다. 레벨 3 이상의 자율주행은 카메라, 라이다, 레이더 등 부품을 통해 주변 장애물 등을 인지하고 적절한 판단과 제어를 통해 스스로 이동하는 기술이다.

자율주행을 하기 위해서는 주변을 인지하고, 머리에서 판단하는 과정을 거쳐 행동하는 것이 필요하다. 주변 인지는 카메라 혹은 라이다가, 판단은 자율주행 시스템이, 행동은 차체가 한다. 앞서 언급한 FSD 12.3.4는 레벨 3과 유사하다는 평가를 받았으며, 코딩 대신 AI가 신경망을 통해 판단을 내리는 방법으로 바꾸었다.

자율주행 시스템에 사용되는 AI는 생성형 AI와 전혀 다르다. 생성형 AI는 다양한 분야에서 언어, 이미지, 영상 등 창작을 하는 행위를 적당히 잘하는 데 초점이 맞춰져 있는 범용 AI의 성격이 강하고, 자율주행은 운전이라는 한 분야에서 사람만큼 잘하는 AI 시스템을 만드는 것이다.

일단 자율주행에서 주변을 인지하는 방법은 두 가지가 있다. 사람이 눈으로 인식하듯 카메라를 통하는 방법과 전파를 이용해 라이다를 이용하는 방법이 바로 그것이다. 카메라를 이용한 자율주행 시스템은 테슬라가 리드하고 있다고 평가받고 있고, 라이다를 기반으로 한 자율주행 시스템은 구글의 자회사인 웨이모가 각광받고 있다.

이미지와 영상을 활용하는 것은 주행을 하면서 수만 개의 이미지와 영상을 기반으로 AI를 돌려 판단을 내리는 방법이고, 얼마나 많은 데이터를 가지고 있느냐가 해당 기술력의 핵심 요인이다. 모든 지형 파악이 가능하나 이미지 및 영상이기 때문에 어두운 공간에서는 활용도가 떨어진다.

반면 라이다를 기반으로 움직이는 것은 물체를 측정하기 위해 사용하는 전파를 빛으로 바꾸어 초당 수백만 개에 달하는 빛을 주위로 발사하고 되돌아오는 시간을 이용해 거리를 측정하는 방법이다. 더 높은 정밀도로 물체를 인식할 수 있다. 모든 지형 파악이 가능하고 깜깜한 밤에도 활용이 가능하다. 하지만 파장을 방해하는 폭우나 태풍 등에는 취약하다. 그리고 라이다는 카메라를 이용해 점진적으로 발전시키는 방법과 다르게 한 번에 레벨 4에 도달하는 것이 목표다.

자율주행 업계에서 엄청난 기대를 받고 있는 테슬라와 웨이모가 추구하는 방향성은 사뭇 다르다. 테슬라는 자동차의 눈과 뇌, 손을 만드는 것을 목표로 자율주행 개발에 임하고 있고, 웨이모는 인간이 차량을 운전하지 않는다는 것을 전제로 기술을 개발하고 있다. 그래서 웨이모의 경우 고속 주행이 어렵고 기술 발전 속도가 상대적으로 느리다.

이 두 회사를 주축으로 자율주행 기술 개발의 메커니즘이 양분화되어 가고 있다. 앞서 언급했듯 그 외 주요 회사들이 자율주행 기술 개발을 포기한 탓도 있다. 테슬라는 점진적으로(레벨 2 → 레벨 3 → 레벨 4 → 레벨 5) 기술을 개발하고 있고, 웨이모는 레벨 4 혹은 레벨 5 기술을 개발하는 방법을 택했다. 애플과 GM의 자회사 크루즈^{Cruise} 역시 바로 레벨 4와 5로 가기 위해 노력했으나 결국 실패했다. 지금까지 레벨 4와 5를 선보인 곳은 없으므로 점진적인 방법을 택한 테슬라를 통해 미국의 자율주행 기술을 살펴볼 수밖에 없다.

테슬라는 현재 오토파일럿과 한 단계 업그레이드된 유료 자율주행 서비스인 FSD를 제공하고 있다. FSD는 차로 변경뿐 아니라 자동 주차, 차량 호출, 신호등 및 표지판 인지까지 해내는 소프트웨어다. 2023년 5월 테슬라가 발표한 자료에 따르면 FSD 베타 버전을 장착한 차량은 고속도로가 아닌 도심 혹은 주택가 주행에서 161만 Km(100만 마일)당 0.31번의 충돌밖에 발생하지 않았다. 미국 전체 자동차 사고 통계에 따르면 161만 Km당 평균 1.53번의 충돌 사고가 발생하는데, 사람보다 사고 확률이 훨씬 적게 나온 것이다. 도심이나 주택가보다 더 쉬운 고속도로의 경우 충돌 횟수는 고작 0.18번이었다.

물론 미국 도로교통안전국은 FSD를 조사하고 있다. 사고가 발생할 때마다 조사를 받았는데, 2023년 5월에 40번째 조사를 받았다. '조사를 받는다니, 문제가 있는 것 아니야?'라고 생각할 수 있지만 이는 새로운 기술이 발전하기 위해 겪는 과정이며, 테슬라의 FSD를 이용하는 사용자가 많아졌기 때문이기도 하다.

FSD 가격 변화

가격변동일	가격
2019년 4월	5,000달러
2022년 1월	1만 2,000달러
2022년 9월	1만 5,000달러
2023년 9월	1만 2,000달러
2024년 4월	8,000달러

가격 상승

가격 하락

자료: 미래에셋자산운용

FSD는 아직 완벽하지 않다. 하지만 미국 연간 평균 충돌 횟수와 비교했을 때 20%밖에 사고가 나지 않은 것을 보면 획기적인 기술임은 분명하다. 테슬라의 FSD는 구독료를 받는데, 그 점을 두고 말이 많다. 하지만 구독료를 받고 사고율을 떨어뜨리는 것은 고객들에게 안정성과 혁신적인 기술력을 선보이는 동시에 자본을 충원하는 선순환 구조다. 2024년 4월 기준 FSD의 가격은 8,000달러다. 테슬라는 2022년 1월 1만 2,000달러에서 2022년 9월 1만 5,000달러까지 올랐던 FSD 가격을 2023년 9월에 1만 2,000달러로 인하했고, 2024년 4월에 다시 한번 8,000달러로 인하했다.

테슬라의 FSD 위주로 이야기했지만 다른 기업들도 열심히 노력하고 있다. 미국에서는 두 가지 방법의 자율주행 기술 발전이 이루어지고 있으며, 레벨 3의 상용화 시점이 2025~2027년이라고 봤을 때 장기적인 성장성을 가진 테마임이 분명하다.

완성차와 관련한 미국의 입장

그럼 전기차 완성차 분야는 어떨까? 일단 브랜드 파워로 테슬라를 넘어서는 회사는 없다. 전 세계 대부분의 사람은 '전기차 = 테슬라'라고 생각한다. 더 대단한 것은 이런 분위기를 만들기까지 마케팅 비용을 들이지 않았다는 점이다. TV, 유튜브 등 미디어 매체를 보다 보면 자동차 광고가 수도 없이 등장하는데, 그중에 테슬라의 광고를 본 적이 있는가? 단 한 번도 없을 것이다. 테슬라는 다른 자동차 회사들과 다르게 마케팅 비용을 들이지 않고도 파괴적인 혁신 산업을 대표하는 기업으로 자리 잡았다. 테슬라가 전 세계적인 전기차 기업으로 우뚝 서면서 다시 한번 새로운 트렌드는 미국이 이끌게 되었다.

그런데 요즘 뉴스를 보면 '테슬라 시장점유율 하락' '테슬라, 중국의 비야디와 경쟁'이라는 문구가 심심찮게 보이며 테슬라의 아성이 흔들리고 있다는 말이 들려오고 있다. 하지만 본격적으로 숫자를 보기 전에 이를 정확하게 이해하기 위해선 전기차 분류 체계를 살펴봐야 한다. 판매량과 시장점유율이 순수 전기차 기준인지, 하이브리드까지 포함한 데이터인지에 따라 이야기가 달라지기 때문이다.

우리는 '전기차'라고 편안하게 부르지만 정확하게 나누면 HEV^{Hybrid Electric Vehicle}, BEV^{Battery Electric Vehicle}, PHEV^{Plug-in Hybrid Electric Vehicle}가 있다. HEV는 내연기관차에 전기차 배터리를 더한 자동차로, 외부에서 기름을 공급받아 움직이기 때문에 전기차로 잘 분류되지 않는다. BEV는 순수 전기차로, 에너지원을 전기로만 이용하는 차를 의미한다. PHEV는 HEV와 동일하나 외부에서 전기를 직접 충전해서 다닌다. 보통 전기차라고 하면 BEV와 PHEV를 통칭한다.

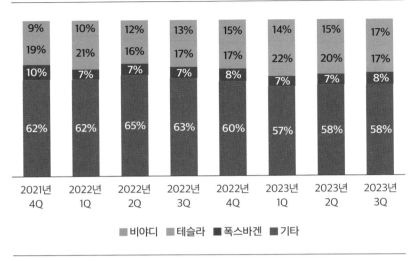

자료: 카운터포인트 리서치|Counterpoint Research

　자 일단, 순수한 전기차 BEV를 기준으로 테슬라는 판매량이 제일 많은 글로벌 1위 기업이다(2023년 기준). 그다음은 비야디다. 자동차 산업은 내연기관차에서 전기차로 진화하는 과정을 거치고 있기 때문에 순수한 전기차를 만드는 것이 더욱 어렵다. 테슬라는 2023년 미국 내 전기차 판매량 중 65%를 차지했다. 그다음은 BMW(12.5%), 벤츠(11.4%), 폭스바겐(11.2%), 아우디(11.0%) 순이다.

　그런데 전기차의 범위를 PHEV까지 넓히면 어떨까? 테슬라는 2023년 3분기 기준 글로벌 전기차 시장점유율에서 비야디와 똑같은 점유율을 기록했다. 2023년 2분기까지만 해도 1위 자리를 지켰는데, 비야디의 판매량이 늘어나면서 '독보적인 1위'는 더 이상 아니게 되었다. 물론 순수 전기차는 2023년 전체 판매량을 통틀어서 보면 여전히 테슬라의 시장점유율이 20%이지만, PHEV로 범위를 넓히면 비야디와 경쟁이 치열하다.

사실 중국은 인구가 압도적으로 많기 때문에 중국을 제외하고 국가별로 따져보면 테슬라가 1위다. 테슬라는 가격을 인하해 지금 당장은 힘들더라도 미래를 바라보고 시장점유율을 높이는 선택을 했다. 더 중요한 것은 이 결과를 미국 정부가 가만히 보고만 있지 않았다는 사실이다. 미국은 2022년 8월 IRA 법안을 통과시켰다. IRA 법안은 매우 복잡하지만 한마디로 표현하면 '미국 신재생에너지 기업들 절대 지켜!' 법안이다. 이 법안을 통해 중국을 서방 국가들로부터 배제하고 자국 신재생에너지 기업에 베네핏을 제공하는 것을 뛰어넘어 중국 전기차 관련 기업들이 미국에서 사업을 하지 못하게 만들었다.

그리고 테슬라는 미국 기업임에도 미국 전기차 침투율은 7.6%에 불과하다(2023년 말 기준). 2024년 2월 중국의 왕찬푸 비야디 회장은 중국 전기차 침투율이 35%를 넘어섰다고 발표했다. 그리고 유럽은 러시아-우크라이나 전쟁으로 에너지난에 시달리면서 전기차로의 전환에 한 층 더 속도를 더했다. 전기차와 자율주행 산업은 확실한 글로벌 메가트렌드이며, 장기적인 관점에서 봤을 때 전망이 매우 밝다.

미국 대선 정치 리스크의 뜨거운 감자, 전기차 산업

대선 주자인 트럼프가 바이든이 주도한 신재생에너지 관련 법안에 태클을 걸면서 전기차 산업이 미국 대선의 뜨거운 감자로 떠올랐다. 만약 바이든이 재선에 성공한다면 공격도 받은 마당에 스스로 중요한 정책으로 삼은 신재생에너지 살리기 프로젝트에 더욱 집중할 것으로 보인다.

다만 트럼프가 바이든을 공격하기 위해 잡은 포인트가 하필이면 전기차다. 이는 전통적인 자동차 산업에 종사하는 전미자동차노조 사람들의 표를 얻기 위함으로 해석할 수 있다. 외신들은 트럼프가 내세운 논리와 통계가 어처구니없다고 비난하고 있지만 그건 중요하지 않다. 우리가 ETF 투자자로서 고민해야 할 것은 '트럼프가 차기 대통령이 되면 전기차와 자율주행 관련 기업들이 망할까? 그리고 메가트렌드가 훼손될까?'다.

일단 트럼프가 차기 대통령이 될 것을 우려한 시장은 이미 가격에 많은 부분을 반영했다. 그리고 트럼프가 당선 이후 입장을 바꾸지 않는 한 주가는 지지부진할 수밖에 없다. 다만 전기차와 자율주행 기업들은 더 이상 성장하지 않을 것이라고 보기는 어렵다. 일단 객관적으로 중국과의 전쟁을 시작한 사람은 트럼프다. 대통령의 자리에 앉아 있는 동안 중국의 반도체와 스마트폰 산업을 제한하기 위해 최선을 다했다. 그리고 바이든 역시 비슷한 외교 정책을 펼쳤다. 앞서 언급했듯 바이든은 중국의 반도체는 물론이고 전기차 산업에도 제약을 걸었다.

트럼프는 "전기차는 어차피 중국이 이긴 게임이다"라고 말하고 있지만 비야디의 자동차가 미국 도로를 활보하고 다니게 두지는 않을 것이다. 그가 확실한 미래 먹거리를 중국에 쉽게 빼앗길 리 없다. 중국의 전기차, 자율주행, 2차전지 산업을 제약하는 강도는 약해질 수 있고, 2032년까지 미국 전기차 침투율을 67%로 올릴 것이라는 목표는 다소 늦춰질 수도 있지만 '미국 vs. 중국'이 명확한 전기차/자율주행 산업을 완벽하게 버릴 수는 없다.

그리고 메가트렌드는 훼손되지 않을 것이다. 물론 주가는 지지부진할 수 있다. 하지만 트럼프가 당선되더라도 자율주행 기술이 큰 변화를 맞이하는 시기가 된다면 정책적인 이슈와 상관없이 주가는 우상향할 것이다. 전기차 산업이 미국 대선의 뜨거운 감자로 떠올라 이런저런 뉴스로 시끄럽지만 전기차로의 전환은 글로벌 메가트렌드라는 사실을 반드시 기억하기 바란다.

전기차 산업은 기업 대 기업의 싸움이 아닌 국가 대 국가의 싸움이다. 그만큼 성장성이 큰 산업이라는 의미다. ETF 투자자로서 놓치

전기차/자율주행 혁신 성장 테마형 국내&미국 상장 ETF

국가	티커	이름	혁신 성장 테마
국내	394660	TIGER 글로벌자율주행&전기차SOLACTIVE	글로벌 자율주행&전기차
	414270	ACE G2전기차&자율주행액티브	미국 중국 자율주행&전기차
미국	DRIV	Global X Autonomous & Electric Vehicles	글로벌 자율주행&전기차
	IDRV	iShares Self-Driving EV and Tech	글로벌 자율주행&전기차
	KARS	Kraneshares Electric Vehicles & Future Mobility	글로벌 자율주행&전기차
	HAIL	SPDR S&P Kensho Smart Mobility	글로벌 자율주행&전기차

기에는 아까운 테마 ETF다. 전기차와 자율주행 ETF에 대해 이야기하면 늘 받는 질문이 있다. '미국과 중국 중 누가 승리를 거둘 것인가'가 바로 그것이다. 이에 답변하자면 두 나라 모두 각자의 강점을 가지고 자국에서 획기적인 성장을 이룩할 것으로 보인다. 다만 중국의 매크로 상황과 미국의 대선 결과가 주가를 압박할 수는 있다.

매크로 이슈에 흔들리지 않는 산업은 없다. 시간이 더 오래 걸릴지, 단축시킬 수 있을지가 문제이지 완전히 망하거나 사라지지는 않을 것이다. 그러니 전기차와 자율주행이라는 혁신 성장 테마형 ETF는 꾸준히 관심을 두고 지켜볼 필요가 있다.

CHAPTER 2

2차전지
산업

이번 챕터에서는 2차전지에 대해 알아보도록 하겠다. 국내 투자자인데 2차전지를 들어본 적이 없다면 간첩이라는 말이 있을 정도로 국내 투자자들의 2차전지 사랑은 대단하다. 2차전지는 전기차 수요가 늘어남에 따라 수혜가 기대되는 산업이다. 그래서 전기차와 관련된 이야기를 먼저 한 것이다. 지금부터 국내와 글로벌로 나누어 2차전지에 대해 알아보고, 글로벌 2차전지 밸류체인에 꼭 등장하는 리튬 기업들에 대해서도 알아보자.

국내 2차전지 ETF,
등락이 심하지만 알아두어야 하는 이유

국내 2차전지 테마는 참 변동성이 높은 혁신 성장 테마다. 2023년 2차전지의 시대가 오기 전에 전초전으로 2022년 11월 국내에서 2차전지 테마가 태동했다. 2022년 겨울 글로벌 증시 하락, 연준의 금리 인하 등 온갖 악재를 딛고 2차전지 기업들의 주가가 상승했다. 국내 2차전지 기업들의 실적 호조와 국내 대표 기업들이 미국 대형 자동차 기업들과 계약을 체결했다는 소식 때문이었다. 2022년 LG에너지솔루션의 3분기 매출은 7조 6,482억 원, 영업이익은 5,219억 원을 기록했다. 2022년 8월 미국 IRA 법안이 발의된 이후 수혜주로 떠올랐으며, 국내 2차전지 셀 업체들은 이에 대응해 부지런히 현지 공급망을 강화하고 있다며 합작 배터리 공급 계약 체결 소식을 전했다.

포텐이 터진 시기는 2023년 1분기였다. 글로벌 경기 둔화로 증시의 활력이 부재한 가운데 2차전지 기업들의 실적이 큰 상승률을 보이면서 2차전지 기업들로의 쏠림 현상이 나타났다. 코스피지수와 코스닥지수는 2차전지 업종 움직임에 큰 영향을 받았다. 2차전지 업종이 주춤하면 증시가 부진하고, 2차전지 기업들이 시장을 끌어올리면 시장 전체가 움직였다. 특히 당시 코스닥 시가총액 1~3위였던 에코프로 Ecopro, 에코프로비엠Ecopro BM, 엘앤에프L&F가 코스닥 자체를 크게 좌우하면서 2차전지지수와 코스닥의 상관관계는 0.93pt로, 2차전지는 국내 시장을 지배하는 업종으로 우뚝 올라섰다.

하지만 지금은 미국 내 전기차 판매 둔화와 여러 다른 지정학적

2차전지지수와 코스닥의 상관관계

(pt, 2022.08.01=100pt)

— 2차전지지수 — 코스닥

이유까지 겹치면서 급진적으로 성장성을 반영했던 국내 2차전지 기업들의 주가가 지지부진한 상황이다. 물론 EU 국가들이 중국 전기차에 고율 관세를 부과할 것으로 보이면서 반등의 실마리를 찾고 있지만 실적이 개선될 때를 기다리는 중이다.

사실 국내 2차전지는 전기차와 신재생에너지에서부터 비롯되는 메가트렌드다. 그러다 보니 글로벌 환경에 영향을 많이 받는다. 하지만 앞서 이야기했듯 지금 상황이 어떠하든 국내 2차전지가 글로벌 메가트렌드인 것은 분명한 사실이다. 따라서 ETF 투자자라면 국내 2차전지 기업들의 성장 스토리를 시작으로 해당 산업에 대해 자세히 공부할 필요가 있다.

국내 2차전지 셀 업체들에 주목하자

셀 제조업체들은 2차전지 소재 기업들로부터 양극재, 음극재 등을 받아 일을 처리한다. 전극 공정 → 조립 공정 → 활성화 공정 → 팩 공정을 거쳐 전기차 혹은 신재생에너지 저장 장치에 사용할 수 있는 2차전지 배터리를 완성한다. 국내 대표 셀 업체는 LG에너지솔루션, 삼성SDI, SK온(SK이노베이션 지분 100% 자회사)이다. 국내 2차전지 소재 기업들이 크게 각광받는 동안 상대적으로 소외되었지만 앞으로 셀 업체들의 성장성도 기대해 볼 만하다. 이 모든 수주는 국내 셀 업체들이 따오고, 그에 따른 수혜를 국내 2차전지 밸류체인에 포함된 기업들이 함

글로벌 배터리 수요 전망

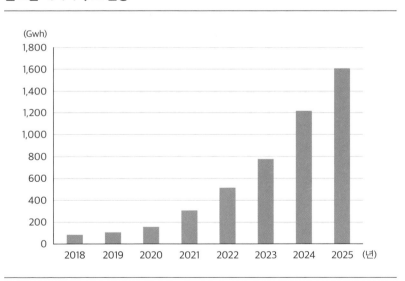

자료: EV 볼륨스EV Volumes, 미래에셋자산운용(2022년 기준)

께 누리는 구조이므로 국내 2차전지 시장에 투자하고 싶다면 현 상황과 국내 셀 업체들의 성장성을 반드시 확인해 봐야 한다.

글로벌 배터리 수요의 주된 원인은 전기차다. 전기차와 2차전지 트렌드는 등장한 지 오래되었지만 아직도 높은 성장성을 가지고 있는 혁신 성장 테마다. 국내 2차전지 셀 업체들은 이러한 글로벌 트렌드를 국내로 가지고 오는 역할을 충실히 해내고 있다.

2023년 국내 2차전지 시장이 크게 회자되고, 앞으로의 성장성이 큰 기대를 받은 것은 미국 덕분이다. 미국과 중국의 싸움으로 한국이 득을 본 대표적인 사례가 바로 2차전지 산업이다. 원래 글로벌 배터리 산업에서 한국의 위상은 중국 다음이었다. 점유율도 언제나 중국의 CATL에 밀렸다. 하지만 몇 년 이내에 판도가 바뀔 가능성이 제기되고 있다. 전기차 가격을 낮추기 위해 LFP(리튬인산철) 배터리 수요가 높아지고 있다. 그런데 미국 전기차 업체가 중국에서 만든 LFP 배터리를 사용할 수 없으니 국내 셀 업체들이 그 수혜를 입을 것으로 예상된다. 다만 전기차를 위한 2차전지 수요 자체는 다소 줄어들 수 있고, 국내 업체들이 받았던 세제 혜택들이 달라질 수도 있다.

국내 셀 업체들은 많은 혜택을 누리고자 본격적으로 미국 투자를 늘리고 있다. LG에너지솔루션은 2023년 여름 북미 ESS에 3조 원을 투자했다. 삼성SDI도 2023년 4월 25일 GM과 함께 30억 달러를 투자해 30GWh 규모의 배터리 공장을 짓는다고 발표했다. 향후 LFP 양산 부문도 부각될 것으로 예상되면서 기대감을 모으고 있다. SK온은 현대차그룹과 북미 JV^{Joint Venture}를 설립해 2025년 하반기부터 생산을 시작할 것으로 예상된다.

테슬라가 2023년 Master Plan Part 3를 통해 LFP 배터리를 대거 사용할 계획을 밝힌 만큼 국내 셀 업체들의 미국 진출과 LFP 배터리 개발 및 양산에 속도가 붙을 전망이다. 이러한 분위기는 국내 셀 업체들의 실적에 긍정적인 영향을 미칠 것이다. 현재 중국이 LFP 배터리 부문에서 선두로 달리고 있지만 당분간 미국과의 계약이 힘들 것이기에 국내 셀 업체들의 수주로 이어질 가능성이 크다. 물론 미국에서 전기차 자체가 팔리지 않으면 2차전지도 덩달아 부진할 수도 있지만 그럼에도 어느 정도의 그림을 그려볼 수는 있다(2024년 5월 기준).

그렇다면 미국이 얼마나 대단한 시장이기에 이러는 것일까? 우선 북미 시장의 성장성 자체가 엄청나다. 2030년까지 북미 시장의 전기차 침투율이 약 50% 늘어난다고 가정하면 그때까지 필요한 배터리의 양은 3.8Twh다. 배터리 셀 업체들의 가동률을 80%로 가정했을 때 연평균 1,200Gwh가 필요하다. 이 모든 배터리 수요를 국내 셀 업체들이

북미 시장의 전기차 판매량 전망

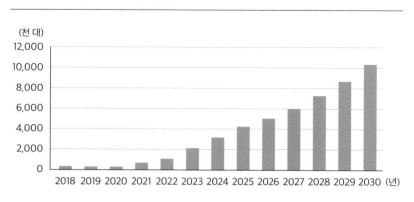

자료: 미래에셋증권 리서치센터(2023년 4월 기준)

나는 ETF로 돈 되는 곳에 투자한다

가져오는 것은 현실적으로 불가능하지만 파이 자체가 그만큼 커질 것이다. 2022년 대비 북미 배터리 수요는 7배 가까이 늘어날 전망이다.

장기적인 트렌드이다 보니 중간에 배터리 공급 과잉 이야기가 나올 수도 있다. 바이든이 재선에 성공한다면 미국 환경보호국은 2032년까지 전기차를 신차 판매량의 3분의 2인 67%까지 늘린다는 계획을 철회하지 않을 것이다. 하지만 트럼프가 당선된다면 이 법안은 철회될 가능성이 있다. 그리고 모든 수요는 국내 3사가 아닌 미국 기업들이 우선적으로 가져갈 것이다. 앞서 이야기했듯 국내 셀 업체들은 이러한 상황에 대비해 합작법인을 만들고 부지런히 투자를 진행하고 있다.

누가 미국의 차기 대통령이 되느냐에 따라 달라지기는 하겠지만 미국은 과연 전기차 전환을 쉽게 포기할까? 포기는 중국과의 싸움에서 미국이 져도 상관없다는 의미인데, 중국에 지는 것을 마음 편히 좌시하기에는 미국 입장에서도 전기차 전환은 놓치기 아쉬울 것이다.

국가별 전기차 침투율

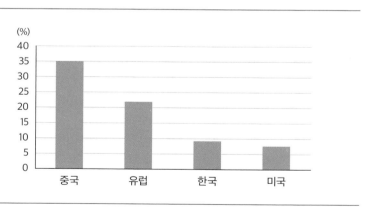

자료: 비야디, IEA, 아주경제, 스탯존Statzon(유럽은 2022년 말, 다른 국가는 2023년 말 기준)

미국의 전기차 침투율은 고작 7.6%다. 특히 유럽은 러시아-우크라이나 전쟁으로 '신재생에너지로의 전환'이 얼마나 중요한지 몸소 체험했다. 미국 대선이 정말 중요한 이벤트이긴 하나 시간의 차이만 있을 뿐 메가트렌드는 쉽게 바뀌지 않을 것이다.

국내에는 정말 다양한 2차전지 ETF가 상장되어 있다. 셀 업체들에 특화된 2차전지 ETF에 투자하고 싶다면 시가총액이 큰 기업들 위주로 구성된 ETF를 선택하는 것이 좋다.

국내 2차전지 소재 기업들

배터리에는 대표적으로 4개의 소재(전해액, 분리막, 양극재, 음극재)가 들어간다. 리튬이온들이 양극재와 음극재 사이를 오가면서 충전과 방전이 되는데, 전구체(코발트, 망간, 니켈)와 리튬을 합쳐 양극재를 만들고, 분리막이 음극재 사이에 놓이며, 리튬이온들이 전해질을 통해 양극과 음극 사이를 이동한다. 다른 부품과 장비도 들어가지만 4개 소재가 충전과 방전을 담당하고 배터리의 수명부터 안정화까지 책임지는 역할을 하기 때문에 굉장히 중요하다. 특히 양극재는 배터리의 용량과 평균 전압에, 음극재는 배터리의 충전 속도와 수명에 영향을 미친다.

그래서 국내에서 가장 먼저 빛을 본 소재 분야는 양극재였다. 그로 인해 양극재 밸류체인을 보유한 에코프로 계열 기업들의 주가가 두드러졌다. 배터리의 용량과 출력을 결정하는 소재도, 리튬이 들어가는 공간도 양극재이며, 전체 배터리 원가의 40% 정도를 차지한다. 따라서 2차전지에서 중요한 요소일 수밖에 없다. 그리고 통상적으로 셀 업체들이 가동률을 높이는 전략을 택하면 소재 기업들이 부각되

글로벌 2차전지 소재 시장 규모 전망

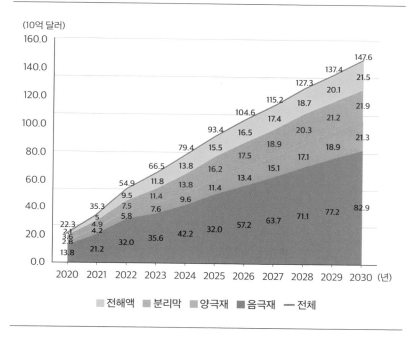

자료: SNE 리서치(2022년 12월 기준)

기 마련이다. 양극재가 가장 먼저 빛을 본 것은 2차전지 구조상 당연한 일이다.

그렇다면 앞으로 양극재만 성장성이 높을까? 그렇지 않다. 다른 소재 분야의 성장성도 상당히 높다. 시장조사 업체 SNE 리서치SNE Research에 따르면 2022년 핵심 4대 소재 시장은 549억 달러(약 70조 원) 규모를 기록했다. 2025년에는 934억 달러(약 121조 원), 2030년에는 1,476억 달러(약 192조 원) 규모로 3배 가까이 성장할 것으로 보인다. 이는 전해액, 음극재, 분리막도 2030년까지 2~3배가량 성장할 것이라는 의미다.

국내 2차전지 기업들은 세계적인 리더로 거듭나는 기로에 서 있다. 미국 대선 이후 국내 2차전지 소재 기업에 우호적으로 작용했던 부분들이 변경될 수도 있다. 하지만 미국과 중국의 사이가 회복될 기미가 보이지 않기 때문에 정치적인 리스크만 완화된다면 장기적으로는 수혜를 입게 될 것이다. 그리고 국내 기업들은 기술력과 비즈니스 전략 또한 뛰어나다. 반도체에 이어 우리나라를 대표하는 산업으로 성장할 가능성이 높은 산업이므로 국내 대표 혁신 성장 테마형 ETF라고 할 수 있다.

마지막 퍼즐, 리튬

앞서 살펴본 전기차 밸류체인 중에서 아직 다루지 않은 분야는 바로 원자재다. 원자재 중에서도 가장 중요한 원소는 리튬이다. 리튬은 가장 가벼운 금속 중 하나로, '백색 석유'라는 별명을 가지고 있을 정도로 매우 중요한 원자재다. 전 세계적으로 리튬을 확보하기 위해 총성 없는 전쟁을 벌이고 있는 이유는 리튬이 차세대 원유이기 때문이다. 원자재는 제한적인데, 앞으로 신재생에너지로의 전환에서 가장 많이 필요한 것이 바로 리튬이다.

물론 2차전지를 만들기 위해서는 리튬 외에도 니켈, 망간, 코발트 등 다양한 원자재가 필요하다. 그런데 리튬이 유난히 중요한 이유는 그것이 2차전지 양극재의 핵심 소재로 전기를 생성, 충전하는 역할을 하기 때문이다. 그리고 리튬이온들이 이동하면서 충전과 방전을 반복하는 것이 2차전지의 원리다. 리튬계 배터리는 높은 에너지 밀도와 우수한 출력, 긴 수명, 가벼움 등 배터리로서 선호되는 대부분의 특징을 가지고 있다. 그러니 리튬이 너무나도 중요할 수밖에 없다.

리튬에 대한 이야기는 정말 많은데, 2040년 리튬의 수요가 2020년 대비 42배가량 늘어날 것이라고 이야기하는 사람들도 있다. 42배까지는 모르겠지만 블룸버그 뉴 에너지 파이낸스BNEF, Bloomberg New Energy Finance에 따르면 배터리용 리튬의 수요는 2030년까지 2022년 대비 3.6배가량 늘어날 것으로 예상된다. 2007년 19%에 불과했던 배터리용 리튬의 수요는 2022년 71%까지 늘어났다. BNEF에 따르면 2030년에는 전체 리튬 수요 227만 톤 중에 LCE 배터리 수요가 95% 이상을 차지할 것이라고 한다.

뉴스를 보면 리튬 가격에 대한 이야기가 상당히 많이 나온다. 국내 대표 2차전지 소재 업체들(포스코퓨처엠, 에코프로비엠, 엘앤에프 등)은 양극재를 만드는 기업인데, 이러한 기업들이 리튬 가격과 연동해 단가를 결정하기 때문이다. 원자재 가격이 저렴하면 제품을 낮은 가격에, 원자재 가격이 비싸면 제품을 비싼 가격에 납품할 수 있다.

하지만 지금 우리는 리튬을 생산하는 글로벌 기업들에 대해 이야기하고 있다. 리튬을 캐고, 재련하고, 생산하는 글로벌 기업들은 리튬 가격에 크게 좌지우지되지 않는다. 그보다 중요한 것은 리튬의 수요이지 변동성이 높은 가격이 아니라는 의미다.

글로벌 기업들은 리튬 가격을 보고 생산량을 결정하지 않는다. 그들이 수요를 보고 생산량을 결정하면 리튬 가격이 산정된다. 따라서 '리튬 가격이 오르면 리튬 기업들이 좋을 것이다' 혹은 '리튬 가격이 떨어지면 글로벌 리튬 생산 기업들이 좋지 않을 것이다'라고 단정 짓

배터리용 리튬의 수요 전망

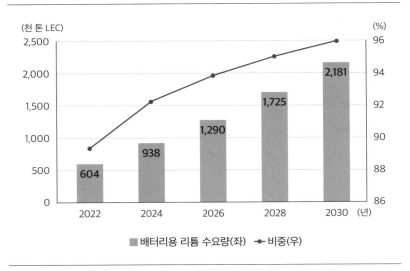

(천 톤 LEC)

(%)

■ 배터리용 리튬 수요량(좌) ● 비중(우)

자료: BNEF(2022년 말 기준)

는 것은 적합하지 않다. 리튬 생산 프로젝트 자체가 자본집약적인 성격을 가지고 있어 대규모 투자를 요하기도 하고, 시장 규모가 일반 철광석과 같은 광물, 석유, 가스 등에 비해 작아 생산량 조정에 어려움이 있기 때문이다.

이처럼 리튬은 가격 변동에 비탄력적인 공급 구조를 가지고 있어 수급 불일치가 빈번하게 발생할 가능성이 높은 원자재다. 전기차를 비롯한 신재생에너지로의 전환이 일어나면 장기적으로 리튬이 부족할 것이라는 의미다. 단기적으로는 과잉 공급일 수 있으나 BNEF에 따르면 2030년 공급 부족 현상이 나타날 가능성이 매우 높다. 이런 상황에서 장기적으로 웃는 것은 리튬 생산/공급 업체들이다.

글로벌 Top 5 리튬 기업

기업명	생산점유율 (%)	연간 생산량 (톤 LCE)	기업 정보
앨버말 Albemarle	20	18만 3,000	- 자동차 배터리용 리튬 최대 생산 기업 - 사업 포트폴리오에서 리튬이 43%를 차지하며 리튬 함유량이 높은 광산과 염호를 보유해 원가 경쟁력과 영업이익률이 높음
천제리튬	9	7만 9,000	- 중국 유일의 스포듀민 100% 자급 생산 기업 - SQM(칠레 리튬 생산업체) 2대 주주로 23.75%의 지분을 가지고 있음 - 탄산리튬 생산에 주력 - 2022년 6월 홍콩거래소 상장
올켐 Allkem	6	5만 6,000	- 호주와 아르헨티나에서 다년간 리튬 광산/염호 운용, 채굴 경험 - 현재 아르헨티나 염호 사업에 주력
강봉리튬	5	4만 8,000	- 리튬 확보, 배터리 소재, 배터리 생산/폐배터리 회수 등 배터리 전 단계 사업 진출 - 수산화리튬 생산에 주력 - 중국에서 천제리튬과 주도권 경쟁
필바라미네랄 Pilbara Minerals	4	4만	- 호주 리튬 광산 채굴 전문 기업 - 포스코와 합작 투자로 국내에 수산화리튬 제련 시설 설립, 생산 예정

* 생산량은 기업 발표치 기준

자료: 한국무역협회(2022년 말 기준)

전기차와 신재생에너지 인프라 구축을 국가 과제로 삼고 있는 나라가 많은 만큼 장기적으로 수요가 늘어날 가능성이 크므로 리튬 기업들의 장기적인 성장성은 가격이 요동치는 것과 별개로 크게 성장할 것이다. 그리고 전기차 배터리에 사용되는 리튬은 고순도(99.5% 이상) 수산화리튬인데, 이를 만들기 위한 기술력은 대형 리튬 기업들이 꽉 잡고 있다. 글로벌 Top 5 리튬 기업들의 생산량을 합치면 50%에 육박한다. 그만큼 독보적인 이유가 기술력과 보유하고 있는 광산 비중이라면 장기적인 2차전지 밸류체인 성장흐름에서 리튬 기업들을 빼놓을 수 없다.

전기차 밸류체인은 거대한 스토리이기 때문에 각 단계별로 ETF가 있을 정도다. 이번 챕터에서는 2차전지 스토리와 글로벌 리튬 스토리를 알아봤다. 세계를 관통하는 트렌드이기 때문에 앞으로도 다양한 소식이 쏟아질 것이다. 그중에는 ETF 주가에 긍정적인 영향을 미치는

2차전지 혁신 성장 테마형 국내&미국 상장 ETF

국가	티커	이름	혁신 성장 테마
국내	305540	TIGER 2차전지테마	국내 2차전지
	462010	TIGER 2차전지소재Fn	국내 2차전지소재
	364980	TIGER 2차전지TOP10	국내 2차전지
	412570	TIGER 2차전지TOP10레버리지	국내 2차전지
	394670	TIGER 글로벌리튬&2차전지SOLACTIVE (합성)	글로벌 리튬&2차전지
	305720	KODEX 2차전지산업	국내 2차전지
	461950	KODEX 2차전지핵심소재10Fn	국내 2차전지소재
	462330	KODEX 2차전지산업레버리지	국내 2차전지
	455860	SOL 2차전지소부장Fn	국내 2차전지소재
	465330	KBSTAR 2차전지TOP10	국내 2차전지
	465350	KBSTAR 2차전지TOP10인버스(합성)	국내 2차전지
미국	BATT	Amplify Lithium & Battery Technology	글로벌 리튬&2차전지
	LIT	Global X Lithium & Battery Tech	글로벌 리튬&2차전지

소식도 있을 것이고, 반대로 투자자들의 심리를 흔드는 소식도 있을 것이다. 그럴 때마다 기억해야 할 것은 세상이 변화하고 있고, 모빌리티의 혁신은 장기적인 글로벌 트렌드라는 사실이다. 변동성은 높아지고 미국 대선에 따라 속도가 느려질 수도, 빨라질 수도 있지만 플러스알파의 수익률을 추구할 수 있는 대표적인 상품으로 전기차, 2차전지, 리튬 관련 ETF를 생각해 볼 수 있다.

CHAPTER 3

럭셔리
산업

한 번쯤 '샤넬 오픈런Chanel Open Run'이라는 말을 들어봤을 것이다. '오픈런'은 매장이 열리는 순간 바로 입장하기 위해 서둘러 대기하는 것을 말한다. 이는 코로나19가 발생한 2020년부터 약 3년 동안 이어진 사회적인 현상이었다. 예전만큼은 아니지만 지금도 줄을 서서 기다려야만 자신이 원하는 브랜드의 제품을 구매할 수 있다. 여전히 럭셔리 브랜드에 대한 소비 욕구는 크게 꺾이지 않았다. 럭셔리 브랜드들은 가방과 옷뿐 아니라 투자처로도 굉장히 매력적이다.

럭셔리 산업 제대로 이해하기

럭셔리 산업은 소비재로 분류된다. 하지만 다른 소비재 기업들과 동일한 잣대를 가지고 바라봐서는 안 된다. 예를 들어 대부분의 사람은 '경제가 좋지 않으면 재화 소비가 줄어들어 럭셔리 회사들의 매출이 줄어들겠지?'라고 생각한다. 매우 타당한 논리 전개다. 하지만 럭셔리 산업에는 그러한 논리가 적용되지 않는다. 오히려 반대로 흘러간다. 심지어 베인앤컴퍼니도 코로나19가 전 세계를 뒤흔들자 여행 급감과 경제 여력 하락으로 럭셔리 제품 소비 하락을 전망했다. 그런데 결과는 어땠는가. 모두 알다시피 반대로 흘러갔다.

2020년 3월 베인앤컴퍼니는 럭셔리 브랜드들의 매출이 연간 35% 하락할 것이라고 전망했다. 하지만 가장 대표적인 명품 브랜드인 LVMH*의 전년 대비 매출은 2020년 -16%, 2021년 44%를 기록했고, 에르메스Hermes의 경우 2020년 -7%, 2021년 40%의 연간 성장률을 보여주었다. 전망과 정반대로 흘러간 것이다.

세계적인 컨설팅 회사의 전망과 사람들의 통상적인 예상에서 벗어나 2020년 5월 샤넬의 오픈런이 발생했고, 중국에서 두 번째로 큰 규모를 자랑하는 에르메스 광저우 플래그십 스토어에서 하루 만에 최대 매출 기록인 279만 달러를 기록했다. LVMH는 당시 탑 브랜드들의 중국 본토 4월 매출이 50% 가까이 증가했다고 발표하기도 했다.

2020년 1~4월 우리나라에서도 1억 원 이상 고가 수입차들의

---

* 루이비통Louisvuitton, 크리스찬 디올Christian Dior, 티파니Tiffany 등 다양한 브랜드의 모기업

판매가 사상 최대치를 기록했다. 람보르기니의 판매량은 전년 대비 265% 증가했다. 코로나19로 소비가 위축되었다는 기사들이 쏟아졌지만 이와 반대로 가히 기록적인 판매량을 기록한 것이다. 그렇다면 왜 이런 상황이 전개된 것일까?

글로벌 경기가 좋지 않아도 빛나는 럭셔리 산업

미국 연준이 금리 인하를 앞두고 있지만 전 세계적으로 역사적인 고금리 환경이 형성되어 있다. 보통 금리가 오르면 소비 위축이 우려된다. 그럼에도 럭셔리 기업들은 계속해서 제품 가격을 올리고 있다. 인플레이션 때문이라고 하기에는 원래 1,000만 원을 훌쩍 넘는 가격에 인플레이션율을 또 더한다는 것이 상당히 이상하다. 사실 럭셔리 기업들이 자신 있게 가격을 올리는 이유는 럭셔리 제품에 대한 소비가 경제학계에서 암묵적인 명제로 삼는 '이성적인 판단'에 입각하지 않는다는 사실을 잘 알고 있기 때문이다.

럭셔리 소비는 독특한 소비 심리에서 기인하는데, 그것은 바로 야성적 충동Animal Spirits이다. 야성적 충동이란, 효율적으로 소비하지 않고 직감, 감정, 성향으로 소비하는 것을 말한다. 이성적으로 판단을 내려 소비한다면 럭셔리 제품을 구매하는 것 자체가 성립되지 않는다. 그러니 '경제가 좋지 않으면 재화 소비가 줄어들어 럭셔리 회사들의 매출이 줄어들겠지?'라는 논리가 성립되지 않는 것이다. 야성적 충동 때문에 부자들뿐 아니라 평범한 직장인들도 고가의 가방을 구입하는

데 몇 개월 치 월급을 쏟아붓는다. 비이성적인 소비가 가장 팽배한 업계가 바로 럭셔리 산업이다. 럭셔리 산업을 전망해 보기 위해서는 럭셔리 소비 심리를 더욱 깊이 파헤쳐 봐야 한다.

야마구치 슈의 저서 『철학은 어떻게 삶의 무기가 되는가』를 보면 럭셔리 구매의 이유를 '르상티망Ressentiment'이라고 이야기했다. 이는 프리드리히 니체Friedrich Nietzsche가 말한 개념으로, 약한 입장에 있는 사람이 강자에게 품는 질투, 열등감 등이 뒤섞인 감정을 말한다. 한마디로 표현하면 '시기심'이다. 코로나19로 경기가 어려워졌음에도 불구하고 '나는 다르다'라는 면모를 보여주기 위해 고가의 제품을 구매하는 이유도, '다들 명품백이 하나씩 있는데 나만 없어'라고 생각하는 이유도 르상티망이다. 이러한 감정은 럭셔리 소비에 있어 작용하는 야성적 충동의 근간이라고 볼 수 있다.

나의 가치관과 맞지 않아도 다른 사람들보다 좋은 혹은 다른 사람들과 비슷한 것을 소유함으로써 자신이 품고 있던 르상티망이 해소되고, 이후에는 더 비싼 제품을 소비하는 구조가 만들어진다. 그래서 럭셔리 브랜드들은 경제 상황이 좋지 않아도 가격을 올리고, 지속적으로 더욱 비싼 제품을 출시하는 것이다. 오히려 가격대가 높으면 높을수록 잘 팔리고 구하기가 어려운 것이 럭셔리의 세상이다.

비논리적인 것 같지만 럭셔리 브랜드의 판매 실적은 저성장 시기에도 상승한다. 다음 페이지의 그래프는 LVMH와 케링Kering의 매출성장률과 결제성장률을 비교한 것이다. 고성장 시기보다 저성장 시기에 럭셔리 브랜드의 매출이 늘어난 것을 확인할 수 있다. 전 세계 경제가 어렵고 낮은 성장률을 보이면 구매력이 떨어져 럭셔리 소비가 줄어들

LVMH의 매출성장률과 경제성장률

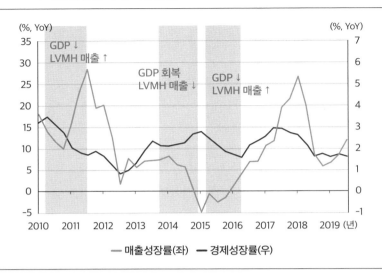

자료: 블룸버그, SK증권

케링의 매출성장률과 경제성장률

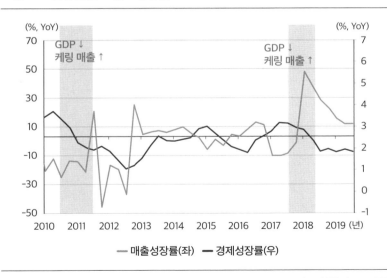

자료: 블룸버그, SK증권

것 같지만, 오히려 그 반대였다. 럭셔리 소비 심리는 결코 일반적이지 않다.

사람들은 너와 나를 나누기 위해, 그렇게 나누어진 경계를 뛰어넘는 기분을 느끼기 위해 경제가 좋지 않을 때 더 비싼 제품을 더 많이 구매한다. 경제가 좋아지면 구매력이 높아지고 명품을 구입할 수 있는 사람들이 더 늘어나 좋을 것이라는 이성적인 논리에서 벗어나 있다.

럭셔리 산업은 비이성적인 소피 패턴이긴 하지만 이성보다는 감정이 앞서는 산업이다. IMF는 2024년 1월 올해 전 세계 경제성장률을 2000~2019년 평균치인 3.8%보다 훨씬 낮은 3.1%로, 2025년 경제성장률을 3.2%로 예측했다. 이러한 상황이라면 럭셔리 산업에 더욱 관심을 두어야 하지 않을까? 물론 미국과 인도를 비롯한 몇몇 국가는 튼튼한 경제성장을 보여줄 것으로 생각하지만 전 세계적으로 경제성장률이 축소되고 있는 것이 사실이다. 그리고 사람들의 '르상티망' 감정을 건드리는 SNS 활동은 줄어들 기미가 보이지 않는다. 따라서 장기적으로 럭셔리 산업을 투자처로 생각해 볼 필요가 있다.

점점 더 중요해지는 무형자산, 브랜드 가치

길을 걷고 있는 사람들을 붙잡고 샤넬 로고가 크게 박힌 가방을 보여주면 10명 중 절반 이상은 "샤넬이네요!"라고 대답할 것이다. 만약 상대가 여성이라면 100% 알아볼지도 모른다. 루이비통의 로고도, 에르메스의 로고도 마찬가지다. 이것이 바로 럭셔리 브랜드들이 가지고 있는 무형자산이다. 전쟁도, 코로나19도, 정권 교체도, 탈세계화도 훼손시키지 못하는 무형자산, 이것이 바로 브랜드의 가치다.

무형자산의 중요도는 앞으로 더욱 부각될 가능성이 크다. 무형자산이란, 고정자산 중에서 영업권, 특허권과 같이 물리적인 실체가 없는 기업의 자산을 뜻한다. 기계, 건물, 현금, 공장처럼 형태가 있는 유형자산과 대비되는 개념으로, 물리적 실체는 없지만 미래에 경영상 효익을 기대할 수 있는 자산이다. 회계상으로 큰 비중을 차지하지는 않지만 특히 소비재에서는 브랜드력이 기업의 승패를 좌우할 정도로 중요해질 것으로 보인다.

맥킨지&컴퍼니에 따르면 실제로 1995년부터 2019년까지 글로벌 기업들의 무형자산에 대한 투자 비중이 유형자산 대비 늘어났다. 무형자산에 투자하는 비중은 29% 정도 늘어난 반면, 유형자산에 투자하는 비중은 13% 정도 하락했다. 그리고 그 격차는 점점 더 벌어지고 있는데, 바루크 레브Baruch Lev는 저서 『회계는 필요 없다』를 통해 재무재표에 이런 무형자산의 존재감을 제대로 나타내지 못하는 현 회계 방식에 불만을 토로하기도 했다. 그만큼 무형자산은 기업의 성장에 미치는 영향력과 앞으로 발전 가능성을 가늠하는 데 있어 중요한 지표라 할 수 있다.

소비재로 좁혀서 보면 유형자산에 대한 투자는 장비, 토지, 건물, 공장을 사거나 이를 유지·보존하는 데 드는 비용이고, 무형자산에 대한 투자는 디자인, 브랜드 마케팅에 초점을 둔 투자다.

럭셔리 브랜드들은 이런 무형자산에 엄청난 자본을 쏟아붓는다. 1982년 샤넬이 100만 달러(2024년 환산 324만 달러)를 주고 칼 라거펠

미국과 유럽 10개국 기업들의 투자 비중

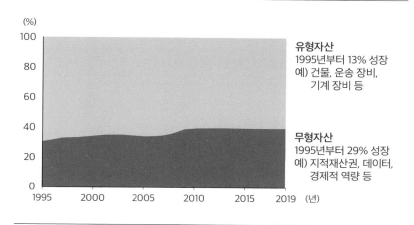

(%)

유형자산
1995년부터 13% 성장
예) 건물, 운송 장비,
기계 장비 등

무형자산
1995년부터 29% 성장
예) 지적재산권, 데이터,
경제적 역량 등

* 2015년, 2019년은 추정치
자료: 맥킨지&컴퍼니

트Karl Lagerfeld를 영입한 일화는 무척이나 유명하다. 무형자산이 점점 중요해지고 있는 상황에서 브랜드 가치 고양에 지속적으로 투자를 해 온 럭셔리 브랜드들의 미래가 더욱 기대된다. 앞으로 무형자산의 가치를 제대로 알아보는 산업들이 인정을 받는 방향으로 나아간다면 기업 자체가 엄청난 무형자산인 럭셔리 브랜드들의 미래는 더욱더 밝을 것이다.

지금까지 럭셔리 브랜드들을 투자 대상으로 바라본 사람은 많지 않을 것이다. 전 세계 투자자들의 관심을 받고 있는 미국 대표 기업들과 비교했을 때 상대적으로 시가총액이 크지 않아 개별 기업 분석 자료도 많지 않다. 하지만 럭셔리 브랜드들의 미래는 무척이나 밝다. 장

럭셔리 혁신 성장 테마형 국내&유럽 상장 ETF

국가	티커	이름	혁신 성장 테마
국내	354350	HANARO 글로벌럭셔리S&P(합성)	럭셔리
유럽	LUXU	Amundi S&P Global Luxury UCITS	럭셔리

기적인 투자를 고려하기 충분하다.

　다만 국내에서 럭셔리 기업에 직접적으로 투자하는 것은 어렵다. 대부분 유럽(프랑스 및 영국)에 상장되어 있어 접근성이 떨어지기 때문인데, ETF를 활용한다면 유럽이나 국내에 상장되어 있는 상품을 통해 보다 쉽게 럭셔리 기업들의 성장을 누릴 수 있다. 그리고 럭셔리 브랜드들의 변동성은 성장주 대비 크지 않은 편이다. 오랜 기간 쌓아 올린 브랜드 가치를 기반으로 꾸준한 팬층과 수요층이 있어 변동성이 크지 않으니 자신만의 포트폴리오를 만들 때 담기 좋은 ETF 중 하나다.

　럭셔리 소비 자체가 독특한 심리에서 시작된다는 사실을 알고 있어야 한다. 무형자산의 가치는 더욱 높아질 가능성이 크므로 늘 관심을 두고 지켜볼 필요가 있다.

CHAPTER 4

펫 산업

집 앞 공원에 나가 보면 강아지와 보호자가 산책하는 모습을 쉽게 볼 수 있다. 밖으로 산책을 잘 나오지는 않지만 고양이를 기르는 가정도 많다. 농촌경제연구소에 따르면 한국 반려견 관련 산업은 2013년 1.14조 원 수준에서 2022년 약 8조 원으로 상승해 10년 가까이 8배가량 성장했다. 2023년 정부는 이러한 흐름에 발맞춰 2027년까지 국내 시장 규모를 15조 원까지 키우겠다고 발표했다.

　미국도 비슷한 상황이다. 월마트는 최근 약 100개 매장에 간이 동물병원과 펫 약국을 입점시키겠다고 발표했다. 웹사이트^{WalmartPetRx.com}도 오픈했는데, 그곳에서는 간단한 애완동물 약품을 2일 이내에 배달해 주는 서비스를 제공한다. 월마트는 여러 방면으로 애완동물 관련 리테일 서비스를 강화하고 있다.

미국에서는 강아지를 위한 방송을 제공하는 DogTV가 각광받고 있으며, 인스타그램을 살펴보면 강아지와 고양이의 전용 계정이 셀 수 없이 많다. 이를 투자 관점에서 생각해 보면 펫 산업은 장기적으로 가능성이 있다. 이에 투자할 수 있는 방법은 펫 산업 ETF에 투자하는 것이다.

사실은 세대교체 이야기

펫 산업의 성장은 사실은 세대교체 이야기이다. 우선 펫 산업이 성장하기 위해서는 펫을 기르는 인구가 많아져야 한다. 펫 케어 관련 기업에는 소비자가 늘어나는 것이기 때문이다. 독일의 시장조사 기관인 GFK와 글로벌 동물용 의약품 협회인 HealthforAnimals에 따르면 미국 가정에서 펫을 키우는 비중은 1988년 56%에서 2024년 66%로 늘어났다. 약 8,700만 가구가 펫을 키우고 있는 셈이다.

현재 미국에서 펫을 가장 많이 기르고 있는 세대는 밀레니얼 세대로, 전체 펫 인구 중 33%를 차지하고 있다(2024년 1월 기준). 그다음이 X세대와 베이비부머 세대인데, 2018년까지만 해도 베이비부머 세대가 29%를 차지했지만 이제는 24%로 줄어들었다. 이와 같이 펫을 기르는 인구에서도 세대교체가 이루어지고 있다. 밀레니얼 세대는 인스타그램에 펫의 계정을 따로 만들기도 하고, 유튜브 채널을 운영하기도

하는 등 펫에게 많은 시간과 돈을 쓴다.

볼보 코리아Volvo Korea는 볼보 도기 베드, 볼보 카 매트 등 펫을 위한 굿즈까지 선보였는데, 이는 펫이 차에 탔을 때 편안함을 느끼게 해주는 제품들이다. 그리고 삼성카드는 삼성iDPET카드를 선보이기도 했다. 펫셔리Pet Luxury라는 용어까지 등장할 정도로 밀레니얼 세대의 펫 사랑은 경제에도 많은 영향을 미치고 있다.

내 펫의 건강을 위해 쓰는 돈은 아깝지 않아

세대가 바뀌고 인식이 변하면서 펫 케어에 투자하는 금액도 크게 늘어났다. 펫 케어 기업 입장에서 펫을 기르는 인구가 많아진다는 건 소비자가 늘어난다는 것이고, 더 많은 돈을 펫에게 사용한다는 건 실질적으로 기업 이익에 기여하는 부분이 커진다는 뜻이다. 미국 국제경제연구국NBER, National Bureau of Economic Research에서 펫 케어 산업과 헬스케어를 비교 분석한 리포트를 보면 소득이 증가할수록 헬스케어 관련 지출과 펫 케어 관련 지출이 함께 늘어나는 것을 확인할 수 있다. 오히려 헬스케어와 비교하면 펫 케어 관련 지출이 더욱 가파르게 늘어났다.

다음 페이지의 그래프를 보자. 펫 케어 관련 지출은 25년 동안 140% 가까이 상승했다. 헬스케어 관련 지출이 동일한 기간 동안 120% 오른 걸 감안하면 헬스케어 비용 증가율보다 펫을 위한 제품 및 서비스 지출 비용이 더 큰 폭으로 늘어난 것이다. 이는 자신의 건강을 위해 지출하는 돈보다 펫을 위해 소비를 하는 증가폭이 더욱 크다

펫과 헬스케어, 엔터테인먼트의 소비자물가지수

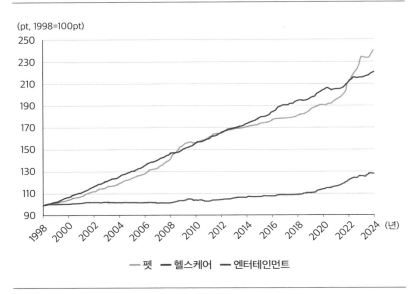

(pt, 1998=100pt)

자료: 블룸버그, 미국 관세국경보호청CBP, NBER

는 의미다. 펫 관련 지출은 엔터테인먼트 하위 개념인데, 펫 산업을 제외한 다른 엔터테인먼트(스포츠, 영화, 신문, 잡지, 도서 등) 관련 지출은 20년 전과 비슷한 수준에 머물러 있다. 지난 20년 동안 엔터테인먼트 관련 지출 중 펫 관련 지출이 유난히 늘어난 것이다. 중요한 사실은 이러한 트렌트가 앞으로 더욱 강해질 것이라는 점이다.

2023년 4월 미국의 여론조사 기관인 퓨리서치센터Pew Research Center가 진행한 설문조사에 따르면 미국 펫 보호자의 97%가 펫을 가족이라고 생각한다고 답했다. 북미 펫건강보험협회NAPHIA, North American Pet Health Insurance Association에 따르면 보험에 가입한 강아지와 고양이의

북미 지역 보험 가입 펫 수

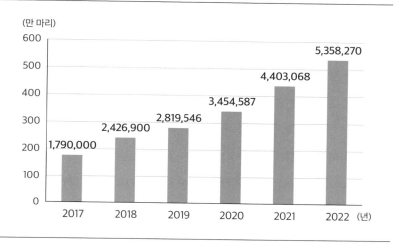

자료: NAPHIA

펫 헬스케어 관련 지출 상승률

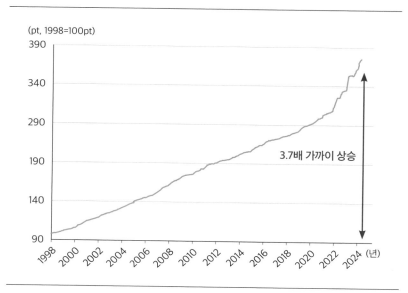

자료: 블룸버그

수가 매년 증가하고 있다고 한다. 2022년 펫 보험 가입 수는 2018년 대비 미국은 약 2배, 캐나다는 약 1.7배 늘어났다. NAPHIA 협회장은 "펫 보험 수요가 크게 늘어나면서 보험료가 증가하고 있다"라고 말했다. 또한 펫 헬스케어 관련 지출 상승률은 1998년부터 2024년까지 약 3.7배, 270%에 달한다.

펫의 건강을 위한 지출이 늘어나면 수혜를 입는 기업들이 있다. 동물병원에서 진행하는 검사 및 의료 장비, 소프트웨어 시스템을 개발하는 아이덱스 래버토리INDEXX Laboratory와 데크라 파머슈티컬스Dechra Pharmaceuticals가 대표적이다.

내 펫의 웰빙을 위해 쓰는 돈은 아깝지 않아

펫을 위한 사치품, 즉 펫의 건강, 행복, 재미를 위해 사용하는 금액이 늘어나고 있다. 2024년 4월 Reportlinker.com이 발표한 자료에 따르면 2022년 327억 달러에 달하던 펫 액세서리 시장은 2030년까지 554억 달러에 달할 것으로 전망된다. 그리고 2022년 리서치 조사 기관인 머니슈퍼마켓MoneySuperMarket이 2,209명의 영국인을 상대로 진행한 설문조사에 따르면 펫 사치품(인형, 간식, 옷, 장난감) 구매에 25~55세는 연간 약 85만 원, 8~24세는 연간 약 130만 원을 사용할 의향이 있다고 밝혔다.

자신의 펫에게 더 좋은 것을 더 많이 해주길 원하는 Z세대가 경제적인 여유를 갖게 된다면 펫을 위한 프리미엄 소비는 더욱 늘어날 것이다. 이러한 현상은 세대가 바뀌고 인식이 바뀌면서 하나의 소비 패턴으로 자리 잡았다.

특히 펫 푸드 프리미엄 제품의 성장세가 두드러진다. 글로벌 시장 조사 기관인 유로모니터Euromonitor에 따르면 펫 푸드의 성장세는 4% 내외인 반면, 프리미엄 펫 푸드의 성장세는 6~7%를 넘나든다. 자연산, 유기농 제품을 구매하는 보호자가 많아진 것이다. 프리미엄 제품이 비싸기 때문에 펫 푸드를 생산하는 기업 입장에서는 프리미엄 제품이 많이 팔리는 것이 좋다. 비싼 제품을 더 많이 팔 수 있는 환경이 도래한 셈이다.

2003년 5월 미국의 펫푸드 전문 매체인 펫푸드 인더스트리Petfood Industry에서 467명의 펫 보호자를 상대로 진행한 설문조사에 따르면 펫 음식 퀄리티에 관심이 많은 사람이 71%나 되었다. 설문조사 결과를 통해서도 많은 보호자가 프리미엄 제품을 위한 지출을 더욱 늘려나갈 것임을 예측할 수 있다. 전문 리서치 기관 스태티스타Statista는 펫 푸드 산업 매출 규모가 2028년까지 2023년 대비 30% 가량 늘어날 것으로 전망했다. 수혜가 기대되는 대표적인 기업으로 펫 프리미엄 푸드를 제공하는 츄이Chewy와 프레시펫Freshpet, 네슬레Nestle를 꼽을 수 있다.

펫 푸드 산업과 더불어 푸드, 용품, 헬스케어, 보험, 그 외 다양한 분야를 모두 포괄한 펫 케어 산업도 전 세계적으로 성장할 것으로 보인다. 시장조사 기관인 포춘 비즈니스 인사이트Fortune Business Insight는 펫 케어 산업이 2030년까지 2023년 대비 49% 성장할 것으로 예상했다.

글로벌 펫 푸드 시장 매출 규모 전망

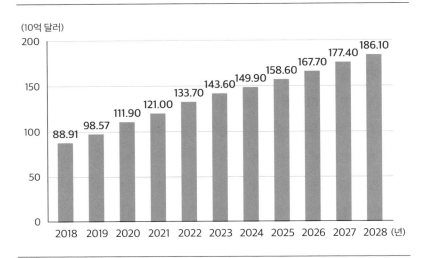

(10억 달러)

자료: 스태티스타

펫 케어 산업 시장 규모 전망

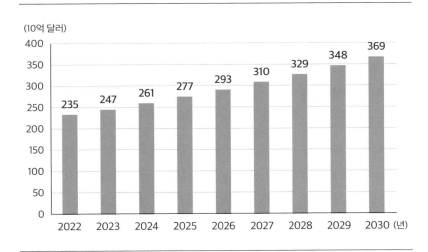

(10억 달러)

자료: 포춘 비즈니스 인사이트

펫 산업 혁신 성장 테마형 미국 상장 ETF

국가	티커	이름	혁신 성장 테마
미국	PAWZ	Proshares Pet Care	펫 산업

요즘 인스타그램, 유튜브 등을 보면 자신이 기르고 있는 펫의 사진과 동영상을 업로드하는 사람이 많다. 길거리에 잠시만 나가 봐도 펫과 함께 시간을 보내는 사람이 많다는 것을 알 수 있다. 밀레니얼 세대와 그다음 Z세대는 펫을 위한 지출을 긍정적으로 생각하고 있다. 관련 사업을 영위하는 기업들 입장에서는 매우 좋은 소식이 아닐 수 없다. 물론 주가는 AI나 전기차, 2차전지처럼 폭발적인 성장을 기대하기 어렵지만 대외적인 변수에 크게 흔들리지 않고 성장할 산업인 만큼 ETF로 접근해 볼 필요가 있다.

CHAPTER 5

바이오
산업

많은 사람이 AI와 2차전지에 큰 관심을 보이는 동안 바이오 산업에도
엄청난 변화가 일어났다. 2020년 코로나19가 전 세계를 떠들썩하게
만들었을 때 가장 많은 관심을 받은 섹터는 무엇이었을까? 바로 바이
오였다. 바이러스 치료제, 신약 개발 기업들부터 바이오텍 기업들까지
그야말로 바이오 섹터의 시대였다. 이번 챕터에서는 바이오 산업의 현
재 상황과 미래 발전 가능성을 알아보고, 어떤 ETF를 주의 깊게 살펴
봐야 하는지 알아보도록 하자.

바이오 산업의 Next Big Thing, 비만 치료제

코로나19 발생 이후 S&P500 헬스케어 섹터의 주가는 우상향했다. 다만 종식 이후라고 볼 수 있는 2022년부터는 지지부진한 모습을 보였다. 블룸버그에 따르면 2023년 미국 테크 Top 10 기업들이 79% 상승한 것과 비교했을 때 헬스케어/바이오 섹터는 큰 관심을 받지 못했다. 그렇다고 해서 바이오 산업이 성장성이 없는 것도 아니고, 시장의 관심을 받을 시기가 돌아오지 않을 것도 아니다. 또한 헬스케어/바이오 분야는 그동안 엄청난 변화를 겪었고, 새로운 성장 동력을 찾아냈다.

가장 큰 힌트를 얻을 수 있는 대목은 일라이릴리Eli Lilly의 약진이다. S&P500의 헬스케어 기업들 중 가장 오랫동안 왕좌를 차지한 회사는 존슨앤존슨과 유나이티드헬스그룹이었다. 2022년 1월 1일 시가

S&P500 헬스케어 섹터의 주가흐름

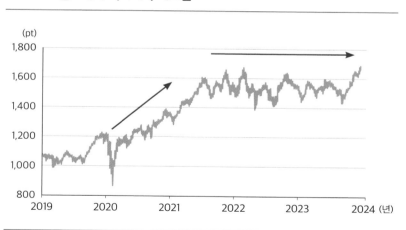

자료: 블룸버그

총액 기준 4위였던 일라이릴리는 2023년 1월 1일 화이자^{Pfizer}를 제치고 3위로 올라서더니 2024년 1월 1일에는 모두를 제치고 1위에 등극했다. 일라이릴리가 강자들을 이길 수 있었던 비결은 바로 비만 치료제다. 알츠하이머를 치료하는 약도 아닌, 암을 치료하는 약도 아닌 비만 치료제가 일라이릴리를 최고의 자리에 올려놓은 것이다. 비만 치료제는 기업들 입장에서는 엄청난 돈줄이나 다름없다.

그렇다면 ETF 투자자로서 이 산업을 이해하고 어느 정도 성장성을 가지고 있는지 파악해 볼 필요가 있다. 헬스케어 섹터 내 기업들은 시가총액이 큰 만큼 순위도 잘 바뀌지 않고 움직임이 무겁다. 그런데도 일라이릴리는 단기간에 헬스케어 섹터에서 존재감을 드러냈다. 분명 우리가 꼭 알아야 할 혁신 성장 테마가 숨어 있을 것이다. 지금부터 차근차근 알아보자.

비만은 심각한 질병이다

비만은 전 세계적으로 사회적인 이슈다. World Obesity에서 제공한 나라별 성인 남성 비만 비중을 보면 미국 성인 남성 인구 42%가 비만이다(2022년 기준). 호주는 32%, 영국은 27%에 달한다. 반면 우리나라는 8%밖에 되지 않아 비만에 대한 심각성을 잘 느끼지 못할 수도 있다.

미국 리얼리티 쇼 〈더 비게스트 루저$^{The\ Biggest\ Loser}$〉가 2004년부터 2020년까지 인기리에 방영되었던 것만 봐도 미국에서는 비만이 사회적인 이슈라는 사실을 알 수 있다. 전 세계 비만 환자 수는 지난 50년간 3배 이상 증가했는데, 2023년 3월에 발간된 리포트 〈세계비만지도World Obesity Atlas〉에 따르면 2035년에는 전 세계 인구 절반이 과체중이거나 비만일 가능성이 크다.

사실 중요한 건 비만 인구가 늘어나면 비용도 늘어난다는 것이다. 밀켄 연구소Milken Institute가 발표한 자료에 따르면 미국에서 비만으로 인한 의료 비용은 연간 1,730억 원 가까이 들어간다. 비만은 '만병의 근원'이라 불릴 정도로 고혈압, 고지혈증, 당뇨, 심혈관 질환 등 각종 합병증을 유발한다. 미국 국립보건원National Institute of Health에 따르면 비만으로 인한 경제적 손실은 2035년 전 세계 GDP의 3%에 달할 것으

비만으로 인한 경제적 손실 규모 및 GDP 비중

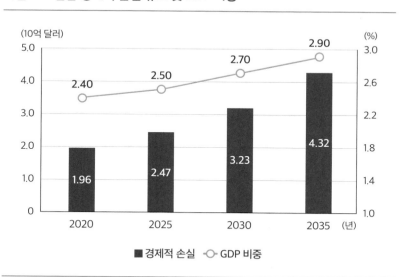

자료: 미국 국립보건원

로 보인다.

　현재 미국 의사협회는 비만을 질병으로 명명하고 해당 사항을 심각하게 인식하고 있다. 유럽연합 역시 비만을 질병으로 간주해 비만과의 싸움을 진행할 것으로 보인다. 2023년 7월 미국에서 발의된 '비만 치료 및 감소법TROA, The Treat and Reduce Obesity Act'에는 비만 신약의 공공 보험 적용 내용이 포함되기도 했다. 실제로 이러한 법안이 적용되기에는 무리가 있지만 비슷한 법안이 지속적으로 등장한다면 비만 치료제를 만드는 기업에는 희소식이 아닐 수 없다.

일론 머스크가 먹었다는 그 약은 무엇이 다를까?

비만 치료제는 일론 머스크가 노보 노디스크Novo Nordisk의 위고비를 주사한 뒤 15kg을 뺐다고 해서 유명해졌다. 살을 빼는 약은 예전부터 있었는데, 이 약은 대체 무엇이 다르기에 화제가 된 것일까? 광고를 보면 빨간통부터 시작해 나이트버닝 등 다양한 다이어트 약이 있다. 여기서 중요한 것은 지금 광고를 통해 유통되는 다이어트 약들은 '약'이라기보다는 살을 빼는 데 도움이 되는 건강기능식품이다. 치료제가 아니라 다이어트 보조제 역할을 하기 때문에 공식적으로 FDA의 승인을 받지 않아도 된다. 그래서 먹었을 때 살이 빠지는 경우도 있고, 그렇지 않은 경우도 있다.

　지금 당장 올리브영에서도 살 수 있는 다이어트 약들은 보조제일 뿐이고, 지금부터 우리가 이야기하려고 하는 것은 치료제 그리고 의약품 영역이다. 따라서 이 둘을 비교하는 것은 전혀 어울리지 않는다. 또한 우리나라에는 유통되고 있지 않지만 글로벌 제약회사에서 만든 기존 비만 치료제 1~2세대와도 차원이 다르다. 일론 머스크 때문에 유명해진 위고비와 일라이릴리의 주가를 끌어 올린 마운자로는 3세대 비만 치료제다.

비만 치료제를 이해하기 위해서는 일단 GLP-1 치료제를 이해해야 한다. 이는 간단하게 말해 비만 치료제를 위해 만든 물질이 아닌 치료제로 사용되던 물질이다. 인슐린을 분비해 혈당을 조절하는데, 이 약을 오랜 기간 당뇨병 환자들에게 처방해 추적해 보니 식욕 부진과 체중 감소가 관찰되었다. 여기서부터 지금의 비만 치료제 개발이 시작되었다. 그래서 이전 비만 치료제보다 부작용이 적고, 장뿐 아니라 간, 뇌에도 영향을 미친다. 뇌의 식욕 중추를 조절해 식욕을 억제하고 탄수화물 흡수 속도를 떨어뜨려 급격한 혈당 상승을 방지한다. 간에 포도당 신생 합성을 줄이고 간세포 내 지방 축적을 줄인다. 살을 빼기 위해 노력해 본 사람은 알겠지만 탄수화물을 근육으로 만들기 위해서는 천천히 흡수되도록 해야 한다. 그래서 흰쌀밥과 밀가루보다 곡물을 먹어야 하는 것이다. GLP-1은 이러한 특징을 살려 비만 치료제 개발에 성공했다.

3세대 비만 치료제의 위력은 실로 대단하다. 일단 기존 치료제와 비교했을 때 체중 감소율이 높다. 1~2세대 비만 치료제는 체중 감소율이 10% 미만이고 부작용도 심해 판매가 중단된 경우가 많다. 그런데 노보 노디스크는 위고비 등 3세대 비만 치료제의 체중 감소율은 15% 이상이라고 발표했다. 그리고 하루 1~2회 주사 제형에서 투약 빈도를 줄이고 알약 치료제가 개발되는 등 환자 투약 편의성도 많이 나아질 것이다. 요약하면, 앞으로 알약을 먹기만 하면 부작용 없이 체중 감소 효과를 보게 될 수도 있다.

2024년 2월 학술지 〈네이처Nature〉에 실린 연구 결과를 보면 일라이릴리의 차세대 비만 치료제인 레타트루타이드는 평균 24.2%의 체중 감소를, 노보 노디스크의 카그리세마는 평균 17.1%의 체중 감소를 보여주었다. 그리고 FDA 승인 Phase 2에 진입한 레타트루타이드는 복용한 90%가 10% 이상의 체중 감소를 보여주었다. 위 절제술을 받으면 25~30% 체중 감소를 기대할 수 있다는 것을 생각하면 실로 놀라운 효과가 아닐 수 없다.

미래에셋증권 리서치센터는 이러한 신약 기술을 토대로 비만 치

비만 치료제 시장 예상 성장 추이

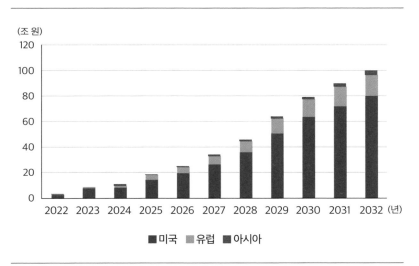

자료: 미래에셋증권 리서치센터

　　　　　　　나는 ETF로 돈 되는 곳에 투자한다

료제 시장은 2032년까지 연평균 30% 성장해 100조 원을 달성할 것
이라고 전망했다.

글로벌 제약회사들의 비만 치료제에 대한 투자 행보

글로벌 제약회사들도 비만 치료제에 대한 성장성을 인정한 것인지
2023년 노보 노디스크는 엠바크 바이오텍Embark Biotech 등 비만 후보
물질 관련 기술력이 있는 2개의 기업과 M&A를 진행할 것이라고 발
표했고, 일라이릴리 역시 2023년 7월 버사니스 바이오Versanis Bio를 인
수할 것이라고 발표했다. 아스트라제네카Astrazeneca는 에크오진Ecogene
의 기술을 도입하기로 했고, 로슈 홀딩스Roche Holding는 2023년 12월
카못 테라퓨틱스Carmot Therapeutics를 인수하겠다고 발표했다. 글로벌
제약회사들이 이렇게까지 비만 치료제 시장에 열을 올리는 것은 그만
큼 성장성을 내포하고 있다고 생각하기 때문이다.

일단 비만 치료제 시장을 리드하고 있는 기업은 일라이릴리와 노
보 노디스크이지만, 이 두 곳 이외에도 관심을 두고 지켜봐야 하는 기
업들이 있다. 가다실을 개발한 머크MRK는 2024년 1월 새로운 GLP-
1 비만 치료제를 도입하겠다고 언급했고, 리제네론Regeneron은 근육 감
소 방지를 위해 위고비와 함께 복용할 수 있는 약물에 대한 임상시험
을 2024년 중순에 진행할 예정이다.

이제 글로벌 헬스케어 시장의 눈은 비만 치료제로 쏠렸다. 다이어

비만치료제 혁신 성장 테마형 국내&미국 상장 ETF

국가	티커	이름	혁신 성장 테마
국내	476690	TIGER 글로벌비만치료제TOP2Plus	글로벌 비만 산업
	476070	KODEX 글로벌비만치료제TOP2Plus	글로벌 비만 산업
	476070	KBSTAR 글로벌비만산업TOP2Plus	글로벌 비만 산업
미국	SLIM	The Obesity ETF	글로벌 비만 산업

트는 나이와 성별을 막론하고 많은 사람이 해결해야만 하는 숙제다. 이를 경제적인 효과로 치환하면 앞으로의 성장성은 어마어마하다. 수술을 대체할 정도로 효과가 좋은 신약들이 탄생을 앞두고 있다. 물론 부작용이 발생할 수도 있으나 앞으로의 성장성이 기대되는 만큼 관련 ETF에 관심을 두기 바란다.

혁신 성장 테마형 ETF 중에서
성장성이 높은 것은 무엇일까?

이번 파트에서는 비IT 산업 중에서 혁신 성장을 기대해 볼 만한 테마 ETF와 그 산업이 가지고 있는 성장성에 대해 알아봤다. 파트 4에는 반도체부터 AI, 메타버스까지 서로 연결되어 있는 부분이 많았다면, 이번 파트에서 알아본 것들은 각각의 스토리를 가지고 있는 혁신 성장 테마형 ETF들이었다. 그래서 선호도를 이야기하기에는 다소 어려운 점이 있지만 전기차, 자율주행, 2차전지 ETF는 미국 대선 결과에 따라 수익이 나기까지 시간이 오래 걸릴 수도 있고, 반대로 반향을 크게 일으킬 수도 있다. 그래서 변동성은 크지만 높은 수익률을 목표로 한다면 포트폴리오에 담아볼 수 있는 ETF들이다.

　그다음 성장성이 높을 것으로 기대되는 것은 비만 치료제 산업인데, FDA 임상시험 결과와 승인 결과에 따라 크게 흔들릴 수도 있다. 이 역시 '리스크를 지더라도 수익률을 노리겠어'라고 생각하는 투자자들은 고려해 볼 만한 ETF다.

럭셔리와 펫 ETF는 정치적·외교적 리스크, 매크로 리스크와 상관없이 세대교체와 소비 패턴의 변화로 산업 자체가 커질 가능성이 크므로 조용하면서도 천천히 성장할 산업에 투자하고 싶다면 생각해 볼 만한 혁신 성장 테마형 ETF다.

나는 ETF로 돈 되는 곳에 투자한다

PART 6

채권 ETF

....

이번 파트에서는 내 ETF 포트폴리오에서 안정성을 담당할 채권 ETF에 대해 알아보자. 주식 100%로 ETF 포트폴리오를 채우고 싶어 하는 투자자들도 있는데, 필자는 추천하지 않는다. 채권 ETF를 일부분 가져가며 포트폴리오에 안정성을 더하고, 달라질 금리 변화에 따라 채권 ETF로 대응하는 것도 수익률을 창출하는 방법이기 때문이다. 물론 채권이라는 자산은 주식보다 친숙함이 떨어져 어렵게 느껴질 수도 있다. 그래서 그동안 투자하지 않았다면 ETF로 투자하는 것이 좋은 대안이 될 수 있다. ETF의 장점은 어떠한 자산군이라도 상품만 있다면 주식을 거래하는 것처럼 편하게 투자할 수 있다는 것이다. 지금부터 채권 ETF에 대해 알아보고, 어떤 채권 ETF에 투자하면 좋을지 함께 고민해 보도록 하자.

CHAPTER 1

채권 ETF, 포트폴리오에 필수적인 존재

채권 ETF에 투자해야 하는 이유는 무엇일까? 여러 가지 이유가 있지만 한 가지를 꼽는다면 단연 안정성이다. 자신의 ETF 포트폴리오에 안정성을 더하고 싶다면 채권 ETF를 담는 것이 좋다. 그리고 개별 채권에 투자하기 위해 노력해 본 투자자라면 잘 알겠지만, 혼자서 개별 국채와 회사채에 투자하는 것은 결코 쉬운 일이 아니다. 그렇다면 어떻게 채권 ETF에 투자해야 할까? 지금부터 그 방법을 하나하나 자세히 알아보자.

채권 ETF에 투자해야 하는 이유

채권 ETF라고 해서 가격 변동이 아예 없는 것은 아니지만 보통 채권은 안전자산, 주식은 위험자산으로 분류된다. 그래서 전 세계적으로 시장이 Risk on(위험 추구) 모드일 때는 주식 ETF로, Risk Off(위험 회피) 모드일 때는 채권 ETF로 많은 자금이 유입된다.

일례로 연준의 지속적인 금리 인상으로 위험 회피 성향이 극에 달했던 2022년 7월에는 이례적인 수준으로 글로벌 채권 ETF로의 자금 유입이 많았다. ETFGI에서 제공한 글로벌 ETF 자금흐름을 보면 2022년 6월 대비 채권 ETF 순유입 규모는 9배가량 늘어났는데, 당시 주식 대비 채권 ETF로 자금이 더 많이 유입되었다. 그 당시에는 주식 ETF에 대한 관심이 상대적으로 줄어들었고, 투자자들이 채권 ETF를 많이 샀다는 의미다. 글로벌 ETF 시장에서 주식 ETF가 약 75%, 채권 ETF가 약 17% 차지한다는 것을 고려하면 채권 ETF의 선호도가 얼마나 높았는지 짐작할 수 있다.

반대로 2024년 1월에는 Risk On 모드로 바뀌면서 ETF 자금흐름이 달라졌다. 2023년 12월 미국 연준이 시장에 연내 금리 인하에 대한 기대감을 주면서 Risk On 모드로 바뀌었고, 주식 ETF로 많은 돈이 흘러갔다.

상황은 언제든 변할 수 있다. 따라서 채권 ETF에 대해 미리 공부해야만 상황에 맞게, 내 ETF 포트폴리오의 목적에 맞게 비중을 조절해 나갈 수 있다.

국내도 상황이 비슷했는데, 2022년 8월까지 국내 개인투자자들의

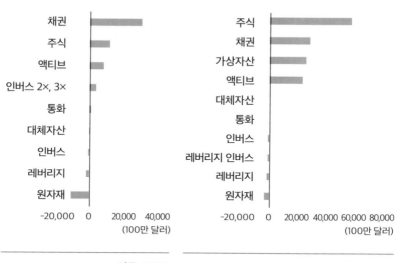

채권 순매수 규모는 2조 7,452억 원으로, 2021년 동기간 대비 393%
나 증가했다. 2022년 상반기 개인의 매수 채권 규모는 5조 398억 원
이었는데, 7~8월에만 5조 6,000억 원을 넘어섰다. 그 당시 연준이 금
리 인상에 대한 입장을 선회하지 않을 것이라고 밝히면서 안정적인
인컴형 자산이라는 점에서 채권의 매력이 부각되었다. 순수 채권 매수
규모도, 채권 ETF 매수 규모도 늘어났다.

　앞으로 이런 상황을 마주하게 되었을 때 안전자산의 비중을 높여
야 하는 순간에 잘 모른다고 채권 ETF를 담지 않는 실수를 범하지 않
길 바란다. 그리고 퇴직연금 계좌의 30%는 안전자산으로 채워야 하
는데, 이 부분을 자신에게 맞춰 효율적으로 투자할 수 있도록 채권

ETF에 대해 반드시 알아두어야 한다.

어떤 채권에 투자하는지에 따라 파킹 통장 역할을 할 수 있는 채권 ETF도 있고, 금리 변화를 예측하고 시세차익을 노리고 투자할 수 있는 채권 ETF도 있다. 그리고 채권에서 나오는 이자를 분배금으로 지급하는 상품도 있다.

채권 ETF 용어 정리

본격적으로 채권 ETF의 종류와 전략에 대해 알아보기 전에 몇 가지 용어를 알아보자. 채권은 정부, 공공기관, 주식회사 형태를 갖춘 기업이 일반 대중 투자자들로부터 비교적 장기의 자금을 조달하기 위해 발행하는 일종의 차용서다. 채권 ETF는 단일 채권에 투자하는 것이 아니라 다양한 채권을 ETF의 콘셉트에 맞게 조합한다. 기초자산이 채권이기 때문에 채권이 가지고 있는 대부분의 특징을 공유한다.

YTM

YTM^{Yield to Maturity}은 만기 수익률을 뜻한다. 보유 기간이 만료되는 경우의 채권 수익률을 뜻하며, 실제로 시장에서 인용하거나 공시하는 대부분의 채권 수익률은 암묵적으로 만기까지 보유한다는 가정하에 계산되는 만기 수익률이다. 투자하고자 하는 채권 ETF의 운용사 홈페이지에서 채권 ETF의 YTM을 확인할 수 있는데, ETF에 담고 있는 개별 채권들의 YTM을 가중 평균해서 구한다.

채권 이자 수익률과 표면금리

보통 채권의 수익률은 투자자가 만기일까지 채권을 보유할 경우에 얻을 수 있는 총수익률을 현재의 투자 원금으로 나눈 비율을 뜻하며, 투자 원금이란 채권(매입) 가격과 같은 의미다. 채권은 가격이 아닌 수익률로 거래되는 것이 일반적인데, 채권은 지급 이자가 정해져 있지만 발행되고 나면 시장에서 매매되면서 가격이 변하기 때문이다.

예를 들어 한국 국채가 발행되었을 때 연 10%의 표면금리를 준다고 가정하자. A씨가 발행된 국채를 10만 원에 매입했다면 그는 매년 1만 원의 이자를 받게 된다. 그런데 채권도 자산이기 때문에 경제 상황이 어떤지에 따라, 공급과 수요가 어떤지에 따라 가격이 변한다. A씨가 채권을 가지고 있는데 한국 반도체 수출이 좋아져 경제가 회복하는 국면에 직면했다고 가정해 보자. 그런데 그 와중에 다른 국가들보다 경제성장률이 높을 것으로 예상된다면 전 세계 투자자들은 한국 국채를 사고 싶을 것이다. 그러면 가격은 더 올라간다. 그래서 B씨가 A씨로부터 동일한 국채를 20만 원에 매수했다고 가정해 보자. 그러면 B씨는 1만 원의 이자를 그대로 받지만 해당 채권의 금리(이자 수익률)는 5%가 된다. 채권에 적혀 있는 표면금리는 그대로인데, 시장에서 다양한 변화로 가격이 변해 해당 채권의 금리가 변한 것이다.

채권가격은 채권의 이자 수익률과 항상 역수 관계다. 채권가격이 올라가면 이자 수익률은 떨어지고 채권가격이 떨어지면 이자 수익률은 올라간다.

기준금리와 채권금리

국가 정책적으로 기준금리를 인상한다는 기대감이 일렁이면 채권의 일드Yield는 높아지고, 채권가격은 하락한다. 예를 들어 중기 국채인 3년 만기, 3% 쿠폰을 지급하는 국채를 1,000만 원 매수했다고 가정하자. 액면가에 채권을 투자했다면 매년 30만 원의 연 이자를 받게 되며, 만기 시에는 1,000만 원의 액면가를 돌려받게 된다. 그런데 3개월 후에 인플레이션을 진정시키기 위해 중앙은행이 금리를 4%로 인상했다고 가정해 보자. 그러면 투자자들은 더 많은 이자 수익을 얻기 위해 4% 금리를 지급하는 채권을 액면가 1,000만 원보다 비싼 비용을 지불해서라도 살 것이다. 그러면 이전에 투자했던 채권의 가치는 하락하게 된다. 반대로 경기 부양을 위해 중앙은행이 금리를 2%로 낮춘다면 이전에 발행한 3% 금리 지급 채권이 더욱 매력적이게 된다. 3% 금리의 채권이 프리미엄에 거래될 가능성이 높아 해당 채권을 보유하고 있는 투자자에게는 긍정적이다.

듀레이션

듀레이션Duration은 간단하게 말하면 투자자금의 평균 회수 기간을 말한다. 채권에 돈을 투자하면 투자자금을 회수하기까지 여러 요인의 영향을 받는다. 만기가 길어질수록 당연히 투자금 회수가 길어진다. 채권의 회수 기간은 표면 이자율과 시장 이자율에 의해 달라질 수 있는데, 이자가 지급되지 않는 경우 만기까지 기다려야만 원금 회수가 가능하다. 그렇지만 이자가 지급된다면, 그만큼 투자금 회수 기간이 짧아진다. 물론 이 경우 지급되는 이자가 높을수록 회수 기간이 짧아진

나는 ETF로 돈 되는 곳에 투자한다

다. 듀레이션은 채권에서 발생하는 현금흐름의 가중 평균 만기로서 채권가격의 이자율 변화에 대한 민감도를 측정하기 위한 척도로 사용된다. 그래서 듀레이션이 긴 채권의 경우 가격 변동성이 높다. 투자금 회수까지 기간이 많이 남았으니 불확실성이 커 가격의 등락폭이 높아지는 것이다. 채권이라고 해서 가격흐름이 마냥 안정적인 것은 아니다.

채권 ETF의 단점

단일 채권을 사는 것과 채권 ETF를 사는 것의 차이점은 무엇일까? 개별 채권에 투자할지, 채권 ETF에 투자할지 고민하고 있다면 채권 ETF의 장점과 단점을 알아두어야 한다. 먼저 단점부터 알아보자.

매매차익 과세

개별 채권은 매매차익에 대한 과세가 없다. 하지만 채권 ETF에 투자한다면 매매차익은 배당소득세 과세(보유 기간 과세)가 된다. 이 점이 국내 주식과 국내 주식 ETF의 다른 점인데, 국내 주식 그리고 국내 주식만을 담은 지수를 추종하는 ETF는 둘 다 매매차익 과세가 없다. 다만 2025년에 금융투자소득세가 시행되면 개별 채권 매매차익도 과세가 된다. 금융투자소득세가 시행될지는 아직 정확하지 않지만, 만약 시행된다면 채권이 채권 ETF 대비 가지고 있던 큰 장점이 사라지는 것이다.

잦은 구성 종목 변경

국내에 상장되어 있는 대부분의 채권 ETF는 액티브다. 이는 주식 ETF와 다르게 운용사의 펀드 매니저가 구성 종목을 편입했다가 편출하고 비중도 자유롭게 조절할 수 있다는 의미다. 물론 채권 ETF마다 추종하는 비교 지수도 있고 추구하는 콘셉트가 있기 때문에 큰 틀에서 벗어나지 않을 테지만, 채권 ETF에 투자하기 위해 처음 봤던 채권 ETF 구성 종목이 다음날에 많이 달라져 있을 수도 있다. 채권 ETF는 구성 종목의 잦은 변경으로 주식 ETF보다 더 자주 확인해야 한다. 만약 딱 하나의 채권에 개별적으로 투자한다면 그 채권의 특징을 확인한 뒤 더 이상 공부하지 않아도 되는데 말이다. 투자하는 사람 입장에서는 단점일 수 있다.

그럼 해외에 상장되어 있는 채권 ETF들은 어떨까? 상품마다 다르지만 유명한 채권 ETF들은 대부분 패시브다. 따라서 투자할 때 국내에 상장된 채권 ETF인지, 해외에 상장된 채권 ETF인지, 액티브하게 운용되는지, 패시브하게 운용되는지 미리 확인할 필요가 있다.

채권 ETF의 장점

이 정도 단점을 가지고 있다면 그냥 단일 채권에 알아서 투자하는 것이 낫지 않을까? 그렇지 않다. 만약 장점이 없었다면 이 책에 채권 ETF를 다루지도 않았을 것이다. ETF 포트폴리오를 만드는 걸 목표로 삼고 있는 책이지만 투자자 입장에서 ETF보다 그냥 채권에 투자하는 것이 모든 면에서 좋다고 판단했다면 다른 자산은 ETF를 통해 담고, 채권은 그냥 개별 채권에 투자하라고 말한 뒤 채권 ETF에 대해 설명하지 않았을 것이다. 앞서 언급한 단점들 중에 세금과 관련된 내용은 어찌할 방법이 없지만, 그것을 제외하곤 단점들을 상쇄할 수 있을 정도의 장점들이 있다.

포트폴리오 다각화

개별 채권을 매수할 때보다 상대적으로 낮은 가격으로 비슷한 성격을 가지고 있는 여러 개의 채권을 소유할 수 있다. 기사에서 '앞으로 금리 인하를 앞두고 있기 때문에 채권이 좋다'라는 소식을 접하고 채권에 투자했다고 가정해 보자. 채권이라는 자산에 대한 기본적인 이해와 금리 방향성에 대한 분석을 바탕으로 듀레이션이 길고 상대적으로 금리가 높은 회사채에 투자했다면 단일 채권에 투자함으로써 리스크를 더 지게 된다.

물론 국내에 상장된 채권 ETF는 대부분 액티브이기 때문에 구성 종목이 자주 바뀔 수 있지만 하나의 채권에만 투자하면 하나의 주식에만 투자하는 것과 비슷하게 몰빵하는 것이다. 그렇다고 개별 채권을 여러 개 매수하면 수수료가 채권 ETF를 매수하는 것보다 비싸다. 채권은 주식과 다르게 장내 시장이 크지 않아 원하는 매수를 하기가 쉽지 않기 때문이다.

그렇다면 증권사를 통해 장외채권을 매수해야 하는데, 그럴 경우 수수료가 비싸다. ETF의 거래수수료는 개별 채권과 비교했을 때 상대적으로 낮다. ETF의 경우 총보수가 연 10bp(0.1%)로, 1억 원을 투자한다면 10만 원 정도 발생하는데, 장외채권 시장의 경우 증권사마다 수수료가 다르지만 대략 30~120bp 정도다. 1억 원을 투자한다면 30~120만 원의 수수료가 발생하고, 1~2년 만기의 단기채권의 경우 1억 원당 60~150만 원의 수수료가 발생한다. 그래서 여러 개의 채권을 포트폴리오에 담는 것보다 채권 ETF에 투자하는 것이 포트폴리오 다각화 측면에서 그리고 비용 측면에서 이득이다.

유동성

채권은 장내채권과 장외채권이 있다. 장내에서 거래되는 채권의 경우 장외채권보다 상대적으로 유동성이 높지만 개별 채권이 주식만큼의 유동성을 가지고 있다고 보긴 어렵다. 그래서 HTS와 MTS를 통해 거래할 경우 유동성이 문제가 될 수 있다.

보통 유동성은 국고채 〉 단기사채 〉 공사채, 회사채, 특수채 〉 신종자본증권 순으로 높은데, 유동성이 상대적으로 낮은 회사채의 경우 유동성 프리미엄이 평균적으로 30bp 수준(AA급 회사채)이다. 유동성이 높은 국채의 유동성 프리미엄이 5bp인 것을 생각하면 그만큼 유동성이 풍부하지 못하다는 의미다.

프리미엄과 거래가 가능한 채권 종류가 증권사마다 다른 점도 채권 직접거래를 어렵게 만드는 요인이다. ETF는 유동성 공급자, 즉 LP가 의무적으로 호가를 제출하기 때문에 개장 시간 내내 상대적으로 높은 유동성을 유지할 수 있다.

ETF는 주식처럼 쉽게 매수/매도를 할 수 있지만 개별 채권은 꼭 그렇지 않다. 장내에서 거래되는 개별 채권의 경우 호가를 제시해야 하는 의무가 없는 반면, ETF는 LP의 호가 제시 의무가 있기 때문에 개인투자자 입장에서는 상대적으로 거래하기가 편리하다. 그리고 채권의 만기가 끝나기 전에 팔고 싶다면 손쉽게 팔 수도 있다. 개별 채권의 경우 중도 매도가 어려운데, ETF는 투자자가 원할 때 주식을 거래하듯 팔면 된다.

인컴 수익 지급 방식

채권은 종류에 따라 이자 지급 방식이 다르다. 따라서 채권투자를 통해 꾸준한 인컴 수익을 바란다면 투자하려고 하는 개별 채권이 이표채,* 단리채**, 복리채***, 할인채**** 중 어떤 채권인지, 이자 지급 시기는 어떤지 채권마다 분석해야 한다. 예를 들어 국고채, 산금채(산업금융채권), 한전채(한국전력채권), 대부분의 회사채가 이표채로 발행되는데, 만기가 3년 이하인 국고채는 3개월 단위로, 만기가 5년 이상인 국고채는 반기 단위로 이자가 지급된다. 개별 회사채는 회사채마다 다르다.

반면 채권 ETF에 투자한다면 분기마다 혹은 월마다 분배금 형식으로 채권 이자를 받을 수 있다. 복잡하게 분석할 필요 없이 해당 채권 ETF의 분배금 지급 시기만 확인하면 된다는 의미다. 그리고 채권

---

* 액면가로 채권을 발행해 이자를 일정 기간 동안 나누어 지급한 뒤 만기에는 원금을 상환하는 채권
** 원금에 대한 이자를 주기적으로 지급하거나 재투자하지 않는 채권
*** 이자를 미리 지급하지 않고 다시 원금에 더해 복리로 재투자하는 채권
**** 액면금액에 이자를 선공제해 발행하는 채권

ETF의 월 분배 상품이 늘어나고 있는 추세라 꾸준한 현금흐름을 기대해 볼 수 있다는 점도 장점이다.

엄청난 자산가라면 세금 이슈가 있기 때문에 개별 채권에 투자하는 것이 나을 수도 있다. 또한 증권사에서 친절하게 분석해 줄 것이기에 포트폴리오 다각화 혹은 인컴 지급 방식에 대해 스스로 알아봐야 하는 수고를 안 해도 된다. 하지만 그렇지 않다면 국내 그리고 미국에 상장되어 있는 채권 ETF를 고려하는 것이 좋다. 간단히 말해 채권 ETF는 채권을 주식처럼 편하게 사고팔 수 있는 투자 방법이다. 개인 투자자들이 애플이 발행한 회사채에 투자하는 것은 거의 불가능하다. 하지만 ETF를 활용할 경우 투자하기 어려운 해외 채권에도 손쉽게 다가갈 수 있다.

CHAPTER 2

채권 ETF의
종류

자, 지금부터 채권 ETF의 종류를 알아보자. 글로벌 채권시장 규모는 130조 달러다(2022년 기준). ETF를 통해 이렇게 큰 시장에 투자하는 만큼 종류가 다양하다. 물론 채권 ETF는 개별 채권보다 종류가 다양하지 않다. 보통 모아서 1개의 인덱스를 구성해 추종하는 방식으로 운용되기 때문이다. 세계적으로 가장 큰 채권 ETF는 미국 내에서 거래되는 모든 채권에 투자하는 ETF로, Total, Aggregate라는 이름을 가진 상품들이다. 미국채, 회사채, MBS, ABS, CMBS 등을 모두 포함한 인덱스를 추종한다.

그 외 채권 ETF는 만기와 투자하는 채권에 따라 나뉜다. 예를 들어 3년 미만 만기를 가진 국공채는 단기로 분류되고, 회사채는 5년 미만이 단기로 분류된다. 국내에서는 단기통안채와 같은 채권이 단기 국공채 ETF라고 볼 수 있다. 3~7년 만기를 가진 국공채는 중기로 분류된다. 회사채의 경우 만기가 5~10년이면 중기라고 본다. 회사채는 투자 등급, 투기 등급(하이일드)으로 나뉜다는 점도 알고 있어야 한다. 투자 등급은 투기 등급 대비 금리는 낮지만 상대적으로 더 안정적이다.

그 외 CD금리와 KOFR금리를 추종하는 ETF도 채권 ETF로 분류된다. CD는 은행이 돈을 빌려올 때 발행하는 증서를 채권처럼 취급하는 것이라고 이해하면 되고, KOFR은 국채 및 통안증권을 담보로 하

채권 ETF의 종류

	구분	단기	중기	장기
국내	국공채 ETF	3년 미만 국공채 예) 단기통안채	3~7년 국공채 예) 중장기 국채	10년 이상 국채 예) 국채 10년물
	회사채 ETF	1~5년 회사채 예) 투자등급회사채	5~10년 회사채	10년 이상 회사채
	기타/ 채권혼합 ETF	그 외 금리 투자 상품 예) CD금리, KOFR금리	채권&주식투자 예) 나스닥채권혼합	
해외	국공채 ETF	해외 통화 표시 채권	3~7년 해외 통화 표시 채권	10년 이상 해외 통화 표시 채권 예) 미국 10년물
	회사채 ETF	1~5년 회사채 예) 단기 하이일드	5~10년 회사채 예) 중기 회사채	10년 이상 회사채 예) 장기 회사채
	기타/ 채권혼합 ETF	그 외 금리/대출/ 채권투자 상품 예) 시니어론, MBS 등	채권&주식투자 예) 글로벌멀티에셋TIF	

자료: 미래에셋자산운용

는 익일물 RP금리를 사용해 산출한 한국무위험지표금리라고 이해하면 된다. CD는 만기가 1년, 91일물이 가장 대표적이다. KOFR은 익일물 RP금리를 사용하는 만큼 듀레이션이 1일인 하루짜리 상품으로, 모두 초단기 채권 ETF라고 보면 된다.

채권 혼합형 ETF의 경우 주식 비중을 40~45%로 유지하며 투자하는 혼합형 방식으로 운용된다. 특정 지수와 특정 만기 채권을 혼합한 ETF도 있고, 글로벌멀티에셋TIF 같이 다양한 주식과 채권 자산군을 혼합한 ETF도 있다.

채권 ETF, 특징을 살펴보고 시황에 맞춰 사자

채권 ETF 투자를 고려할 때 가장 중요한 것은 금리와 투자 목적이다. 채권 ETF는 대부분 인컴형으로, 분배금 지급 빈도가 중요하다면 그러한 부분도 함께 보고 투자를 결정하는 것이 좋다. 그리고 달러 표시 채권의 경우 환율까지 고려한다면 환차익을 얻을 수도 있다.

간단하게 금리가 상승할 것으로 예상되거나 고금리 환경이라면 단기채, 금리가 하락할 것으로 예상된다면 장기채 전략을 펼치는 것이 교과서적인 생각이다. 물론 금리 외에도 수많은 요소가 채권투자 전략에 영향을 미치지만 금리의 방향성이 제일 중요하다. 만기가 길수록 금리 변동에 민감하게 반응한다. 돈을 회수할 때까지 오래 기다려야 하니 금리 변동에 민감하게 반응하는 것이다. 단기채는 금리 인상의 영향을 받기는 하지만 변동성이 낮아 안정적인 수익을 기대할 수 있다. 다만 그만큼 채권 이자율이 장기채 대비 낮다.

역사적으로 보면 지금은 고금리 환경이다. 하지만 계속 고금리를 유지하긴 어렵다. 인플레이션이 잡힌다면 중앙은행들은 금리를 내릴 것이다. 따라서 두 가지 상황에서 어떻게 대응해야 하는지 모두 알아둘 필요가 있다.

우선 고금리 환경을 누릴 수 있고 안정성이 매우 높은 ETF 위주로 알아보자. 중앙은행에서 기준금리를 올리거나 동결 기간을 예상보다 오래 가져가 역사적인 고금리 환경이라면 주식시장에 대한 선호도는 떨어지고 Risk Off(위험 회피) 모드가 시장을 지배한다. 그럴 때는 앞서 소개한 표에서 '단기'로 분류되어 있는 ETF 쪽에서 선택하는 것을 추천한다. 그중에서도 가격 상승을 통한 시세차익보다는 이자를 기대하거나 원금이 어느 정도 보장될 수 있는 ETF를 담는 것이 좋다.

사실 조건을 다 맞출 수 있다면 은행 예금이 가장 나을 수도 있다. 하지만 은행에서 높은 금리를 받기 위해 카드를 만들고, 공과금을 납부하는 등 수많은 조건을 충족하기가 결코 쉽지 않다. 그러니 어떠한 조건도 없이 비슷한 이자 수익률을 기대할 수 있고, 목돈을 오래 묶어둘 필요도 없는 단기채권금리 추종형 ETF들을 알아보자.

CHAPTER 3

단기채권금리 추종형 ETF

금리 추종형 ETF는 만기 채권 ETF와 초단기 금리를 추종하는 ETF가 있다. 국내에서 가장 대표적인 초단기 금리를 추종하는 ETF는 CD금리와 KOFR금리를 추종하는 상품이다.

　금리 추종형 ETF의 공통점은 '매일 이자가 붙는 구조'를 가지고 있다는 것이다. 이러한 ETF 가격의 증감은 이자 누적분 1일 치에 금리 변동으로 인한 손익을 더한 값이다. 이자 누적분은 매일 일정한 것이 아니라 해당 시점의 ETF 연간 만기 수익률, 즉 YTM을 365분의 1로 나눈 값이다. 거기에 크레딧 금리 변동으로 인한 손익을 더하면 ETF의 가격 증감과 수익이 도출된다. 그런데 초단기로 가면 금리 변동으로 인한 손익이 별로 없으니 CD금리와 KOFR금리를 추종하는 ETF는 ETF 가격에 매일 이자가 안정적으로 붙는다고 볼 수 있다. 변동성을 피해 일정 기간 현금성 자산을 보유하고 싶거나 단기로 자금을 굴리고 싶다면 적합한 상품이다.

초단기 금리 추종형 ETF

ETF 이름에 'KOFR'이 들어가는 상품은 무위험지표금리를 추종한다. 무위험지표금리는 우리나라에서 개발한 금리로, 국채와 통안증권을 담보로 하는 익일물 RP(환매조건부채권) 거래 데이터를 기반으로 매일 산출된다. 듀레이션이 1일이기 때문에 자본 손실 위험이 매우 낮다.

　CD금리는 양도성예금증서의 금리다. 양도성예금증서란 무엇일까? 보통 우리가 알고 있는 예금은 은행에서 내 이름 '○○○'의 명의로 만들어주는 통장이다. CD는 쉽게 말하면 통장과 이름 없이 '이 쪽지(양도예금증서)를 만기일 이후에 우리 은행에 가지고 오시면 100만 원을 드립니다'라고 적힌 예금 종이다. 100만 원짜리 CD 예금이자가 미리 계산되어 할인된 금액 90만 원에 구매가 가능하다면 정기 예금 금리가 10% 정도 되는 것이다(출처: 금융위원회).

　CD금리는 보통 은행 간 혹은 금융기관 간에 원화 현금을 조달할 때 통상적으로 'CD 91일 고시 금리+a'를 비용으로 지불한다. 그래서 TIGER CD금리투자KIS(합성)은 현금에 투자해 CD 91일 금리 수익을 원하는 투자자와 CD 91일 금리로 자금을 조달하려는 주체를 이어

TIGER CD금리투자KIS(합성)의 구조

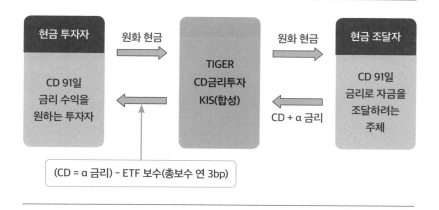

주는 '상장된 은행' 역할을 한다고 볼 수 있다. 통상적으로 금융기관들 사이에만 통용되었던 CD 이자 수익을 원하는 개인투자자들도 ETF를 통해 손쉽게 투자할 수 있다.

기준금리가 올라가면 CD금리와 KOFR금리도 함께 올라간다. CD 91일 금리의 경우 2022년 초 1.30%였는데 지금은 3.59%다(2024년 3월 기준). 금리가 올라가면 매일매일 붙는 이자의 크기가 커지기 때문에 초단기 금리 추종형 ETF에겐 고금리 환경이 유리하다. 금리를 추종하는 상품들은 매일 고시되는 금리를 365로 나눈 만큼의 금리(이자 수익)가 ETF 가격에 반영된다. 즉 기준금리가 마이너스가 되지 않는 한 가격은 꾸준히 상승할 수 있다.

무슨 말인지 이해가 잘 되지 않는다면 다음 표를 함께 살펴보자. 2022년 12월 5일부터 2022년 12월 8일까지 CD 91일 고시 금리는 4.03%로 동일했다. 그래서 CD 91일 금리를 365로 나눈 0.011%라는

ETF 가격 변화

일자	CD 91일 고시 금리(%)	CD 91일 금리/365(%)	기준가격(원)
2022년 12월 5일	4.03	0.011	51,536.82
2022년 12월 6일	4.03	0.011	51,547.04
2022년 12월 7일	4.03	0.011	51,547.20
2022년 12월 8일	4.03	0.011	51,552.53

+0.01%
+0.01%
+0.01%

자료: 미래에셋자산운용

값이 전일 대비 가격 상승률로 반영되었다. CD 91일 고시 금리가 동일하더라도 마이너스가 아니라면 가격은 꾸준히 상승한다.

CD금리를 추종하든, KOFR금리를 추종하든 구조는 동일하다. 매일 이자가 붙고, 변동성이 작아 상대적으로 안정적이며, 고금리 환경에서는 가격 상승폭도 함께 높아지기 때문에 직접적인 수혜를 누릴 수 있다.

또한 예금 통장처럼 장기간 묶여 있을 필요 없이 자유롭게 투자할 수 있어 '파킹 통장'으로 활용할 수 있다. 파킹 통장으로 활용하면 더 높은 이자를 지급하는 것이 매력 포인트다. 2024년 3월 CD 91일 금리와 KOFR금리는 3% 중반대였던 반면, 대표적인 파킹 통장을 제공하는 케이뱅크와 카카오뱅크의 파킹 통장 이자율은 2~3% 내외였다. 물론 은행에서 제공하는 상품이 안정성이 더 높지만 파킹 통장으로 활용할 수 있다는 특징만 생각한다면 매력적인 초단기 금리 추종형 채권 ETF라 할 수 있다.

마지막으로, 이런 저축형 ETF와 파킹통장형 ETF에 투자할 때 고

나는 ETF로 돈 되는 곳에 투자한다

려해야 하는 것은 무엇일까? 첫 번째는 금리, 즉 내가 받을 수 있는 이자 수익이다. 많은 사람이 예금이나 적금 상품에 가입할 때 가장 높은 이자를 주는 상품을 찾는다. ETF도 마찬가지다. 비슷한 구조를 가진 상품이라면 조금이라도 이자를 많이 주는 ETF가 좋다. 대표적인 금리 추종형 ETF들이 추종하는 CD 91일 금리, CD 1년 금리, KOFR금리를 비교해 보면 평균적으로 CD 1년 금리가 높다. CD 1년 금리는 3.65%, CD 91일 금리는 3.58%, KOFR금리는 3.54%다(2024년 5월 기준). 그리고 과거 데이터를 확인해 봐도 만기가 조금 긴 CD 1년 금리가 더 높았다. 따라서 하루만 투자해도 다른 상품에 비해 이자가 더 많이 붙길 바란다면 CD 1년 금리를 추종하는 상품을 선택하는 것이 좋다.

두 번째로 고려해야 하는 것은 운용보수다. 예를 들어 주식 ETF에 투자해 1년에 기대할 수 있는 수익이 10% 혹은 그 이상이라면 금리형 상품은 기대할 수 있는 1년 수익률이 3% 남짓이다. 그렇기 때문에 보수가 더 저렴한 ETF를 고르는 것이 적절하다.

초단기 금리 추종형 채권 ETF를 고를 때는 두 가지, 즉 이자 수익과 운용보수를 반드시 기억하기 바란다.

단기 만기 매칭형 채권 ETF

1~2년 정도의 만기를 가진 채권을 담는 금리 추종형 ETF도 있다. 만기 매칭형 채권 ETF들이 바로 그것이다. 만기 채권 ETF는 단일 채권

처럼 만기가 정해져 있는 채권 ETF를 의미한다. 롤오버를 하지 않고 만기가 지나면 채권과 동일하게 이자 수익과 원금을 돌려주는 형태를 가지고 있다. 연속성 없이 만기까지만 ETF가 운용되는 것이다. 개별 채권과 매우 유사한데 ETF의 편리성을 더한 상품이다. CD금리와 KOFR금리를 추종하는 ETF의 경우 개인들이 거래할 수 없는 시장에서 형성되는 금리를 개인투자자들에게 제공하는 데 의의를 두고 생긴 것이라면, 만기 매칭형 채권 ETF들은 더 편하게 채권을 거래하기 위한 상품이라고 볼 수 있다.

만기 매칭형 채권 ETF란

만기가 없는 채권 ETF는 금리 하락이 예상될 때 ETF 가격이 상승하고 가격 상승에 따른 이익을 추구하며 그와 동반되는 인컴 수익까지 기대해 볼 수 있다. 반면 만기가 있는 채권 ETF는 금리 변동에 가격민감도는 떨어지지만 만기까지 들고 갔을 때 수익을 확정할 수 있다. 만기까지 보유하면 원금과 확정된 수익률을 가져갈 수 있는 구조다. 그래서 만기가 없는 채권 ETF는 가격 변동분과 꾸준한 분배금으로 인컴 수익을, 만기가 있는 채권 ETF는 만기까지 가지고 있을 경우 확정적인 이자 수익률을 기대해 볼 수 있는 것이다. 물론 만기가 있는 채권 ETF라 해도 중간에 자유롭게 주식처럼 사고팔 수 있다. 이 또한 개별 채권과 비교했을 때 편리한 점이다. 단일 채권과 비슷하게 원금 + 이자를 누릴 수 있는데 분산투자도 되고 거래도 손쉬운 것이 만기 매칭형 채권 ETF라고 생각하면 된다.

만기 매칭형 채권 ETF들은 이름부터 특이한데, 이름에 만기가 적

장내채권 호가 화면 vs. ETF 호가

매도잔량(천)	가격	수익률	매수잔량(천)
604	9799.50	4.589	
5,000	9799.00	4.591	
16,061	9700.00	5.025	
300	9640.00	5.291	
90	9630.00	5.336	
	9600.00	5.470	100
	9550.50	5.692	1,000
	9550.00	5.694	5,900
	-	-	-
	-	-	-
51,064	총잔량		7,000

* 예시는 TIGER 투자등급회사채액티브 ETF

자료: 코스콤(2024년 4월)

만기 매칭형 채권 ETF vs. 개별 채권

구분	만기 매칭형 채권 ETF	개별 채권
거래량	상대적으로 풍부	상대적으로 적음
호가 갭	LP를 통한 양방향 호가 상시 제공	호가 갭이 넓어 주로 장내 매매보다 장외 매매 이용
거래 편의성	추가 매수, 중도 매도 용이	추가 매수, 중도 매도 어려움
비용	연간 총보수 10bp	수수료: 장외 거래의 경우 30~120bp

혀 있다. ETF의 이름에서 'TOP10'의 10, '코스피200'의 200과 같은 숫자를 본 적이 있을 것이다. 하지만 24-10, 23-10 등의 표기는 만기 채권 ETF에만 있다. 이는 개별 채권처럼 이름에 만기 일자를 적어놓은 것이라 생각하면 된다. 예를 들어 TIGER 25-10 회사채(A+이상) 액티브 ETF에서 25-10은 25년 10월에 만기가 도래하는 채권에 투

자하는 ETF라는 뜻이다. 앞서 설명한 초단기 금리 추종형 채권 ETF
와 가격 구조가 살짝 다른데, 초단기는 크레딧 리스크, 즉 듀레이션이
짧기 때문에 위험이 거의 없어 보통 매일 고시되는 금리를 365로 나
눈 만큼이 가격에 반영된다. 그런데 듀레이션이 1~2년으로 늘어나면
금리 변동으로 인한 손익이 발생한다. 그래서 정해진 원금과 이자를
받긴 하지만 그동안 가격은 매일 변한다.

만기 매칭형 채권 ETF 가격은 어떻게 결정되나

시나리오별로 가정을 해 알아보자. 우선 채권가격과 금리는 반대의 관
계성을 가지고 있다. 금리가 떨어지면 채권가격은 올라가고, 금리가
상승하면 채권가격은 하락한다. 기본적인 이해를 가지고 상장 당일에
투자할 때 금리가 상승할 경우, 금리가 하락할 경우 가격과 YTM이 어
떻게 변하는지 알아보자.

우선 만기 채권 ETF는 상장 당일 YTM에 따라 만기까지 보유했
을 때 투자자가 받을 수 있는 대략적인 금액이 정해진다. 이 금액은 만
기까지 크게 변하지 않는다. 예를 들어 상장 당일 2년 만기 채권 ETF
의 가격이 5만 원이고, 상장 당일의 YTM이 6%라면 만기까지 보유했
을 때 받을 수 있는 금액은 '5만 원(원금) + 6,000원(이자 수익)'이다.

만기 매칭형 채권 ETF의 가격은 상장 당일 정해지는 청산금액을
향해 달린다. 그사이 시장 금리의 변화로 변동성이 있을 수 있지만 상
장 시 수익률 곡선과 동일하게 지속적으로 금리가 형성된다면 다음
그래프와 같이 가격이 움직인다. 금리의 방향성을 크게 고민하고 싶지
않다면 상장 당일에 투자하는 것도 방법이다.

나는 ETF로 돈 되는 곳에 투자한다

수익률 곡선과 동일하게 금리가 형성될 경우 만기 매칭형 채권 ETF 가격의 방향성

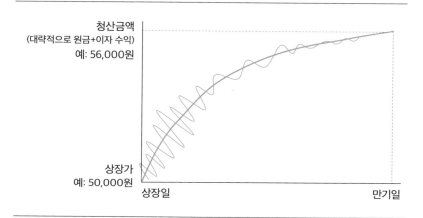

만기 매칭형 채권 ETF의 하루 수익과 ETF 가격의 증감을 쉽게 설명하면 이자 누적분 1일 치에 금리 변동으로 인한 손익을 더한 값이다. 이자 누적분은 매일 일정한 것이 아니라 해당 시점 YTM의 365분의 1이기 때문에 매일 변한다. 거기에 크레딧 금리 변동으로 인한 손익을 더하면 ETF의 가격 증감과 수익이 도출된다. 상장 당일 수익률 곡선대로 미래 금리가 형성된다고 가정한다면 위 그래프와 같이 전체적으로는 청산금액을 향해 달려가지만, 그사이에 크레딧 금리 변동과 YTM 변화에 따라 그래프의 기울기나 방향성이 달라질 수도 있다.

전체적인 그림은 위와 같이 흘러가겠지만 그사이 시장 금리가 변하는 것을 시나리오별로 살펴보자. 금리가 상승한다면 채권가격은 그만큼 떨어지고 YTM은 올라간다. 더 높아진 YTM 수준에서 추가 매수를 하거나 새롭게 진입할 수 있는 기회로 활용할 수 있다. 이후 듀레이션이 짧아지면서 YTM이 줄어들며 채권가격은 다시 청산금액으로 향한다. 금리가 하락하면 반대로 YTM은 하락하고 채권가격은 올라간다. 청산금액을 목표로 구준히 항해하지만 그 기울기가 가팔라진다. 이런 경우 중도 매도로 자본차익도 실현이 가능하다. 금리가 상승 혹은 하락하더라도 만기 때 청산되는 금액은 동일하지만 채권시장 변화에 따른 매수/매도 기회를 포착해 볼 수 있다는 의미다.

만기 매칭형 채권 ETF 상장폐지는 무슨 의미인가

가장 중요한 포인트는 ETF가 만기에 다다르면 청산된다는 것이다. ETF가 상장폐지되는 것인데, 이는 좋지 않은 것이 아니다. 상장폐지 절차를 거쳐야만 돈을 받을 수 있다. 청산금액은 만기가 도래해 ETF가 청산에 들어가면 받을 수 있는 원금과 이자 수익을 말한다. 이는 상장 당일 YTM에 따라 정해지며, 앞서 설명했듯 만기 매칭형 채권 ETF이기 때문에 크게 변동되지 않는다. '만기일 = 청산일'이며, ETF이므로 청산일로부터 이틀 정도 전에 ETF를 상장폐지한다. 투자자들에게 청산금액을 지급하기 위해 준비를 해야 하기 때문이다. 청산일에 계좌로 원금과 이자 수익이 실물 채권처럼 입금된다고 보면 된다.

예를 들어 TIGER 24-04 회사채(A+이상)액티브 ETF는 2024년 4월 9일에 폐지되었다. ETF 존속 기간 만료에 의한 상장폐지이기 때문에 운용사 홈페이지 및 한국거래소 공시를 통해 사전 안내 기간을 알려야 한다. 사전 안내 기간인 한 달(2024년 3월 8일~2024년 4월 8일)

금리 추종형/만기 매칭형 채권 국내 ETF 리스트

구분	티커	이름	기초지수
금리 추종형 채권	357870	TIGER CD금리투자KIS(합성)	CD 91일 금리
	459580	KODEX CD금리액티브(합성)	CD 91일 금리
	471290	HANARO CD금리액티브(합성)	CD 91일 금리
	477080	KBSTAR CD금리액티브(합성)	CD 91일 금리
	449170	TIGER KOFR금리액티브(합성)	KOFR금리
	423160	KODEX KOFR금리액티브(합성)	KOFR금리
	453060	HANARO KOFR금리액티브(합성)	KOFR금리
	475630	TIGER 1년은행양도성예금증서 액티브(합성)	CD 1년 금리
	481050	KODEX 1년은행양도성예금증서+ 액티브(합성)	CD 1년 금리
만기 매칭형 채권	447820	TIGER 24-10 회사채(A+이상)액티브	KIS 회사채 2410 만기형지수
	453540	TIGER 25-10 회사채(A+이상)액티브	KIS 회사채 2410 만기형지수
	480260	TIGER 27-04 회사채(A+이상) 액티브	KIS 회사채 2410 만기형지수
	467940	KODEX 25-11 회사채(A+이상) 액티브	KAP 25-11 회사채 총수익지수
	473290	KODEX 26-12 회사채(AA-이상) 액티브	KAP 26-12 회사채 총수익지수(AA-이상)
	469820	SOL 24-12 회사채(AA-이상)액티브	KAP 24-12 크레딧 채권지수(AA-이상, 총수익)
	462540	SOL 25-09 회사채(AA-이상) 액티브	KAP 25-09 크레딧 채권지수(AA-이상, 총수익)
	464540	KBSTAR 25-03 회사채(AA-이상) 액티브	KIS 2025년 3월 만기도래 크레딧 종합채권지수(AA-이상)
	448600	KBSTAR 25-11 회사채(AA-이상) 액티브	KIS 2025년 만기도래 크레딧 종합채권지수(AA-이상)

	448880	ACE 24-12 회사채(AA-이상)액티브	KIS 크레딧2412만기형지수
만기 매칭형 채권	461260	ACE 25-06 회사채(AA-이상) 액티브	KIS 크레딧2506만기형 (AA-이상)지수(총수익지수)
	461270	ACE 26-06 회사채(AA-이상) 액티브	KIS 크레딧2606만기형 (AA-이상)지수(총수익지수)

동안에는 LP의 양방향 호가 제출 의무가 없어진다.

매매 거래 정지는 2024년 4월 8일, 상장폐지는 4월 9일, 해지상환금이 투자자 계좌로 지급되는 것은 4월 12일이다. 만기 매칭형 채권 ETF는 이러한 과정을 거쳐 상장폐지되며, 구체적인 일자는 상장폐지 한 달 전부터 각 운용사 공지 사항을 통해 확인할 수 있다.

1~2년 만기 매칭형 채권 ETF는 CD금리 혹은 초단기 KOFR금리를 추종하는 ETF보다 금리가 높다. 당연히 듀레이션이 길어지면서 그만큼 리스크가 늘어나기 때문이다. 예를 들어 2022년 11월에 상장된 24-10 만기 투자등급회사채 채권 ETF는 상장 당시 5~6% 만기 수익률을 제공했다. 정리해 보면 금리 추종형 ETF에 투자했을 때 받을 수 있는 이자와 그 ETF가 가지는 리스크는 서로 역의 관계를 가진다. 금리는 상황에 따라 달라질 수 있지만 보통 KOFR금리 < CD 91일 금리 < CD 1년 금리 < 1~2년 국고채 < 1~2년 투자등급회사채 순으로 높아진다. 파킹 통장과 비슷한데 더 높은 이자를 받을 수 있는 ETF가 필요한지, 그냥 높은 이자율을 기반으로 청산 때 정해진 금액을 받는 것이 중요한지에 따라 선택할 수 있다.

나는 ETF로 돈 되는 곳에 투자한다

CHAPTER 4

채권가격지수
추종형 ETF

지금까지 안정적으로 자금을 운용할 수 있는 금리 추종형 채권 ETF에 대해 알아봤다. 이제부터는 채권가격지수를 추종하는 채권 ETF에 대해 알아보자.

채권가격을 추종한다면
초장기 채권 ETF에 관심을 두자

금리를 ETF를 통해 주는 게 아니라 채권가격지수를 따라간다는 건

2023년 국내 투자자 역외 ETF 순매수 Top 3

순위	티커	종목명	순매수(억 원)
1	TMF US	Direxion Daily 20+ Year Treasury Bull 3X	1만 4,365
2	2621 JP	iShares 20+ Year US Treasury Bond JPY Hedged	5,756
3	TLT US	iShares 20+ Year Treasury Bond	5,056

한국예탁결제원

채권의 금리가 떨어질 때 채권가격이 상승할 것을 기대하고 투자하는 것이다. 그래서 채권가격지수를 추종하는 ETF의 경우 단기보다는 장기채권을 보유한 ETF로 관심이 몰린다. 시세차익을 노린다면 가격의 상승/하락폭이 큰 상품에 투자하는 것이 목적에 맞기 때문이다. 물론 단기채권가격지수를 추종하는 채권 ETF들도 있으나 개인투자자로서 투자하기에는 메리트가 별로 없다. 시세차익폭도 작고, 금리 추종형처럼 안정적인 것도 아니며, 분배금도 1년에 한 번 정도 지급한다.

그러므로 채권가격지수를 추종하는 채권 ETF는 앞서 언급한 초단기 금리 추종형 채권 ETF와는 대척점에 있는 초장기 채권 ETF에 대해 알아보자. 실제로 2023년 국내 투자자 역외 ETF 순매수 순위 Top 10의 1, 2, 3위는 미국30년국채가격지수를 추종하는 ETF였다.

앞서 언급했듯 채권은 듀레이션이 길수록 리스크가 높아진다. 그래서 채권임에도 불구하고 가격 변동성이 상대적으로 높다. 장기채 ETF는 국채만 담고 있는데, 10년 넘는 듀레이션을 가진 회사채는 많지 않기 때문이다. 국가 신용을 담보로 채권을 발행하는 것이니 10년, 20년, 30년 듀레이션을 가진 채권이 발행되는 것이지, 1개 회사의 신용을 담보로 오랜 기간 투자하는 사람은 극히 드물다. 국내에서 투자한다면 미국채와 국고채를 담고 있는 ETF를 생각해 볼 수 있다.

해외 장기채 ETF, 국내에는 실물 100%가 없다

일단 해외 장기채 ETF에 투자하고 싶다면 미국 장기채를 추천한다. 미국채는 전 세계적으로 거래가 가장 활발하게 되는 자산이기 때문이다. 단일 국가 장기채 신용 등급을 따졌을 때 미국의 국가 신용 등급은 가장 높은 등급인 AA+다(2024년 3월 기준). 그만큼 신흥국 대비 채권 금리도, 변동성도 낮지만 채권에 투자할 때 안정성을 아예 놓칠 수는 없기 때문에 미국채 ETF가 선호된다. 시세차익을 노리는 해외 장기채 ETF에 투자하고 싶다면 미국 장기채를 담고 있는 ETF를 통해 투자하자.

그리고 국내에 상장되어 있는 미국채 ETF 중 실물을 100% 담고 있는 상품은 없다. 「자본시장법」의 영향으로 OECD에 포함된 국가(38개국)와 중국 국채는 펀드에 담을 수 있는 최대 비중이 30%다. 그래서 국내에 상장되어 있는 해외 장기채 ETF는 모두 선물형과 합성형이다. 이름에 '선물'과 '합성'이 들어가 있지 않아 100% 실물이라고 생각할 수도 있지만 PDF를 확인해 보면 미국에 상장된 동일한 듀레이션을 가진 장기채 ETF를 담고 있는 경우가 대부분이다. 그래서 국내에 상장된 미국 장기채 ETF들은 대부분 액티브로 운용된다. 100% 실물 미국 채권을 가지고 있는 미국 장기채 ETF에 투자하고 싶다면 미국에 상장되어 있는 역외 ETF를 매수해야 한다.

다만 미국에 상장되어 있는 미국 장기채 ETF는 대부분 10년, 20년, 30년과 같이 딱 떨어지지 않고 '10~20년' '20년 이상'과 같이 리스트 업이 되어 있다. 그러니 정확한 듀레이션에 맞춰 투자하고 싶다면 실물 100%를 포기하고 국내에 상장되어 있는 미국 장기채 ETF에 투자하면 되고, 실물 100%를 담고 있는 것이 중요하다고 생각한다면 미국에 상장되어 있는 미국 장기채 ETF에 투자하면 된다. 물론 실물 100%인지 아닌지에 따라 수익률이 크게 달라지지 않아 큰 차이는 없지만 주식의 경우 해외 종목을 담을 때 실물 100%를 담고 있는 반면, 채권은 그렇지 않으므로 꼭 알고 투자해야 한다.

시세차익을 노린다면
듀레이션이 긴 장기채 ETF에 투자하자

어차피 시세차익을 노리고 투자하는 거라면 장기채 ETF 중에서도 듀레이션이 긴 ETF에 투자하는 것이 어떨까? 듀레이션이 길수록 변동성이 높아져 채권임에도 불구하고 가격 상승에 따른 수익률을 누릴 수 있다. 앞서 설명한 채권 ETF들로 안정성을 추구했으니 이제 채권 ETF 투자를 통해 수익률을 얻는 방법을 알아보자. 물론 그 폭이 주식만큼은 아니겠지만 금리 상황이 계속 변화할 것으로 예측되는 만큼 투자를 고민해 볼 만한 상황이다.

듀레이션이 긴 장기채 ETF를 선택할 때 한 가지 중요한 것은 이름에 '미국채 30년'이 포함되어 있다고 해서 모두 동일한 듀레이션을 가지는 건 아니라는 사실이다. 같은 30년 국채를 담고 있다 해도 어떤 전략을 취하는지에 따라 듀레이션이 다르다. 그리고 그에 따라 등락폭도 달라진다. 예를 들어 만기 30년 미국채 스트립채권의 경우 듀레이션이 28.9년인 반면, 30년 만기 미국 이표채권(이자가 일정 기간마다 나오는 채권)의 실질적인 듀레이션은 17.42년이다(2024년 3월 기준). 높은 변동성을 기반으로 시세차익을 노리고 싶다면 초장기 듀레이션을 가진 스트립채권 ETF에 투자하는 것을 고려해 보자.

스트립STRIP, Separate Trading Registered Interest and Principal of Securities이란, 원금과 이자가 붙어 있는 채권을 분리해 각각 원금만 있는 채권(원금스트립), 이자만 있는 채권(이자스트립)으로 매매하는 것을 말한다. 예를 들어 30년 만기의 국고채는 6개월 이표채권이기 때문에 앞으로 30년 동안 6개월마다 이자가 나오고, 30년 후 만기가 되는 시점에 마지막 이자와 함께 원금을 받게 된다. 그래서 30년 만기의 국고채를 스트립하면 만기가 6개월 남은 이표채 1개, 만기가 1년 남은 이표채 1개, 이런 식으로 나누어져 결국 채권 1개가 61개가 된다.

채권을 스트립하면 원래의 채권과 동일한 원금을 가진 채권은 그대로 있고, 이자 부분만 분리되므로 이자 변동으로 생길 수 있는 위험이 줄어든다. 이표채는 이자로 재투자를 하기 때문에 만기가 끝날 때까지 불확실성이 존재하는데, 채권을 스트립하면 만기 시 금액을 확정시킬 수 있다는 장점이 있다.

스트립채권 ETF는 주로 원금스트립채권에 투자하기 때문에 일반 이표채권에 비해 듀레이션이 긴 것이 특징이다. 제로 30년 만기를 가진 스트립채권과 이표채권을 비교하면, 원금스트립채권의 경우 듀레이션이 30년에 근접하지만 이표채권은 연 2회 이자를 지급해 상대적으로 듀레이션이 짧아지게 된다. 따라서 스트립채권 전략을 활용한 ETF의 경우, 금리가 하락하면 채권가격이 상승할 수 있는 폭이 더 크다. 2018년부터 2020년 초까지 미국채 30년 이표채지수는 47% 상승한 반면, 미국채 30년 스트립지수는 65% 상승했다. 동일한 기간에 스트립채권 전략을 사용한 채권가격지수가 더 많이 상승한 것이다.

스트립채권은 일반적으로 브로커를 통해 매매되기 때문에 개인투자자들이 쉽게 접근하기 어려우니 ETF로 투자해 보는 것이 좋다. 다만 콘셉트 자체가 복잡하고 듀레이션이 긴 만큼 같은 채권이라도 변동성이 높을 수 있으므로 주의해야 한다.

동일한 만기, 다른 듀레이션

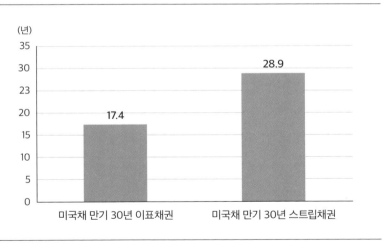

자료: 블룸버그

나는 ETF로 돈 되는 곳에 투자한다

이자 수익을 노린다면
월배당 장기채 ETF에 투자하자

스트립채권 ETF는 더 높은 시세차익을 노리고 투자하는 것이지만 그 대신 이자 수익을 ETF의 분배금으로 받지 못한다. 앞서 이야기했듯 채권 ETF는 이자 수익을 분배금으로 지급하는데, 채권투자를 하는데 이자 수익을 받지 못하는 것이 다소 아쉬운 투자자들은 스트립채권이 아닌 장기채권가격지수를 추종하는 ETF에 투자하면 된다.

여기서도 원래 미국 30년 국채 이표채에 포함된 이자 수익만 ETF 분배금으로 받을 수 있고, 여기에 옵션 전략을 추가해 더 많은 분배금을 주는 대신 가격 상승을 조금 포기한 ETF도 있다. 미국 30년 국채의 경우 최근 금리 변동성이 높아져 안정적인 자산으로 분류되었지만 그럼에도 불구하고 등락폭이 주식 못지않은 상황이다.

미국 연준의 금리 인하 시기와 속도에 대한 추측이 나날이 이어지고 있고, 이에 따라 미국 20년 이상 장기채 가격을 추종하는 지수가 하루에도 2.5% 올랐다가(2023.12.14) 2.2% 떨어지는(2024.02.06) 등 높은 변동성을 보이고 있다. 이 정도 변동성이 괜찮다면 ETF 이름에 '미국30년국채'가 들어간 ETF에 투자하면 된다. 가장 대표적인 예가 ACE 미국30년국채액티브(H)다. 하지만 변동성을 줄이면서 더 많은 이자 수익을 얻고 싶다면 이름에 '미국30년국채프리미엄'이 들어간 ETF에 투자하면 된다.

여기서 프리미엄이란, ETF 운용사에서 커버드콜 전략을 활용해 옵션 프리미엄을 분배금으로 지급하는 전략을 뜻한다. 이에 대해서는 이후에 배당 ETF를 설명할 때 더욱 자세하게 다룰 예정이니 이번 챕터에서는 변동성을 줄이고 그 대신 더 많은 분배금을 지급하는 장기채 ETF도 있다는 사실만 알아두기 바란다.

가장 대표적인 것은 TIGER 미국30년국채프리미엄액티브(H)로, 미국 30년 국채 쿠폰 이자 수익과 옵션 프리미엄 수익을 모두 분배금 재원으로 활용해 연간 10% 이상 월분배금을 지급하는 것을 목표로 삼고 있다. 미국 장기채에 편하게 투자하는 동시에 자신의 취향에 따라 ETF를 선택하면 된다.

채권가격지수를 추종하는 채권 ETF 중에서 장기채에 투자한다는 것은 금리에 따른 가격 변동분을 수익률로 추구한다는 의미다. 물론 채권 ETF이다 보니 채권 이자로부터 발생한 분배금이 지급되지만, 장기채 ETF는 금리 변동기에 추가적인 수익률을 노릴 수 있는 유용한 수단이다. 따라서 시세차익을 노린다면 장기채 ETF 중에서도 듀레이션이 긴 상품을 선택하는 것이 좋다. 하지만 이자 수익도 그대로 누리고 싶다면, 그 이자 수익을 원래 채권이 주는 것보다 더 주는 ETF도 있으니 자신의 취향에 맞게 선택하면 된다.

그리고 국내에서 미국 채권가격지수를 추종하는 ETF에 투자하는 경우 ETF 이름 끝에 (H)가 붙어 있는지 꼭 확인하기 바란다. 채권가격 상승을 노리고 미국 장기채 ETF에 투자했는데 금리 하락으로 달러가 약세로 전환되면 수익률이 마이너스가 될 수도 있다. 또한 미국채 ETF 중에서 10년, 30년 미국채를 실물로 100% 보유한 ETF는 없다. 합성형 혹은 다른 ETF를 담아 운용할 수밖에 없다. ETF를 운용하는

장기채권 국내&미국 상장 ETF 리스트

국가	티커	이름	투자 자산
국내	476550	TIGER 미국30년국채프리미엄액티브(H)	미국 30년 국채
	458250	TIGER 미국30년스트립액티브(합성H)	미국 30년 스트립채권
	451530	TIGER 국고채30년스트립액티브	국고채 30년
	304660	KODEX 미국30년국채울트라선물(H)	미국 30년 국채
	439870	KODEX 국고채30년액티브	국고채 30년
	304670	KODEX 미국30년울트라선물인버스(H)	미국 30년 국채
	461600	SOL 미국30년국채액티브(H)	미국 30년 국채
	473330	SOL 미국30년국채커버드콜(합성)	미국 30년 국채
	453850	ACE 미국30년국채액티브(H)	미국 30년 국채
	472870	KBSTAR 미국30년국채커버드콜(합성)	미국 30년 국채
	385560	KBSTAR KIS국고채30년 Enhanced	국고채 30년
미국	TLT	iShares 20+ Year Treasury Bond	미국 20년 이상 국고채
	TMF	Direxion Daily 20+ Year Treasury Bull 3X Shares	미국 20년 이상 국고채
	TLTW	iShares 20+ Year Treasury Bond BuyWrite Strategy	미국 20년 이상 국고채

데 있어 큰 문제가 되지는 않지만 PDF를 보고 놀랄 수도 있으니 미리 알아두기 바란다.

CHAPTER 5

채권 ETF 전략을 짜기 위해 알아두어야 할 것들

지금까지 소개한 것 외에도 다양한 채권 ETF가 있다. 글로벌로 보면 시니어론, TIPS, 투기등급회사채, 투자등급회사채 ETF 등이 있는데, 포트폴리오에서 채권 ETF를 전문적으로 운용할 게 아니라면 모두 공부할 필요는 없다. 물론 미국 대형 기관들은 주식 ETF를 운용하는 것처럼 미국에 상장되어 있는 수많은 채권 ETF를 분석해 투자를 할지 판단하지만, 국내에서 개인적으로 투자하는 사람이라면 ETF 포트폴리오의 일정 부분만 채권 ETF를 담기 때문에 일단 국내에 상장되어 있는 채권 ETF 위주로 접근하는 게 좋다. 중요한 건 앞으로 금리와 경제가 어떻게 될지 파악하고 시황에 맞게 채권 ETF를 선택하는 것이다.

중요한 건 중앙은행의 입이다

채권 ETF에 투자할 때 가장 중요한 것은 미국 연준의 입이다. 지금은 물론이고, 채권 ETF에 투자할 때는 연준이 무슨 말을 하는지, 앞으로 기준금리는 어떻게 변할 것인지, 현재 경제는 어떤 상황인지 파악하는 것이 중요하다. 그래서 채권 애널리스트들은 새벽같이 출근해 연방공개시장위원회FOMC 회의 결과를 정리하고, 한국은행 금융통화위원회 회의도 실시간으로 시청한다.

시점과 속도는 의견이 엇갈리나 2024년 연준은 기준금리를 인하할 것으로 보인다. 따라서 CME Fed Watch Tool을 꾸준히 확인해야 한다. 구글 검색창에 'CME Fed Watch Tool'을 검색해 보면 앞으로 남아 있는 FOMC 회의에서 연준이 금리 구간을 어디로 정할지에 대한 전망을 확률로 확인할 수 있다. 이는 매일 변경되며, 시장의 컨센서스를 잘 보여준다. 채권투자를 하기 전에 반드시 확인해 봐야 하는 지표는 연준이 기준금리를 산정할 때 참고하는 경제지표들이다. 파트 2에서 다루었던 내용을 현 시점 채권 ETF 전략에 맞게 더욱 구체적으로 분석해 보자.

연준이 지속적으로 이야기하는 인플레이션은 완화되고 있다. 연준은 연내 적절한 시기에 금리 인하 가능성을 암시하면서 동시에 미국 경제는 양호하며, 미국 소비자물가지수가 2% 내외 경로에 있어야 한다고 강조했다. 기준금리 인하 결정에 영향을 미치는 요인은 크게 세 가지다. 연준은 고용 상황과 인플레이션 그리고 미국 경제가 연착륙할 것인지 파악할 때 미국 GDP를 참고한다.

일단 연준이 지속적으로 강조하고 있는 미국 소비자물가지수는 둔화 추세로 접어들었다. 연준이 참고하는 소비자물가지수는 두 가지인데, 우리가 보통 알고 있는 소비자물가지수인 CPI와 개인소비지출인 PCE Personal Consumption Expenditure가 바로 연준이 참고하는 소비자물가지수다. PCE 중에서도 변동성이 큰 음식과 에너지 소비를 제외한 근원 PCE가 중요하다. 근원 PCE는 2.8%를 기록하며 2%대로 진입했다. 다만 CPI가 3.4%를 기록해 아직은 기다려야 한다(2024년 5월 기준). 그래도 확실한 건 인플레이션은 연준의 의도대로 가고 있다는 것이다.

그럼 미국 고용 상황은 어떨까? 2023년 4분기 미국 실업률은 3.73%다. 2022년 이후 지속적으로 4% 내외를 기록하고 있는데, 경제학적으로 미국은 일할 의지와 능력이 있는 사람 모두가 직장을 가지고 있는 완전 고용 상태에 가깝다. 그리고 미국 GDP 역시 견고하고 앞으로도 튼튼할 것으로 보인다.

앞에서 이야기한 내용을 통해 금리 인하 속도와 폭은 그리 크지 않을 것이라 예측할 수 있다. 하지만 갑자기 상황이 바뀌어 인플레이션율이 고공 행진한다면 연준이 기준금리를 동결하는 기간을 늘릴테고, 혹시나 실업률이 높아지거나 미국 경제성장률이 1%로 낮아진다면 연준은 기준금리 인하를 지금보다 더 빠르고 큰 폭으로 단행할 수 있다. 그러므로 채권 ETF에 투자한다면 반드시 미국의 경제 상황을 주의 깊게 살펴봐야 한다.

나는 ETF로 돈 되는 곳에 투자한다

금리의 방향성에 따라 달라질 채권투자 전략

미국의 기준금리를 기준으로 채권 ETF 전략을 간단하게 짜보면 세 가지로 나눌 수 있다.

기준금리 인상 예상기와 인상기

연준이 고용 상황, 인플레이션, GDP를 근거로 기준금리를 상향시킬 것이라 예상되는 시점에는 단기채권 ETF, 특히 초단기 금리 추종형 채권 ETF에 눈을 돌리자. 기준금리가 높아지면 금리 추종형 채권 ETF의 수익률도 높아진다. 채권이 가지는 금리를 ETF 가격에 365일로 나누어 더하기 때문이다. 이러면 단기채권 ETF가 추종하는 금리가 마이너스로 떨어지지 않는 한 가격은 계속 상승하게 되는데, 기준금리가 인상될 것으로 예상되는 시기 그리고 인상기라면 주가는 크게 흔들릴 것이므로 가장 안정적인 CD금리 혹은 KOFR금리를 추종하는 ETF들을 고려하는 것이 좋다.

기준금리 상향 후 동결기

기준금리는 높지만 금리 인하에 대한 기대감이 없는 시기다. 이 시기에는 초단기 금리 추종형 채권 ETF들을 파킹 통장처럼 활용해도 좋고, 상대적으로 더 높은 이자 수익을 제공할 회사채를 담고 있는 만기 매칭형 채권 ETF에 투자해도 좋다. 고금리 환경일 때 만기 매칭형 채권 ETF에 투자하면 상장된 날에 청산 시 받을 금액이 어느 정도인지 확정되기 때문에 투자 후에 시장 금리가 떨어지더라도 크게 걱정하지 않아도 된다.

하지만 금리가 이례적으로 높은 상황에서는 기준금리가 인하될 수도 있다는 신호만 보여도 장기채권금리가 크게 요동친다. 기준금리가 많이 올라 있다면 그만큼 떨어질 폭도 크다는 뜻이고, 장기채권가격이 올라갈 수 있는 범위도 넓다는 뜻이다. 주식보다는 위험하지 않지만 금리 동결 이후 인하기에 접어들 것을 대비해 가격 상승을 누릴 수 있는 ETF를 포트폴리오에 담아두어야 이중으로 채권 ETF를 활용할 수 있다. 역사적으로 볼 때 미국은 기준금리 인상 후 평균적으로 0.7년의 동결 기간이 있었는데, 이 기간 동안 30년물 금리가 45~105bp 하락한 것으로 나타났다. 이는 미국 30년물의 가격은 반대로 상승했다는 의미다.

동결기이지만 기준금리 인하가 기대되는 시기와 인하기

이 시기에는 초단기 금리 추종형 ETF는 매력이 없다. 현금으로 가지고 있는 것보다는 이득이지만 그렇게 매력적인 금리를 받을 수 있는 구간이 아니기 때문이다. 오히려 채권가격을 추종하는 미국 장기채 ETF 비중을 늘려나가다 원하는 수익률 목표에 도달했을 때 조금씩 매도하는 것이 좋다. 미국 장기채 ETF 가격은 동결기부터 차츰 상승하기 시작할 것이며, 연준의 발언에 따라 금리 변동성이 높아지면서 미국 장기채 ETF 가격 또한 요동칠 것이다. 타이밍을 보면서 채권가격을 추종하는 미국 장기채 ETF를 자신의 포트폴리오에서 운용해보자.

채권 전략을 펼칠 때 가장 중요한 것은 기준금리다. 기준금리는 경제지표에 따라 가늠해 볼 수 있기 때문에 전략을 짜기 위해선 반드시 공부할 필요가 있다. 하지만 모든 경제지표를 다 공부하고 특징을 기억할 수는 없으니 미국 연준과 각 국가의 중앙은행이 참고하는 고용 상황, 인플레이션, GDP를 바탕으로 채권 ETF 투자 전략을 세워 보자. 앞 파트들에서 다룬 주식 ETF는 장기적인 성장성을 보고 장기적으로, 지속적으로 투자하는 것이 어울리지만 채권 ETF는 지속적인 성장을 거듭할 수 있는 기업들을 기반으로 한 자산이 아니다. 따라서 자신의 ETF 포트폴리오에 안정성을 더하고 싶을 때, 금리 환경이 급변할 때 정도에만 잘 활용하면 된다.

기준금리 인하기에는
어떻게 채권 ETF에 투자해야 할까?

지금 상황에는 채권보다는 주식 비중을 늘리는 것이 바람직하다 (2024년 상반기 기준). 따라서 채권 ETF 전략을 짜기 위해 엄청난 노력을 기울이지 않아도 된다. 기준금리 인하 시기는 하루가 멀다 하고 매일, 매시간 바뀌지만 그럼에도 인하를 앞두고 있는 동결기인 것은 맞다. 그러므로 이를 누릴 수 있는 채권 ETF로는 채권가격을 추종하는 미국 장기채 ETF를 생각해 볼 수 있다. 기준금리 인하 시기에 대한 불안감이 불편하다면 매월 배당금을 주는 미국 장기채 ETF를 생각하는 것도 방법이다. 단 3~5년 장기적으로 보유해야 하는 것이 아닌, 시황에 따라 사고팔 수 있는 것을 선택해야 한다.

이번 파트에서 기억해야 할 것은 ETF 포트폴리오에 안정성을 더하기 위해 현금성 자산과 가장 가까운 초단기 금리 추종형 채권 ETF를 가지고 있을 수 있다는 점이다. 웬만한 파킹 통장보다 이자율이 좋아 퇴직연금 계좌에서 안정적인 자산 보유 비율 때문에 현금으로 가지고 있던 부분을 투자할 수도 있다.

환율 ETF, 리츠 ETF, 월배당 ETF, 원자재 ETF

....

지금까지 가장 중요한 자산군인 주식 ETF와 채권 ETF에 대해 알아봤다. 전통적인
자산 배분 관점에서 주식과 채권 외 다른 자산은 자주 등장하지 않는다. 주식 60%,
채권 40%로 포트폴리오를 구성하는 것이 일반적이기 때문이다. 자신의 포트폴리오
를 만들어가고 있다면 주식 ETF와 채권 ETF를 이해하는 것이 가장 중요하다. 그런
데 ETF에 투자한다면 환율과 원자재 그리고 현금흐름을 꾸준히 창출할 수 있는 배
당형 ETF에도 손쉽게 투자할 수 있다. 이번 파트에서는 대표지수 ETF, 혁신 성장형
ETF, 채권 ETF에 투자한 다음 생각해 볼 수 있는 ETF들에 대해 알아보자.

CHAPTER 1

환율
ETF

환율은 '신의 영역'이라 불릴 정도로 주식보다 더 예측이 어렵다고 알려져 있다. 각 국가별 경제, 무역수지, 정부 정책, 지정학적 리스크, 금리 등 수많은 변수에 영향을 받고, 변동성이 크기 때문이다. 그래서 장기투자보다는 단기투자로 환율 ETF를 활용하는 것을 추천한다.

환율 ETF의 종류

환율 ETF에 투자하고자 할 때 기억해야 할 것은 모든 환율 ETF는 '환율'에 투자한다는 사실이다. 달러 인덱스를 추종하는 ETF도 달러 인덱스 구성 비중을 보면 유로, 엔화, 파운드화, 캐나다 달러, 크로나, 프랑이 포함되기 때문에 모든 환율 ETF의 수익률은 특정 국가의 화폐가치에 따라 결정된다. 같은 엔화라 하더라도 원엔 환율에 투자하는지, 달러엔 환율에 투자하는지에 따라 수익률이 달라지므로 분모와 분자의 위치에 어떤 통화가 들어가는지 잘 확인해야 한다.

일단 국내에는 달러 그리고 엔화에 대한 환율 ETF가 있다. 장기투자가 아닌 단기투자용으로 활용되는 만큼 미국달러선물 ETF, 미국달러선물레버리지 ETF, 미국달러선물인버스2X ETF 등이 있고, 원화 대비 엔화의 가치 상승에 투자하는 일본엔선물 ETF도 있다.

글로벌로 가면 종류가 훨씬 많다. 달러화 대비 유로화의 가치를 추종하는 상품, 달러화 대비 스위스 프랑의 가치가 오를 때 수익이 나는 스위스 프랑 ETF, 영국의 파운드화 ETF, 캐나다 달러 ETF, 호주 달러 ETF 등 대부분 달러 대비 주요국의 통화가치가 상승할 것에 베팅하는 ETF들이다.

현실적으로 ETF 포트폴리오를 운용할 때 매번 환율 ETF를 담는 것은 불필요하다. 그리고 국내 개인투자자 입장에서 분석하기 어려운 호주 달러, 캐나다 달러, 스위스 프랑, 영국 파운드화, 스웨덴 크로나 등에 대해 공부하는 것은 현실적으로 어려움이 있다. 따라서 전 세계 기축통화인 달러와 역사적인 엔저 시대를 맞아 엔화 정도만 이해해도 충분하다.

원달러 환율에 따른 ETF 투자 전략

국내에서 달러 인덱스를 추종하는 ETF에 투자하는 건 원달러 환율에 투자하는 것과 비슷하다. 자신은 원화로 투자하는데 달러가치의 상승 혹은 하락을 노리는 것이니 말이다. 2022년 10월 원달러 환율이 2008년 글로벌 금융위기 이후 가장 빠른 속도로 1,400원을 돌파했다. 당시 1,350원을 돌파한 이후 달러의 강세가 완화될 것이라는 이야기가 많았는데, 모든 전망이 무색하게 1,400원을 뚫어버린 것이다.

이제 원달러 환율은 뉴노멀 시대를 맞이했다. 2010년부터 2021년까지 1,100~1,200원 사이에서 움직였던 것이 이제는 1,300~1,400원 사이에서 움직이고 있다. 새로운 기준선을 맞이한 원달러 환율에 대한 논쟁은 언제나 뜨겁다. 그래서 매 시기마다 원달러 환율이 상승할 것인지, 하락할 것인지 판단하고 단기적으로 ETF를 운용해야 한다.

원달러 환율이 상승할 것이라고 보는 사람들의 논리는 간단하다. 달러는 대표적인 안전자산이기 때문에 글로벌 경제성장이 예전 같지 않다는 목소리가 많아지면 달러로 자금이 몰릴 수 있다는 것이다. 2008년 글로벌 금융위기 이후 OECD 선행지수의 기준선인 100pt를 상회하는 국가 수는 0이었다. 앞서 이야기했듯 그 당시에는 원달러 환율이 치솟았다. 물론 2024년 상반기 기준 세계 경제가 회복하는 국면에 들어와 있는 만큼 원달러 환율이 떨어질 것이라는 이야기가 많았지만, 세계 경제에 대한 전망이 어두우면 달러의 가치는 높아진다.

두 국가 간 환율에 영향을 미치는 것은 세계 경제만이 아니다. 원달러 환율은 국가 간 경제 상황을 반영한다. 미국 대비 한국 경제가 좋지 않을 것이라는 분위기가 형성되면 달러의 가치가 원화의 가치보다 높아지기 때문에 달러 환율은 상승할 가능성이 더 높아진다. 반대로 미국의 경제가 한국보다 좋지 않을 것이라는 분위기가 형성되면 원달러 환율은 하락할 가능성이 있다.

국내 경제를 볼 때 중요하게 봐야 하는 것은 바로 무역 관련 데이터다. 무역수지가 좋지 않으면 달러의 가치는 원화 대비 높고, 그 반대일 경우에는 달러의 가치가 원화 대비 소폭 낮아진다. 실제로 국내 무역수지 데이터와 환율을 보면 이와 같은 현상을 확인할 수 있다. 2022년 원달러 환율이 1,400원을 뚫었을 때 국내 무역수지 데이터 역시 2009년 이후 역대급이라 기록될 정도로 좋지 않았다. 최근 반도

국내 무역수지 데이터

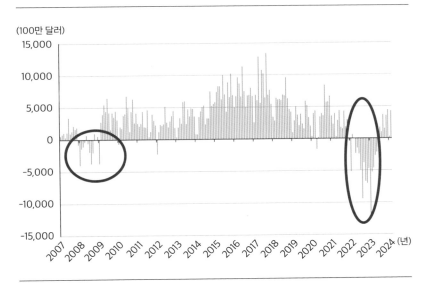

자료: 블룸버그

나는 ETF로 돈 되는 곳에 투자한다

체 수출 데이터들이 잘 나오면서 한국 경제에 대한 기대감이 일렁이며 무역수지 데이터가 개선되고 있지만, 미국과 비교해 보면 원달러 환율이 급격하게 떨어지는 시나리오는 가능성이 높지 않다.

물론 미국 경제도 튼튼하다. 굳이 비교해 보면 앞으로 한국 경제보다 미국 경제가 더욱 좋을 것이다. 2024년 4월 세계은행은 〈경제 전망 보고서〉를 통해 전 세계 경제가 어려울 것이라는 의견을 내비쳤지만, 2024년 미국의 GDP 전망만은 상향 조정했다. 세계 경제가 다운 사이클을 지난다 하더라도 미국은 괜찮을 거라고 본 것이다. 달러 강세가 더 이어질 가능성이 높다고 생각한다면 미국달러선물 ETF 혹은 미국달러선물레버리지 ETF를 활용해 볼 수 있다.

반대로 생각해 볼 수도 있다. 미국은 금리 인하를 앞두고 있다. 그동안 급하게 진행된 금리 인상으로 비이상적인 달러 강세가 이어졌다. 그래서 본격적으로 금리가 인하될 것이라는 이야기가 들려오면 대표적인 안전자산인 달러에 대한 선호도가 떨어질 수 있다. 따라서 기준금리 인하기에 진입하면 원달러 환율이 떨어질 가능성도 있다. 그렇다면 달러가치 하락에 베팅할 수 있는 미국달러인버스2X 혹은 US Dollar Bearish ETF를 활용할 수 있다.

원엔 환율에 따른 ETF 투자 전략

요즘 국내에서 가장 뜨거운 관심사 중 하나는 엔화다. 한국은행이 발표한 '거주자 외화예금 동향'에 따르면 2024년 1월 기준 엔화 자금은 2021년 52억 2,000달러 대비 2배 가까이 늘어난 94억 달러다. 엔저 현상이 두드러지면서 엔화가치 반등에 대한 관심이 높아지고 있다. 그래서 은행을 통해 엔화를 구매하는 사람과 엔화가치 반등에 수혜가 기대되는 일본엔선물 ETF에 투자하는 사람이 늘어났으며, 심지어는 엔화로 미국 주식에 투자하는 방법까지 등장했다. 원달러 환율만큼 엔화에 대한 관심이 높은 상황이다.

엔저의 시작은 아베가 2차 집권을 시작한 2012년으로 거슬러 올라간다. 일본은 아베노믹스를 통해 엔저 정책을 이용한 금융 완화와 재정 확대로 일본 경제성장을 이끌려고 노력했다. 수출의존적인 기업들이 많은 만큼 낮은 화폐가치를 통해 경제성장을 도모할 계획을 세운 것이다. 엔화 저평가를 통해 수출 증가 → 기업 이익 확대 → 투자 및 임금 상승이 아베노믹스 환율 정책의 골자였다.

이와 더불어 일본은행은 구조적인 디플레이션에서 탈피해 경제 모멘텀을 회복하기 위해 2016년 9월부터 장기 국채 금리 상승을 인위적으로 억제하며 양적 완화 기조를 유지하는 방안으로 YCC^{Yield Curve Control*}를 시행하고 있다. 다만 2023년 11월 10년물 국채 금리의 변동폭 상한을 올리며 엔화가치에 변화가 일어날 수도 있다는 점을 시사했고, 2024년 3월 19일 일본은행은 17년 만에 마이너스 기준금리에서 벗어나 0%로 기준금리를 인상했다. 그럼에도 엔화는 약세를 유지했다.

그렇다면 엔화는 왜 이렇게 저평가되어 있는 것일까? 그 이유를

---

* 특정 만기 국채 금리 목표치를 정해 그 수준을 유지하도록 국채를 매입하거나 매도하는 통화 정책

알아야만 엔화가치 반등에 대한 실마리를 찾을 수 있다. 과거 엔화는 달러와 같이 대표적인 안전자산으로 평가받았다. 그런데 글로벌 경기 하강에 안전자산 선호 현상이 팽배했던 2022년에 엔화의 가치가 뛰지 않았고, 결국 안전자산의 가치를 잃고야 말았다. 그리고 여전히 무역 적자도 지속되고 있다. 엔화가치가 상당히 낮음에도 불구하고 일본 정부가 엔저를 통해 얻고자 했던 무역수지 개선이 제대로 이루어지고 있지 않다.

아베가 집권했을 때 엔저 현상은 매우 긍정적인 현상, 정부 정책의 성공으로 받아들여졌다. 기시다 정부도 2023년 11월 100엔이 850원 대를 기록했을 때 엔저가 일본 글로벌 기업들의 수출과 이익을 늘리는 데 긍정적이라면서 엔저 정책을 고수했다. 하지만 지금 수준의 엔저는 장기간 유지되기 어렵다. 일단 일본 경제가 호조를 띠고 있는 데다 인플레이션을 잡기 위해 17년 만에 마이너스 기준금리를 포기했다. 일본의 물가 상승률은 이미 2년 가까이 목표치를 상회하고 있다. 정부의 입장이 바뀔 수도 있고, 챕터 2에서 이야기했듯 엔화가치 반등이 일본 증시에 악영향을 미칠 정도로 반등하지는 않겠지만, 장기적으로 봤을 때 엔화가 850원을 기록했던 수준의 완화 정책은 지속하기 어려워 보인다.

그리고 무역수지는 좋지 않지만 서비스수지는 개선되고 있다. 일본으로 여행을 가는 사람이 많아질수록 엔화 수요는 올라갈 것이고, 이 또한 엔화 강세 요인으로 작용할 수 있다. 블룸버그에서 집계한 엔화 환율 전망도 엔화가치 회복에 무게를 두고 있다. 블룸버그의 전망치는 여러 세계적인 증권사(골드만삭스, 씨티그룹 등)의 전망치를 평균

엔달러 환율 전망

기간	엔달러 환율
2024년 2분기	145엔
2024년 3분기	142엔
2024년 4분기	139엔
2025년 1분기	139엔
2025년 2분기	139엔

자료: 블룸버그

한 값으로, 글로벌 금융기관들이 엔화에 대해 어떤 생각을 가지고 있는지 확인할 수 있다. 블룸버그에서 제공한 자료를 보면 엔달러 환율은 2024년 4분기부터 139엔으로 달러 대비 가치를 회복할 것으로 보인다. 엔저 구간에는 머물겠지만 가치는 서서히 올라갈 것이라는 이야기다.

엔화가 달러 대비 가치를 회복한다는 것은 엔화 자체의 가치가 회복된다는 의미다. 이는 원화 대비 낮아진 엔화의 가치도 반등할 수 있다는 이야기인데, 1990년 3월 30일 이후 엔화가치는 최저치이기 때문에 엔화의 가치 반등을 충분히 예상해 볼 수 있다. 일본이 엔저를 통한 경제 효과를 누릴 수 있는 구간이 120~130엔 선이라면 지금은 이를 뛰어넘어 140~150엔 선까지 넘볼 수 있는 수준이다. 상황이 이러하니 원엔 간의 환율인 JPY/KRW를 기초로 하는 엔선물지수를 추종하는 ETF 투자를 고민해 볼 필요가 있다.

국내 시장에 상장되어 있는 환율 ETF를 통해 투자할 수 있는 화

환율 국내 상장 ETF

티커	이름	투자하는 환율
261110	TIGER 미국달러선물레버리지	원/달러 상승
261120	TIGER 미국달러선물인버스2X	원/달러 하락
261250	KODEX 미국달러선물레버리지	원/달러 상승
261270	KODEX 미국달러선물인버스	원/달러 하락
261260	KODEX 미국달런선물인버스2X	원/달러 하락
261240	KODEX 미국달러선물	원/달러 상승
292560	TIGER 일본엔선물	원/엔 상승

폐는 달러와 엔화 정도다. 그런데 공교롭게도 엔화의 가치는 1990년 3월 30일 이후 가장 낮은 수준으로 떨어졌고, 원달러 환율은 여전히 높은 변동성을 보이고 있다. 엔화의 가치 반등, 원달러 환율 단기매매가 매력적인 상황이다. 환율은 모든 것이 불확실할 때 더 요동친다. 정권이 교체되고 경제 상황이 크게 변하고 있는 지금, 엔저에 관심을 가져보는 것이 어떨까?

그리고 미국에 상장된 글로벌 환율 ETF에 투자한다면 이름에 나타나 있는 화폐에 대한 가치가 달러 대비 더 상승할 것이라고 베팅하는 상품임을 기억하자. 다만 국내에서 스위스 프랑, 영국의 파운드화까지 구체적으로 분석하긴 어려우니 지금은 일단 접근성이 좋은 달러와 엔에 대한 투자를 고민해 보는 것이 좋을 듯하다.

CHAPTER 2

국내 리츠 ETF

지금까지 위험성이 높아 단기적으로 자신의 ETF 포트폴리오에 활용해 볼 수 있는 환율 ETF에 대해 알아봤다. 자, 이제는 조금 더 안정적인 투자를 선호하는 투자자들을 위한 챕터다. 바로 배당을 주는 ETF다. 배당의 대명사인 리츠 ETF와 함께 요즘 매우 핫한 월배당 ETF들에 대해 차근차근 알아보자.

배당형 ETF에도 종류가 있다. 어떤 자산을 담고 있는지에 따라 배당률과 상품의 특성이 완전히 달라지기 때문에 배당형 ETF가 배당주를 담고 있는지, 리츠를 담고 있는지, 채권을 담고 있는지, 커버드콜 전략을 사용하는지, 자산 배분형인지 파악할 필요가 있다.

일단 포트폴리오에 국가대표지수를 추종하는 ETF를 담았고, 추가 수익을 누리기 위해 혁신 성장 테마형 ETF에 투자했고, 금리 상황을 알맞게 누릴 수 있는 채권 ETF까지 비중을 가지고 간다면, 리츠 ETF 혹은 배당형 ETF를 통해 노려야 할 것은 당연히 배당금이다. 혁신 성장 테마만큼은 아니지만 적당한 성장성도 기대할 수 있다. 배당형 ETF 중에서 이 두 가지 목적을 충족하는 것은 리츠 ETF와 최근 ETF 투자자들 사이에서 키워드로 떠오른, 커버드콜 전략을 활용한 월배당 ETF다. 이번 챕터에서는 리츠 ETF, 그중에서도 국내 리츠 ETF에 대해 알아보도록 하자. (미국 리츠 ETF와 커버드콜 전략을 활용한 월배당 ETF는 이어지는 챕터에서 다루도록 하겠다.)

참혹한 시기를 보낸 국내 리츠 ETF

국내 리츠들은 2022~2023년 참혹한 시기를 보냈다. 고금리 환경에 리파이낸싱Refinancing* 부담이 커지면서 리츠에 대한 선호도가 떨어졌고, 2023년 주가는 대부분 10~20%가량 하락했다. 여기에 더해 우리나라 리츠들이 유동화가 쉽지 않은 대기업들의 자산을 받아주는 창구 역할을 하는 모습이 포착되면서 주가를 더욱 끌어내렸다. SK리츠가 수처리센터 인수 비용을 유상증자를 통해 해결하려고 해 SK리츠의 주가는 상장 이후 최고치 대비 41%가량 빠지기도 했다(2024년 3월 기준).

---

* 조달한 자금을 상환하기 위해 다시 자금을 조달하는 일

그야말로 2022~2023년은 리츠 기업들의 주가가 너무 많이 빠져 배당률이 높을 수밖에 없는 '배당률의 함정'에 빠진 해였다. 주가가 크게 떨어지면 당연히 배당률의 숫자가 높을 수밖에 없다. 이는 투자자 입장에서는 속 터지는 일이다. 2023년 SK리츠의 배당률은 7.8%였다. 그런데 주가는 25%가량 하락했으니 총수익률은 마이너스인 셈이다. 하지만 2024년 국내 리츠들이 직면한 상황은 크게 달라졌다.

법안 변경으로 더 많은 배당이 가능해졌다

리츠 ETF는 배당형 ETF의 대명사다. 리츠 ETF의 분배금 재원은 부동산이 받은 임대 수익과 리츠가 보유한 건물을 사고팔면서 생긴 시세차익에서 발생한다. 국내 리츠들은 배당 가능 이익의 90% 이상을 배당하면 법인세를 면제받는다. 이익배당한도는 그해 이익을 말하는데, 순자산액에서 자본금, 자본잉여금, 이익잉여금, 해당 적립 이익잉여금, 미실현 이익을 제한 금액이다. 2023년에는 리츠의 투자 자산 평가 손실만큼 순자산액이 줄어 이익배당한도가 줄어들었고, 그로 인해 배당액이 작아져 투자자들은 혜택을 누리지 못했다.

그러나 2024년 1월 26일 '리츠 배당 확대법'이라 불리는 「부동산투자회사법」 개정안이 국회 국토교통위원회를 통과했고, 2월 1일에는 국회 본회의도 통과했다. 따라서 이제 리츠의 배당 한도에 기초자산의 평가 손실을 반영하지 않아도 된다.

그동안 국내 리츠들은 현금이 있어도 평가손실만큼 배당액을 줄였어야 했는데, 이제는 그러지 않아도 된다. 국내 리츠들의 배당률이 높아질 수 있는 환경이 마련된 것이다. 주가가 떨어져 배당률이 높아지는 배당률의 함정에 빠지는 것이 아니라 실질적인 배당금 자체가 높아져 배당률이 높아질 수 있는 상황이다. 원래도 미국 리츠 대비 배당률이 높았는데, 더욱 매력적으로 변모하고 있다.

점점 낮아질 리파이낸싱 리스크

금리 인상기와 동결기에 리츠가 힘들었던 것은 리파이낸싱이 어려워졌기 때문이다. 이제 전반적으로 금리 인하 기조가 유지되어 전 세계적으로 금리 인하로 향하고 있다. 이에 국내 리츠들은 다시 리파이낸싱을 시작했다. 리츠들이 자금을 조달할 수 있는 방법은 크게 두 가지다. 첫 번째는 담보 대출이고, 두 번째는 회사채 발행이다. 담보 대출보다는 차입 구조 안정화 차원에서 회사채가 더 장점이 많기 때문에 회사채 발행을 더욱 선호한다. 하지만 작년까지 금리가 너무 높아 리츠들 입장에서는 대출 이자 비용이 부담스러웠다. 하지만 이제는 금리가 인하되는 수순을 밟고 있으니 이전보다는 조금 편안하게 자금을 조달할 수 있을 것이다.

실제로 SK리츠는 2024년 2월 700억 원 규모의 회사채 발행 수요 예측에서 5,980억 원을 기록했고, 대출 이자 비용인 금리도 2022년 5%에서 2024년 4%로 낮아졌다. 자금이 조달되어야 리츠들이 신규 자산 개발을 진행할 수 있다. 월세가 유입되는 파이프라인을 늘리거나 부동산 가치 증진을 위한 행동들을 할 수 있기 때문이다. 이제 부담이 점점 완화되고 있다. 국내 리츠들은 이제야 빛이 보이는 구간에 들어섰다.

국내 리츠 ETF의 특징

국내에 상장된 국내 리츠 ETF 중에서 가장 큰 규모를 가진 ETF는 TIGER 리츠부동산인프라 ETF다(2024년 4월 기준). 이 ETF를 통해 국내 리츠 ETF의 특징을 알아보자. 국내에 상장된 23개 리츠 중에서 ETF에 포함되기 위한 시가총액, 운용 규모 조건을 충족하는 리츠는 14개 남짓이다. 국내 리츠 ETF의 특징은 대기업형이라는 점과 오피스 비중이 높다는 점이다. 물론 1개의 리츠가 오피스, 리테일, 물류까지 다방면으로 투자할 수 있지만 보유 자산 중 가장 큰 비중을 차지하는 부동산을 기준으로 나누면 오피스 비중이 50%에 육박한다. 국내 오피스를 보유한 리츠도 있고, 해외 오피스를 보유한 리츠도 있다.

국내의 경우 오피스를 주된 자산으로 가지고 있는 상장 리츠가 많은데, 서울 A급 오피스 빌딩 공실률은 2.6%로 굉장히 낮은 수준이다(2023년 4분기 기준). 2024년 1월 부동산 서비스 회사 쿠시먼앤웨이크필드Cushman&Wakefield에서 발표한 〈서울 부동산 시장 보고서〉에 따르면 임대료는 전년 동기 대비 6.0% 상승했다. 코로나19가 잠잠해지자 한국 기업들은 다른 주요국보다 빠르게 재택근무를 줄였고, 좋은 건물, 좋은 시설에 오피스를 마련해야 한다는 기업들의 의지가 확고하게 자

국내 리츠 ETF 비중

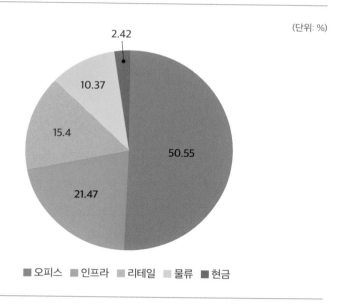

(단위: %)

2.42

10.37

15.4

50.55

21.47

■오피스 ■인프라 ■리테일 ■물류 ■현금

* 예시는 TIGER 리츠부동산인프라 ETF
자료: 미래에셋자산운용(2024년 4월 기준)

리 잡았기 때문이다.

보통 오피스 자연 공실률을 5% 내외로 보는데, 2.6%라는 것은 서울 오피스에는 자리가 없다는 의미다. 여의도, 강남, 판교, 종로 주변에 새로운 프라임 오피스 건물이 들어오는 것은 쉽지 않기에 임차 수요와 임대료 상승은 앞으로도 몇 년 동안 이어질 전망이다. 'GBD^{Gangnam Business District}'라 불리는 강남역과 삼성역을 잇는 강남대로와 테헤란로 일대의 권역 공실률은 1.8%다(2023년 4분기 기준). 물론 2024년 3분기에 센터포인트 강남이 준공될 예정이지만 F&F가 외부 업체에 주는 임대 물량이 많지는 않을 것이라는 게 업계의 의견이다.

새로운 프라임 오피스를 짓더라도 대기업들이 건물 전체를 임대하는 경우가 많아 공실률은 쉽게 떨어지지 않는다. 여의도에 가보면 건물 공사가 진행 중인 곳이 상당히 많다. 하지만 선임차 계약을 하는 경우가 많아 2.8%인 여의도의 공실률도 크게 나아질 것 같지 않다.

다른 곳들의 상황도 크게 다르지 않다. 지금 오피스는 턱없이 부족하다. 국내 리츠들은 오피스 비중이 상당히 높은 상황에서 국내 리츠 ETF 분배금 재원인 임대 수익을 걱정할 필요가 없어 보인다.

그다음 비중을 차지하는 것은 인프라다. 국내 리츠 ETF의 인프라 비중이 높은 이유는 맥쿼리인프라와 코람코라이프인프라리츠가 인프라를 담당하기 때문이다. 우선 맥쿼리인프라는 인천대교와 인천국제공항 고속도로를 비롯해 유로 도로가 전체 자산의 65%를 차지하고, 도시가스가 22% 정도를 차지한다. 코람코라이프인프라리츠는 주유소 160개, 전기차 충전소, 맥도날드와 폴바셋 브랜드의 드라이브스루

리츠 국내 상장 ETF

티커	이름	투자시장
329200	TIGER 리츠부동산인프라	국내 리츠
182480	TIGER 미국MSCI리츠(합성H)	미국 리츠
476800	KODEX 한국부동산리츠인프라	국내 리츠
352540	KODEX 일본부동산리츠(H)	일본 리츠
181480	ACE 미국다우존스리츠(합성H)	미국 리츠
375270	KBSTAR 글로벌데이터센터리츠나스닥(합성)	글로벌 데이터센터
316300	ACE 싱가포르리츠	싱가포르 리츠

매장 등을 가지고 있는데, 2023년 7월 오피스와 레지던스까지 저변을 넓히기 시작했다. 맥쿼리인프라를 비롯해 어려운 시기를 보낸 인프라 리츠들도 새로운 먹거리를 찾아나서며 미래를 준비하고 있다.

국내 리츠 ETF는 중위험·중수익의 대표 상품이다. 그래서 배당 관련 투자를 검색하면 꼭 등장한다. 하지만 지난 2~3년간 국내 리츠들이 직면한 매크로 상황은 좋지 않았다. 금리와 인플레이션에 영향을 많이 받기 때문인데, 이제 이 두 가지 모두 완화될 것으로 보인다. 그리고 법안까지 통과되면서 더 높은 배당을 기대해 볼 수 있는 상황이다. 이제는 배당과 성장 모두를 노릴 수 있게 되었다.

CHAPTER 3

미국 리츠
ETF

지금까지 국내 리츠 ETF에 대해 알아봤다. 이번 챕터에서는 미국 리츠 ETF에 대해 알아보자. 미국 리츠와 국내 리츠의 차이점은 무엇인지, 투자할 때 어떤 점을 고려해야 하는지 하나씩 살펴보도록 하겠다.

국내 리츠와 성격이 매우 다른 미국 리츠

미국 리츠는 국내 리츠와 성격이 매우 다르다. 국내 리츠는 배당률을 높이기 위해 노력하고 국가 차원에서 법안도 마련하지만, 미국 리츠는

TIGER 리츠부동산인프라 ETF vs.
TIGER 미국 MSCI리츠(합성H) ETF 연간 배당률 비교표

연도	TIGER 리츠부동산인프라 ETF	TIGER 미국MSCI리츠(합성H) ETF
2020년	5.25%	3.43%
2021년	5.16%	2.94%
2022년	5.82%	3.63%
2023년	6.93%	4.43%

자료: TIGER ETF 홈페이지

대부분 이익이 생기면 성장성을 위해 더 투자를 한다. 그래서 분배율이 국내 리츠 ETF 대비 다소 낮은 편이다.

미국 리츠는 데이터센터와 물류 리츠가 비중이 가장 높고, 상장된 리츠 수가 150개가 넘는다. 현재 미국 리츠지수 내에서 가장 높은 비중을 차지하는 종목은 프로로지스Prologis로, 물류 리츠다. 두 번째로 비중이 높은 종목은 아메리칸 타워American Tower로, 다양한 지역에서 통신타워를 보유·운영하고 있는 리츠이고, 세 번째로 비중이 높은 종목은 에퀴닉스Equinix로, 데이터센터 리츠다. 대기업과 오피스 위주인 우리나라의 리츠 시장과는 완전히 다르다. 그래서 미국 리츠 ETF에 투자한다면 분배율은 국내 리츠보다 낮지만 물류, 통신, 데이터센터, 헬스케어, 셀프 스토리지 등 종목은 무척이나 다채롭다.

다음 페이지의 그래프를 보자. 가장 높은 비중을 차지하는 것은 물류다. 물류란, 아마존과 같은 물류 기업에 물류센터를 임대해 주는 리츠를 뜻한다. 그다음으로 비중이 높은 리테일은 국내에서도 유명한 리얼티 인컴Realty Income과 사이먼프로퍼티그룹Simon Property Group으로

미국 리츠 ETF 비중

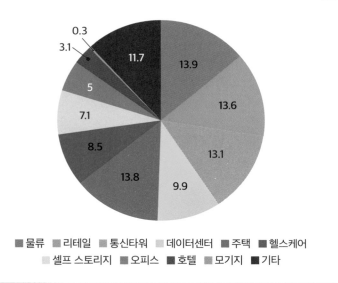

(단위: %)

0.3
3.1
5
7.1
8.5
13.8
11.7
13.9
13.6
13.1
9.9

■물류 ■리테일 ■통신타워 ■데이터센터 ■주택 ■헬스케어
■셀프 스토리지 ■오피스 ■호텔 ■모기지 ■기타

자료: 블룸버그, 미래에셋자산운용

대변된다. 리얼티 인컴은 독립형 단일 테넌트Tenant 상업용 부동산을 임대하는데, 세입자들은 약국, 편의점, 슈퍼마켓까지 리테일업에 종사하는 비중이 제일 크다. 사이먼프로퍼티그룹은 쇼핑몰, 쇼핑 아울렛 센터에 투자한다.

통신타워는 아메리칸 타워American Tower처럼 무선 및 방송 통신 인프라를 소유하고 개발하는 부동산 투자회사다. 데이터센터는 상장된 리츠의 수가 많았는데, 2024년 1월까지 대형 데이터센터 리츠인 에퀴닉스Equinix와 디지털 리얼티Digital Realty가 각각 15개, 8개 리츠를 M&A

하고, 다른 데이터센터 리츠들은 사모펀드에 포함되면서 에퀴닉스와 디지털 리얼티 양강 체제로 재편되었다. 이들은 데이터센터 임대료를 받는다.

주택은 아파트와 미국의 싱글하우스에 투자하는 리츠다. 그다음은 헬스케어 리츠인데, 이름만 봐서는 어떤 리츠인지 가늠도 되지 않는다. 헬스케어 리츠는 은퇴자 요양 시설, 독립생활 시설, 병원, 의료 사무실 건물에 투자한다. 가장 유명한 기업인 웰 타워Well Tower는 웰니스Wellness 관련 부동산에 투자한다. 셀프 스토리지는 이제 우리나라에도 만연해 있는데, 자신의 짐을 둘 수 있는 개인 창고 시설이다.

우리나라와 비교했을 때 미국의 리츠 시장은 정말 크고 다양하다. 그리고 앞서 이야기한 내용들을 통해 눈치 챘겠지만 배당을 많이 주기 위해 노력하기보다는 리츠 그 자체의 성장성에 더 많은 관심을 쏟는다. 물론 S&P500지수나 나스닥100지수보다는 연간 배당 수익률이 높다. 우리나라 리츠 ETF는 '배당이 얼마나 잘 나올까'가 주된 분석 포인트라면 미국 리츠 ETF는 성장성에 포커스를 맞추고 분석하는 것이 적합하다.

미국 리츠의 성장성

일단 미국 기준금리가 인하를 향해 가고 있다는 것은 미국 리츠들에 상당한 축복이다. 그리고 경제가 좋다는 것도 상당히 긍정적이다. 그럼에도 특수한 상품인 미국 리츠 ETF에 투자하기 전에 알아두어야 할 것이 무척이나 많다. 모두 분석할 수는 없으니 이 책에서는 네 가지(물류, 리테일, 통신타워, 데이터센터)만 다루도록 하겠다.

물류

물류 리츠는 대부분 물류창고를 보유하고 있어 렌털비를 받는 리츠들을 뜻한다. 미국의 물류창고 공실률은 4.8%로 굉장히 낮은 수준이다 (2023년 4분기 기준). 전년도 기준 3.7%에서 반등하기는 했지만 여전히 20년 평균치인 7%에는 한참 미치지 못한다. 그렇다면 그 많은 공

미국의 물류창고 공실율

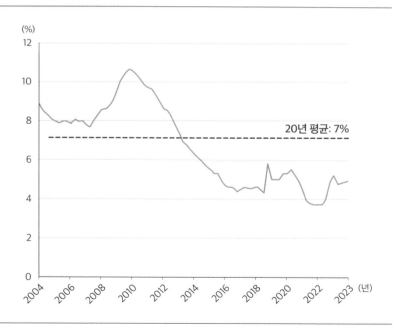

자료: CBRE, 스태티스타

간을 대체 누가 차지하고 있는 것일까? 이커머스 기업들이다. 코로나 19 팬데믹이 끝났음에도 수요(이커머스) 대비 공급(물류창고 자리)이 턱없이 부족한 상황이다.

회계법인 딜로이트^{Deloitte}가 발표한 〈E-Commerce sales expected to drive warehouse demand〉에 따르면 이커머스 물량은 전통적으로 물류창고에 보관해 온 물품보다 더 많은 공간을 필요로 한다. 이커머스를 통해 거래된 물품의 반품 확률은 이전 상품 대비 3배가량 높다. 그리고 우리나라의 새벽배송처럼 라스트 마일 딜리버리^{Last Mile Delivery*}를 위해선 구매자가 물품을 구매하기 전에 물류창고에 쌓아두는 경우도 빈번하다. 그만큼 더 많은 공간이 필요하다는 의미인데, 실제로 이커머스를 통해 거래된 물품은 다른 물품 대비 20~25% 정도 더 넓은 공간을 요구한다. 그리고 코로나19가 발생한 뒤 이커머스 물량은 이전과 비교할 수 없을 정도로 늘어났다. 그로 인해 물류를 위한 공간도 더 필요하게 되었다.

물류창고의 공급은 늘어나고 있지만 수요의 속도를 따라가지 못하고 있다. 비록 미국의 물류창고 공실률은 코로나19가 한창일 때보다 높아졌지만, 여전히 자연 공실률과 비슷한 수준이다. 그리고 공급자들은 고인플레이션 환경 속에 높아진 공사비를 감당하지 못해 신규 착공을 연기하고 있다. 2023년 공급 감소가 발생했고, 이에 대한 수혜는 사람들이 많이 사는 주거 지역에서 가까운 물류창고 시설을 가지고 있는 기존 물류 리츠들에 고스란히 돌아갔다.

＊ 주문 상품이 소비자에게 전달되는 마지막 배송 단계

프로로지스의 물류 리츠 업계 장악력은 98%이며, 구성 자산의 평균 임대율은 97.1%다(2023년 4분기 기준). 가치가 높은 거점은 대형 물류 리츠들이 선점하고 있다. 그로 인해 물류 시설 리츠들의 렌털비도 지속적으로 상승하고 있다. 그만큼 물류 시장에 대한 성장성이 높다는 의미다. 프로로지스는 2024년 미국 전역 연간 물류 렌털비가 10% 혹은 그 이상 상승할 것이라고 전망했다. 프로로지스가 받은 2023년 4분기 실질 임대료는 2022년 4분기 대비 74%나 상승했다. 주요 거점을 장악하고 있는 물류 리츠가 아니더라도 보수적으로 봤을 때 렌털비는 10%가량 상승할 것으로 보인다.

물론 렌털비 상승은 예상 시나리오대로 전개되지 않을 가능성이 있지만 코로나19 팬데믹 때부터 부족한 물류 센터 공급은 해결되지 않고 있다. 이커머스를 통해 구매하는 물품의 양이 현격하게 줄어들지 않는 한 렌털비는 쉽게 하락하지 않을 것이다. 임대인에게 좋은 상황이 지속되다 보니 인상에 대한 저항도 상대적으로 낮은 편이라 산업용 리츠의 임대료 인상은 비교적 수월하다. 다른 물류센터와 계약해 모든 물품을 옮기는 데 드는 비용도 크기 때문에 임대료를 인상하더라도 계약 갱신으로 이어지는 경우가 다반사다. 이를 통해 돈을 번 물류 리츠들은 적극적으로 투자를 진행해 성장을 도모한다.

리테일

리테일 리츠는 상대적으로 알아두어야 할 것이 적다. 리테일 리츠들이 임대료를 잘 받기 위해서는 사람들이 소비를 많이 해야 한다. 백화점, 쇼핑몰, 슈퍼마켓 등의 매출이 올라가면 임대료를 더 높게 부를 수 있기 때문이다. 그리고 사람들의 소비가 살아나야 입주율이 올라간다. 미국 소비를 보기 위한 지표로 파트 2에서 다루었던 컨퍼런스보드 소비자심리지수를 보면 2024년 5월에는 102pt를 기록했다. 2024년 4월 97.5pt에서 반등한 것이다. 앞으로 미국 경제와 소비가 괜찮을 것으로 판단되는 만큼 미국 리테일 리츠들도 좋은 상황이다. 가장 대표적인 기업은 앞서 언급한 사이먼프로퍼티그룹인데, 경영진은 2023년 4분기 실적 발표에서 지금 주가가 저점이라고 이야기했다. 임대료로부터 발생하는 안정적인 배당과 성장을 기대해 볼 수 있다.

통신타워

우리나라에는 통신타워 리츠가 없다. SK텔레콤과 KT가 통신타워를 자체적으로 보유하고 있기 때문이다. 그래서 '통신타워 리츠'라는 말이 낯설게 느껴질 수도 있다. 미국에서 통신 탑은 일종의 디지털 인프라다. 모바일로 이용하는 데이터의 양은 날이 갈수록 늘어나고 있는데, 통신 탑을 세우고 임대해 주는 전문 업체가 바로 통신타워 리츠다.

　이 리츠들이 하는 업무는 매우 단순하다. 통신 탑을 세우고 여러 통신사와 계약을 맺어 각각의 통신사로부터 통신 탑을 사용한 데 따른 요금을 받는다. 이때 통신사들은 장기 계약(5~10년)을 체결한다. 시간이 지난 뒤에도 그 지역의 통신 탑을 바꾸는 일은 쉽지 않기에 굉장히 높은 비율로 재계약을 체결한다. 데이터 사용량이 증가하면 하나의 통신 탑이 감당할 수 있는 면적이 줄어든다. 그래서 우리가 넷플릭스를 모바일로 스트리밍할수록, 5G 세상이 익숙해질수록 더 많은 통신 탑이 필요하다.

미국에 상장되어 있지만 미국 리츠 ETF에 포함된 통신타워 리츠들은 모두 글로벌 회사로, 호주, 인도, 남미에도 통신 탑을 가지고 있다. 더 넓은 땅에 더 많은 통신 탑을 세워 더 많은 임대료를 받는 것이다. 산업 특성상 안정적인 배당과 성장을 기대해 볼 수 있다.

데이터센터

데이터센터는 국내 투자자들에게도 낯선 개념이 아니다. 미국 데이터센터 리츠 업계는 2022년까지 경쟁이 매우 치열했다. 데이터센터 리츠들은 클라우드 기업 혹은 테크 기업에 데이터센터를 임대해 주어 수익을 창출하는 회사인데, AI 효과를 누릴 수 있는 분야이기도 하다. 챗GPT 등장 이후 데이터센터 수요는 공급을 상회하고 있다. 앞으로 AI 시대로 가는 길이 크게 열릴 것으로 보이는데, 데이터센터를 향한 수요는 계속해서 증가할 것이다.

현재 미국 리츠 ETF에 포함된 데이터센터 리츠는 딱 2개로, 에퀴닉스와 디지털 리얼티가 그 주인공이다. 많은 빅테크 기업이 자체적으로 데이터센터를 보유하고 있지만 AI 시장이 더욱더 커지고 기존의 임차인들이 사용하고자 하는 데이터센터의 용량이 커진다면 성장을 기대해 볼 수 있다.

미국 리츠지수를 추종하는 ETF는 향후 성장이 기대되는 물류 시설, 리테일 시설, 통신타워, 데이터센터까지 종합적으로 투자하는 상품이다. 인컴형 자산에 대한 포트폴리오 다변화와 장기적인 성장 트렌드의 특징을 모두 누릴 수 있는 상품이라고 할 수 있다. 그리고 미국에

리츠 미국 상장 ETF

티커	이름	투자시장
182480	TIGER 미국MSCI리츠(합성H)	미국 리츠
VNQ	Vanguard Real Estate	미국 리츠
SCHH	Schwab U.S. REIT	미국 리츠
XLRE	Real Estate Select Sector SPDR	미국 리츠
USRT	iShares Core U.S. REIT	미국 리츠
DFGR	Dimensional Global Real Estate	글로벌 리츠

는 데이터센터 리츠 ETF, 물류 리츠 ETF도 상장되어 있으니 참고하기 바란다.

그 외 해외 리츠 ETF로는 일본 리츠 ETF, 싱가포르 리츠 ETF 등이 있다. 기본적인 정보만 이야기하면 일본은 대규모 상업용 부동산 자산을 기반으로 대형 은행이 리츠 스폰서로 참여해 단기간에 아시아 최대 규모 리츠 시장으로 성장했다. 주거용 오피스텔, 물류창고, 오피스, 인프라 등 다양한 리츠를 모아 투자하는 ETF들이 있다.

싱가포르는 일본과 달리 나라 자체가 도시 국가이기 때문에 상업용 부동산 규모가 매우 협소하다. 그래서 싱가포르 내 호텔, 리조트 부동산뿐 아니라 해외 부동산 자산을 적극적으로 편입하고 있다. 싱가포르 리츠 ETF에 투자한다면 싱가포르 부동산에 투자함과 동시에 다른 나라의 부동산에도 투자하는 것이기에 ETF에 포함된 리츠가 보유한 부동산 자산이 어떤 것인지 사전에 꼼꼼하게 확인할 필요가 있다.

CHAPTER 4

월배당
ETF

제2의 월급, 제2의 파이프라인을 만드는 것이 유행이다. 그런데 직장에 다니면서 부업을 통해 추가적인 수입을 노리기란 결코 쉬운 일이 아니다. 그런데 ETF에 투자하면 배당을 통해 부수입을 누릴 수 있다. 1억 원을 투자하면 아무것도 하지 않아도 매월 100만 원씩 계좌에 입금되는 상품, 80만 원 정도를 기대해 볼 수 있는 상품은 월배당 ETF 중에서도 커버드콜 전략을 사용해 배당률을 높인 월배당 ETF들이다.

국내 리츠 ETF, 미국 리츠 ETF 모두 매월 배당금을 지급하기 때문에 월배당 ETF라고 볼 수 있지만 이번 챕터에서 다룰 월배당 ETF들은 연간 10~15%까지도 배당률을 기대해 볼 수 있는 상품이다. 그래야 1억 원을 투자했을 때 매월 세전 80~90만 원, 100만원까지도 기대해 볼 수 있다. 이렇게 높은 분배금을 원한다면 커버드콜 전략을 사용할 수밖에 없다. 자, 그럼 먼저 커버드콜 전략에 대해 자세히 알아보자.

커버트콜 전략이란?

커버드콜 전략이란, 주식을 매수하면서 동시에 콜옵션을 매도하는 것을 말한다. 간단하게 말해 미래의 불확실한 상승분을 포기하고, 현재의 확실한 수익으로 가져오는 것이다. 커버드콜 전략을 사용하는 ETF

커버드콜 전략 활용 방법

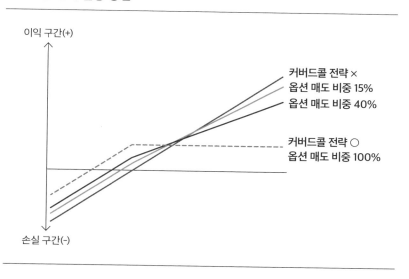

의 월분배금 재원은 주식의 배당금 혹은 채권 이자 수익 + '옵션 프리미엄'이다. 그래서 지수에 포함된 기업들이 급작스러운 이유를 들며 배당금을 깎더라도 옵션 프리미엄에서 발생하는 수익이 있기 때문에 분배금을 지급할 수 있다.

물론 커버드콜 전략을 사용하는 ETF는 주가 상승 혹은 채권가격 상승으로 인한 수익이 제한된다. 미래 수익을 당겨 지금 당장의 현금 이익으로 바꾸었으니 그럴 수밖에 없다. 다만 옵션 매도 비중을 100%가 아닌 40%, 15%, 10% 내외까지 줄일수록 상승을 제한하고 하방을 막아주는 정도가 줄어든다. 지수의 상승을 어느 정도 따라가면서 옵션 프리미엄으로 배당률을 높이는 전략이다.

분배율과 안정성에 기여하는 커버드콜 전략

배당률과 지수 성과를 따라가는 정도는 반비례한다. 예를 들어 커버드콜 전략을 100% 사용하는 TIGER 미국나스닥100커버드콜(합성) ETF는 연간 분배율이 12% 정도 되고, 커버드콜 전략을 40% 정도 사용하는 TIGER 미국배당+7%프리미엄다우존스 ETF는 미국배당다우존스지수가 주는 배당률에 옵션 매도를 통해 7%를 더 지급해 연간 분배율이 9~11% 정도 된다. 또한 커버드콜 전략을 15%만 사용하는 TIGER 미국배당+3%프리미엄다우존스 ETF는 미국배당다우존스가 주는 배당률에 옵션 매도를 통해 3%를 더 지급해 연간 분배율이 5~6% 정도 되고, TIGER 미국배당다우존스 ETF는 커버드콜 전략을 사용하지 않아 본래 배당주들이 지급하는 배당금을 재원으로 3% 정도 분배율이 정해진다.

이처럼 커버드콜 전략을 어느 정도 사용하느냐에 따라 분배율이 달라진다. 더욱 이해하기 쉽게 돈으로 환산해 보면 1억 원을 투자할 경우 각각 순서대로 100만 원, 80~90만 원, 50만 원 정도를 기대해 볼 수 있다(세전).

그런데 옵션 매도 비중을 줄이는 대신 옵션의 기간이 짧은 콜옵션을 매도하면 더 많은 프리미엄을 수취하게 된다. 이렇게 하면 옵션 매도 비중을 줄이더라도 내가 받을 수 있는 분배율은 크게 줄어들지 않을 수도 있다. 예를 들어 TIGER 미국S&P500+10%프리미엄 초단기옵션 ETF는 옵션 매도 비중을 10% 내외로 가져간다. 그런데 만기가 하루인 옵션을 매도해 더 많은 프리미엄을 수취하고 분배율은 연간 10% 정도를 준다. 그러면 이 상품 역시 1억 원을 투자할 경우 80~90만 원 정도를 받을 수 있다. 대신 옵션 매도 비중이 적어 주식의 상승을 제한하는 능력은 미미하다. 그 말은 즉 나의 ETF 가격이 S&P500지수와 90% 이상 비슷하게 움직인다는 의미다.

커버드콜 전략은 분배금의 안정성에 있어서도 큰 역할을 한다. 예를 들어 ETF가 추종하는 지수에 포함된 기업들이 배당금을 대폭 줄이는 일이 벌어졌다고 생각해 보자. 물론 그런 일이 벌어질 가능성은 적지만 주식시장에서는 발생할 수 있다. 그럼 커버드콜 전략 ETF의 분배금 재원 중 하나인 배당주의 배당금이 극단적으로 0원에 수렴하더라도 옵션 프리미엄으로 수취한 금액은 분배금으로 지급할 수 있기 때문에 분배금 자체의 안정성에도 이득이다.

현명하게 생각해야 원하는 것을 얻을 수 있다

커버드콜 전략은 ETF에 추가되기 때문에 플레인바닐라* ETF보다 운용보수가 비싸다. 그리고 ETF의 설정 규모가 일정 수준 이하로 작아지는 경우, 커버드콜 전략을 이행하기 어려워질 수도 있는 리스크가 존재한다. 그래서 커버드콜 전략 ETF의 비하인드와 장단점을 이해하고 투자를 결정하는 것이 바람직하다.

그런데 ETF 프트폴리오에 배당형 ETF를 담는 것은 '분배금'에 더 큰 목적이 있기 때문이 아닌가. 단일 ETF에만 투자한다면 이야기가 달라지겠지만 다양한 ETF를 담고 배당형 ETF를 일정 부분 담는 건 분배금, 현금흐름 그리고 지수 하락 시 방어해 줄 수 있는 헤지 수단으로서의 역할을 기대하며 투자하는 것이다. 따라서 커버드콜 전략을 활용한 월배당 ETF를 담는 것도 유의미하다.

추종하는 지수의 상승을 어느 정도 따라가기를 바란다면 커버드콜 전략을 100% 사용하는 ETF보다는 제한적으로 운용하는 ETF를 선택하는 것이 좋다. 옵션 매도를 하는 비중이 높아질수록 지수를 추종하는 정도가 떨어진다. 그래서 나스닥100지수를 추종하는 커버드콜 100% ETF에 투자한다면 나스닥100지수가 올라도 ETF 수익률은 그만큼 오르지 않을 가능성이 매우 크다.

TIGER 미국나스닥100커버드콜(합성) ETF는 나스닥100지수를 추종하지만 커버드콜 전략을 100% 사용한다. 1년 동안 매월 1%씩

---

* 가장 기본적인 금융상품 혹은 전략

나온 월배당금을 모두 재투자했다고 가정하면 2024년 3월 14일 기준 1년 수익률은 22.91%다. 같은 기간 동안 미국나스닥100지수를 그대로 추종하는 TIGER 미국나스닥100 ETF의 수익률은 52.84%다. 안정적인 대신 지수가 크게 상승할 때 따라가지 못한다. 지수가 하락한 후 반등할 때도 지수와 동떨어진 수익률을 보여줄 수도 있다. 따라서 지수의 수익률과 월배당을 모두 누리고 싶다면 커버드콜 전략을 30~40% 정도 혹은 그 이하인 10% 내외로 가져가는 상품을 고르는 것이 현명하다.

수많은 배당형 ETF 중에서 리츠 ETF와 커버드콜 전략 월배당 ETF를 소개한 이유는 무엇일까? ETF 포트폴리오에 배당형 ETF를 담는다면 분배금과 지수 성장성을 확인해야 하기 때문이다. 그렇다면 두 가지 항목 중에서 어떤 것을 더욱 중점적으로 봐야 할까? 바로 분배금이다. 앞서 혁신 성장 테마형 ETF를 통해 알파를 추구하는 섹션을 포트폴리오 안에 따로 마련해두었기 때문이다. 그래서 중위험·중수익의 대표 상품인 리츠 ETF와 분배율을 인위적으로 높인 커버드콜 전략 월배당 ETF를 소개한 것이다.

커버드콜 전략을 가미한 월배당 ETF를 고를 때는 ETF가 추종하는 지수가 장기적으로 우상향하는 지수인지, 연간 분배율이 적정한지를 반드시 확인해야 한다. 미래 수익률을 현재의 현금으로 당겨오는 것인데, 미래가 되었을 때 예상했던 수익률보다 적으면 얼마나 난감하겠는가. 최악의 경우 배당금을 원금에서 빼 지급해야 할 수도 있다. 그러므로 커버드콜 전략 월배당 ETF가 추종하는 지수의 과거 연평균 수

커버드콜 전략 국내&미국 상장 월배당 ETF

국가	티커	이름	연간 분배율 (추정치)*	투자 기초 자산
국내	482730	TIGER 미국S&P500+10% 프리미엄초단기옵션	10%	S&P500
	458760	TIGER 미국배당+7% 프리미엄다우존스	10%	미국배당다우존스
	458750	TIGER 미국배당+3% 프리미엄다우존스	6%	미국배당다우존스
	474220	TIGER 미국테크TOP10+10% 프리미엄	10%	미국테크TOP10
	441680	TIGER 미국나스닥100커버드콜 (합성)	12%	나스닥100
	476550	TIGER 미국30년국채프리미엄액티브 (H)	13%	미국 30년 국채
	473330	SOL 미국30년국채커버드콜(합성)	13%	미국 30년 국채
	475720	KBSTAR 200위클리커버드콜	12%	코스피200
	472830	KBSTAR 미국채30년커버드콜(합성)	10%	미국 30년 국채
	441640	KODEX 미국배당프리미엄액티브	7%	S&P500
미국	QYLD	Global X Nasdaq100 Covered Call	12%	나스닥100
	QYLG	Global X Nasdaq100 Covered Call & Growth	6%	나스닥100
	JEPI	JPMorgan Equity Premium Income	7%	S&P500
	DIVO	Amplify CWP Enhanced Dividend Income	5%	S&P500
	TLTW	iShares 20+ Year Treasury Bond BuyWrite Strategy	11%	미국 30년 국채

* 추정치는 2024년 3월 분배율 기준

익률은 어느 정도였는지, 너무 과도하게 연 분배율이 책정되지는 않았는지 확인하고 투자해야 한다.

배당형 ETF 상품은 필수는 아니다. 다만 분배금은 다른 ETF에 재투자할 수 있는 시드머니가 될 수도 있고, 내가 열심히 일해서 번 돈이 아닌 불로소득으로 각종 공과금을 내고 싶을 수도 있다. 그리고 증시가 흔들릴 때 시세차익은 마이너스이지만 배당수익으로 어느 정도 만회할 수 있는 만큼 자신의 성향에 맞게 리츠 ETF를 포함한 배당형 ETF를 선택하는 것도 좋은 방법이다.

CHAPTER 5

원자재
ETF

원자재는 개인투자자들이 직접적으로 투자하기 어려운 분야다. AI의 수요로 구리값이 오른다고 해서 실질적으로 구리를 내 집에 쌓아둘 수도 없고, 중동 리스크에 유가가 오를 것이라고 해서 석유 그 자체를 구매할 수도 없다. 그래서 원자재는 실물을 기반으로 한 선물지수가 금융시장에 형성되어 있는데, 개인투자자가 원자재 선물에 투자하기란 접근성이 너무 떨어진다. 따라서 원자재는 ETF를 통해 투자하는 것이 가장 쉽고 접근성이 좋다.

하지만 원자재 가격은 예상하기 어려운 지정학적 리스크나 자연재해에 영향을 받는 경우가 더러 있다. 그래서 몇몇 특정 원자재 ETF

를 제외하고 환율과 비슷하게 장기적으로 투자하기보다는 단기매매를 하는 것이 적합하다.

원자재 ETF의 종류

원자재 ETF에 투자하는 방법은 여러 가지가 있다. 원자재 선물가격을 추종하는 ETF, 원자재를 실물 보유하는 ETF, 단일 원자재 광산 업체 ETF, 혁신 소재 ETF 등이 있다.

전통적인 원자재 분류법

전통적인 원자재 분류법에 따르면 에너지, 귀금속, 산업금속, 농축산물로 나뉜다. 귀금속과 산업금속을 합쳐 금속으로 분류하기도 한다. 농축산물을 곡물, 소프트, 축산물로 나누어 에너지 그리고 귀금속과 같은 선상에서 비교할 수도 있다. 통용되는 기준이 없다 보니 벤치마크로 사용되는 원자재지수 구성 항목도 제각각이다. 지수에 포함되는 품목도 다르고 구성 비율도 다르다.

에너지 대표 품목으로는 WTI유, 브렌트유, 가솔린, 천연가스가 있고, 귀금속으로는 금, 은, 백금, 팔라듐 등이 있다. 산업금속으로는 니켈, 구리, 알루미늄 등이 있고, 농축산물로는 밀, 콩, 옥수수, 쌀, 커피, 코코아, 소고기, 돼지고기 등이 있다. 하지만 모든 원자재가 ETF로 만들어져 있는 것은 아니다. 투자자들이 자주 거래하는 원자재들만 단일 원자재 ETF로 만들어져 있다.

각 품목이 글로벌 원자재 ETF 시장에서 차지하는 비중

전 세계적으로 가장 활발하게 거래되고 있는 원자재 ETF는 단연 금 ETF다. SPDR Gold Shares ETF는 압도적인 존재감을 과시하는데, PDF에 실물 금을 담고 있다. 이는 ETF로 몰리는 자금을 소화하기 위해 금 산업 자체 수요에도 영향을 미칠 만큼 대단한 위상을 자랑한다. 전 세계 글로벌 원자재 ETF 시장에서 귀금속이 차지하는 비중은 88%에 육박한다. 그 뒤를 이어 전체 원자재 시장을 대표하는 지수를 추종하는 ETF가 약 7%를, 에너지가 3.2%를, 산업금속이 1.2%를, 농축산물이 0.7%를 차지하고 있다(2024년 1월 기준).

ETF를 통해 원자재에 투자하고 싶다 해도 거래가 많이 되지 않는 ETF는 매매를 할 때 어려움을 겪을 수 있다. 따라서 금, 은, 원유, 천연가스, 구리, 니켈 정도로 한정 지어 생각하는 것이 좋다.

원자재 ETF만이 가진 구조적인 리스크

원자재 ETF에 투자하기 전에 꼭 알아두어야 하는 것이 있다. 원자재 ETF는 주식과 다르게 리스크가 존재하기 때문이다. 원자재는 대부분 실물이다. 그래서 사실 실물을 받아 보관하는 것이 가장 안전한 투자라 할 수 있다. 하지만 우리는 원유를 저장할 수도 없고, 엄청난 양의 은과 구리를 저장할 공간을 찾는 것도 현실적으로 불가능하다. 그래서 원자재 ETF는 대부분 선물투자를 하고, 현물투자를 하더라도 실물을 보관할 수 있는 장소에 대한 비용이 발생하기 마련이다. 따라서 원자재 ETF에 투자하기 전에 어떤 리스크가 있는지 확실하게 확인해 봐야한다.

추종하는 지수의 종류에 따라 달라지는 수익률

원자재 ETF에 투자하기 위해 기초지수 정보를 확인해 보면 Spot Return을 추종하는 ETF, Excess Return을 추종하는 ETF, Total Return을 추종하는 ETF 등 종류가 매우 다양하다. 동일한 원자재를 기초로 두고 있다 해도 선물가격만 반영하는 지수를 추종하는 ETF인지, 롤오버 비용/수익까지 모두 반영한 지수를 추종하는 ETF인지에 따라 수익률이 차이가 날 수도 있다.

Spot Return은 원자재 가격 움직임에 따른 수익만 지수에 반영되는 것이고, Excess Return은 원자재 가격 + 롤오버 과정에서 발생하는 비용과 수익도 지수에 반영되는 것이다. 그리고 Total Return은 원자재 가격 + 롤오버 비용과 수익 + 선물 증거금 이외의 투자 원금을 채권에 투자했을 때 얻을 수 있는 이자 수익도 지수에 반영된다.

지수를 추종하는 ETF에 투자한다 하더라도 원자재 선물 계약은 투자하고자 하는 선물 계약금액의 일정 비율만 증거금으로 지불하고 계약할 수 있다. 그래서 남은 투자 원금을 채권이나 단기 금융상품에 투자해 수익을 올릴 수 있다. 이러한 점을 반영한 것이 Total Return 개념이다. 그런데 꼭 한 가지 방법이 좋다고 할 수는 없다. 롤오버를 할 때 이익이 생길 수도 있고, 비용이 청구될 수도 있으며, 채권에 투자해 단기 금융상품에 투자할 때 필요한 제반 비용이 있는데, 이를 상쇄하는 수익이 창출될지는 미지수이기 때문이다.

다만 대부분 Total Return지수를 많이 추종하는데, Spot Return을 추종하는 것은 현실적으로 어렵고, Total Return을 사용하면 원자재 선물을 거래하면서 벌어질 수 있는 수익 구조를 투자자에게 돌려줄 수 있기 때문이다. 원자재 ETF에만 있는 특성이므로 원자재 ETF를 고를 때 어떤 종류의 지수를 추종하는지 반드시 확인할 필요가 있다. 자칫 잘못하면 똑같은 원유 ETF에 투자했는데, 다른 사람과 나의 수익률이 다를 수도 있으니 말이다.

롤오버 과정에서 생기는 비용

지금까지 주식 ETF, 채권 ETF, 리츠 ETF, 환율 ETF 등 다양한 ETF에 대해 알아봤는데, 원자재 ETF만이 가진, 구조적으로 내재된 리스크가 있다. 바로 롤오버다. 실물을 추종하는 원자재 ETF가 아닌 경우 금, 은, 원유, 천연가스를 불문하고 롤오버 전략을 어떤 식으로 사용하느냐에 따라 비용이 발생하기도 하고, 수익이 발생하기도 한다. ETF가 만들어질 정도로 시장의 관심이 높은 원자재는 기본적으로 선물 시장에서 가격이 결정된다.

금이나 WTI 같은 대표적인 원자재는 매달 만기가 도래하는 월물이 있다. 롤오버 전략이란 ETF에 편입하는 원자재 선물을 어떤 월물로 구성할지 정하는 것이다. 만약 최근월물을 편입하고, 편입월물 만기가 가까워질 때 차근월물로 롤오버하는 전략을 취하면 원자재 현물 가격을 잘 추종한다는 장점이 있다.

통상적으로 '전날 유가가 몇 퍼센트 올랐다'라고 이야기할 때 지칭하는 대상은 원유 최근월물이다. ETF에 최근월물을 편입하면 이러한 유가흐름을 단기적으로 잘 추종할 수 있다. 최근월물이 아닌 원월물을 편입하면 단기적으로 원유 현물가격과 ETF 가치 사이에 괴리가 커질 수도 있다. 보통 원월물이 최근월물에 비해 가격 변동성이 낮기 때문이다.

그런데 최근월물을 편입하는 전략을 쓰게 되면 롤오버를 빈번하게 해야 한다. 선물이 만기가 도래할 때가 되면 보유하고 있는 월물을 매도하고 원월물을 매수해야 한다. 매월 월물이 있는 WTI에 이 전략을 쓰면 1년에 12번 롤오버를 하게 된다. 이때 발생하는 문제는 롤오버 비용이다. 결제월이 먼 선물로 갈수록 이자와 창고료, 보험료 등 보유 비용이 많이 소요되므로 현물보다 가격이 높다. 그래서 보통 선물을 담고 있는 원자재 ETF는 콘탱고^{Contango}로부터 비용이 발생한다. 만기일에 다다르면 최근월물과 가격이 얼추 비슷해져야 하는데, 시장 상황에 의해 갑자기 원월물의 가격이 올라가면 최근월물을 팔아도 비용을 더 보태야만 원월물로 교체할 수 있는 경우가 생긴다. 이를 '콘탱고'라 하고, 반대로 현물가격이 선물가격보다 비싼 상황을 '백워데이션^{Back-wardation}'이라고 한다.

콘탱고가 심하게 발생할 경우 손실을 다소 크게 보면서 롤오버를 해야 하기도 한다. 반대로 백워데이션 상황에서는 이익이 발생한다. 비정상적인 시장 상황이지만 충분히 발생할 수 있는 이벤트다. 콘탱고든 백워데이션이든 팔고 사는 매매 자체에 거래수수료가 발생한다.

롤오버 리스크를 줄이기 위해 롤오버 빈도를 적게 가져가는 ETF도 있다. 심하면 1년에 한 번 롤오버를 할 수도 있다. 이 경우 거래 비용을 낮추는 측면에서는 유리하지만 원자재 현물가격의 움직임과

ETF의 가치 사이에는 큰 괴리가 발생할 수 있다. 즉 ETF 롤오버 전략은 '거래 비용을 많이 부담하는 대신 최근월물을 편입해 단기적으로 현물가격의 움직임을 잘 반영하는 전략' 아니면 '원월물을 편입해 롤오버를 적게 함으로써 단기적으로 현물가격과 ETF 가치의 괴리를 용인하는 대신 거래 비용을 줄이는 전략' 사이에서 나타나는 양자택일의 결과물이라고 생각하면 편하다.

안타깝게도 ETF의 이름만 봐서는 롤오버 전략을 정확히 알 수 없다. 투자설명서에 나와 있는 기초지수 산출 방법을 확인하거나 롤오버 전략에 대한 별도의 설명을 살펴야 한다. 번거롭긴 하지만 성공적인 투자를 위해서는 반드시 거쳐야 할 과정이다.

미국 원자재 ETF가 가진 PTP 세금 문제

미국에 상장된 원자재 ETF의 경우 한 가지 더 조심해야 할 사항이 있다. 바로 미국 PTP^Publicly Traded Partnership 종목 과세다. 미국 거주자가 아닌 사람이 PTP 종목을 매도할 때 매도금액의 10%를 원천징수하는 규정이다. PTP는 2023년 1월 1일부터 미국 국세청의 조세법 Section 1446(f) 규정에 의거해 보유 기간이나 손익 상관없이 10%가 현지 세금으로 원천징수되는 것이다. 손실이 나도 세금을 떼어 간다는 말인데, 대상 종목은 미국에 상장된 원유 및 천연가스 기업, 파이프라인 및 부동산 등에 파트너십으로 투자하는 기업의 지분으로, 증권시장에서 공개적으로 거래되는 200여 개 종목이다.

모든 원자재 ETF가 PTP 과세 대상에 포함되는 것은 아니지만 2023년 7월 6일 예탁원에서 제공한 PTP 종목 리스트를 보면 다양한 원자재 ETF가 포함되어 있다. 전 세계에서 가장 큰 규모의 실물 금 ETF는 포함되지 않았지만, 가장 유명한 원유 ETF인 United States Oil Fund^{USO}는 포함되었다.

　　PTP 대상 종목은 상시로 예고 없이 변동될 수 있기 때문에 한 번 언급된 종목은 굳이 ETF 포트폴리오에 단기적으로라도 담지 않는 것이 좋다. 그래야 불필요하게 세금을 내는 일을 방지할 수 있다.

<u>원자재 ETF에 투자하기</u>

그렇다면 어떤 원자재 ETF에 투자해야 할까? 이렇게 많은 리스크가 있다면 과연 투자를 하는 것이 맞는 걸까? 원자재 ETF에 투자하는 방법은 다양하다. 다양한 원자재 ETF 중에서 투자해도 괜찮은 ETF들을 알아보자.

전통적인 원자재 ETF에 투자하는 방법

전통적인 원자재 ETF에 투자할 때는 추종하는 지수의 종류가 무엇인지, 롤오버 전략은 어떻게 되는지, PTP 리스트에 포함되는지 등 정말 많은 것을 알고 있어야 한다. 원자재 ETF에만 적용되는 리스크가 존재하기 때문이다. 그리고 원자재 선물가격은 인간이 예측하기 어려운 자연재해, 지정학적 리스크, OPEC의 결정 등에 영향을 많이 받기 때문에 안전자산의 대표 주자인 금 ETF를 제외하곤 단기적으로 다가가는 것이 적합하다.

에너지 관련 원자재 ETF, 농축산물 ETF, 산업금속 ETF는 단기투자에 어울리므로 롤오버 비용이 들더라도 최근월물 편입 ETF를 선택하는 것이 좋고, 자산 배분 관점에서 포트폴리오의 일부를 금 ETF로 편입해 안전자산 비중을 높이고 싶다면 원월물 편입 ETF를 선택해 거래 비용을 최소화하는 것이 좋다.

'원자재 실물 ETF는 선물을 추종하지 않으니 이런 비용이 없지 않을까?'라고 생각하는 사람도 있을 텐데, 실물은 결제의 용이성 제고 및 실물을 보관하는 비용 등 보수 지급을 위해 일부 자산을 현금으로 보유한다. 그런데 현금 보유 비중을 늘리면 현물의 가격과 괴리가 크게 벌어질 수 있기 때문에 대부분 보유 현금을 증거금으로 한 원자재 파생상품에 투자한다. 따라서 구체적으로 알 수는 없으나 이에 수반되는 비용이 발생한다. 금을 제외하고 해당 원자재 가격의 반향성에 대한 확신이 없다면 ETF를 통해 전통적인 원자재에 투자하는 것은 역설하기 어렵다.

혁신 소재 ETF에 투자하는 방법

전통적인 원자재 ETF는 선물이든, 실물이든, 국내에 상장된 ETF든, 해외에 상장된 ETF든 투자를 할 때 고려해야 할 점이 너무나 많다. 그래서 '굳이 많은 수고를 해가면서까지 ETF 포트폴리오에 담을 필요가 있을까?' 하는 생각이 들기도 한다. 하지만 원자재 중에서도 시대의 패러다임이 변화함에 따라 장기적으로 수요가 늘어날 가능성이 높은 것들이 있다. 가장 대표적인 것은 리튬이다. 다만 전통적으로 오래된 원자재를 제외하곤 선물지수를 추종하는 원자재 ETF 상품이 없다.

그래서 앞으로 이야기할 혁신 소재 원자재에 투자하는 방법은 글로벌 원자재 관련 주식 ETF에 투자하는 것이다.

혁신 테마 기반 원자재 분류에 따른 ETF는 최근 친환경, 혁신 테마를 기준으로 원자재를 분류한 것이다. 쉽게 말하면 이러한 테마 성장에 따른 수혜를 입을 것으로 예상되는 원자재 관련 기업들을 모아 투자하는 것이다. 수소에너지를 만들기 위해서는 희토류, 팔라듐, 니켈, 리튬이 필요하고, 고성능 로봇을 만들기 위해서는 흑연, 그래핀, 희토류가 필요하며, 반도체를 만들기 위해서는 신소재가 필요하다.

각 원자재가 어디에 사용되는지 더욱 구체적으로 알아보자. 잘 알려진 리튬은 2차전지에, 팔라듐은 수소 연료차에, 글로벌 자원 전쟁의 핵심으로 떠오르고 있는 희토류는 드론, 전기차 모터에 사용되

혁신 테마 기반 원자재 분류법

혁신 테마	관련 원자재
전기차 배터리	흑연, 그래핀, 구리, 코발트, 망간, 리튬
수소에너지	희토류, 팔라듐, 니켈, 리튬
풍력	희토류, 아연
태양광	아연, 구리
모터(드론, 자동차)	희토류, 구리, 망간
로봇	흑연, 그래핀, 희토류, 구리
드론	희토류, 구리
3D 프린팅	탄소섬유
반도체	희토류, 팔라듐, 흑연, 그래핀

자료: 글로벌 엑스, 미래에셋자산운용

는 원자재다.

이외에 친숙하지 않은 원자재도 몇 가지 있다. 그래핀은 꿈의 '나

각 원자재의 사용처

원자재	소재	사용처
탄소섬유	철보다 10배 높은 강도, 무게는 1/4 수준, 수소경제 핵심 자원	항공우주, 풍력발전, 군사, 로봇공학, 자동차(수소차 연료탱크)
코발트	합금 제조에 사용, 지각에 0.0025%만 존재해 희소성이 높음	자동차(리튬이온 배터리), 스마트폰, 노트북
구리	우수한 전도체, 산업 전반에 사용, 경기회복 선행지표, 미국 인프라 수혜	전기차(배선, 모터, 배터리팩)
흑연	높은 열 전도율과 낮은 마찰계수, 배터리 핵심 원료	전기차(배터리)
그래핀	꿈의 나노 물질, 플렉시블 디스플레이 핵심 소재	플렉시블 디스플레이, 전자 종이, 태양 전지, 착용식 컴퓨터
리튬	가볍고 높은 에너지 밀도, 배터리 시장의 필수 소재	2차전지(전기차, 로봇공학)
망간	전 세계에서 12번째로 풍부한 물질, 철강 산업에 사용, 코발트 대체재로 각광	전기차 배터리
니켈	다양한 공업 용도로 사용, 전기차 핵심 원료	전기차 배터리
백금	안정성과 효율성이 높음, 수소/전기차에 사용	수소차, 연료 전지, 암 치료
팔라듐	전성과 연성이 좋아 금속 및 합금 가능	하이브리드 차량, 수소 연료차, 핵융합 기술
희토류	글로벌 지원 전쟁의 핵심, 15종의 란탄족 원소와 17가지 금속을 의미	전기차 모터, 드론 모터, 풍력 터빈
아연	다양한 산업에 널리 사용, 철강, 인프라 핵심 자원	재생에너지

자료: 미래에셋자산운용

나는 ETF로 돈 되는 곳에 투자한다

노 물질'이라는 별명을 가지고 있을 정도로 디스플레이 시장에서 각광받고 있다. 이는 세상을 놀라게 했던 갤럭시 Z플립의 주재료이기도 하다. 코발트는 지각에 0.0025%만 존재해 희소성이 높지만 스마트폰과 노트북에 사용되기 때문에 공급 대비 수요가 부족한 원자재 중 하나다. 항공우주에 많이 사용되는 탄소섬유는 수소연료탱크에도 사용되는 등 철강을 대체할 자원으로 각광받고 있다.

이렇듯 다양한 원자재가 각각의 혁신 테마와 연관되어 있다. 그렇다면 성장성이 높다고 평가받고 있는, 혁신 테마와 밀접한 관련이 있는 원자재들의 전망은 어떨까?

국제에너지기구IEA, International Energy Agency는 기후 변화 시나리오별 친환경 원자재 관련 수요를 전망했는데, 가장 보수적으로 접근하더라도 2045년에는 2022년 대비 44% 정도 수요가 늘어날 것으로 보인다. 가장 보수적인 접근이란, 2022년 말 기준 시행되고 있는 정책 이상의 조치는 고려하지 않았다는 뜻이다. 앞서 언급한 소재들은 이러한 시나리오 속에서도 태양광, 전기차, 풍력, 수소로의 경제 전환 때문에 수요가 못해도 40% 정도 더 늘어날 거라고 예상한 것이다.

현재 탄소 제로 공약이 순차적으로 달성된다면 친환경 원자재는 20년 동안 52% 정도가 더 필요하다. IEA는 선진국들은 2050년, 중국은 2060년, 그 외 모든 국가는 2070년이면 완전한 탄소 제로에 도달할 것이라고 이야기하고 있다. 가장 이상적인 시나리오는 2050년까지 모든 국가가 탄소 제로에 도달하는 것인데, 그럴 경우 앞서 언급한 친환경 원자재의 수요는 2022년보다 약 1.5배 이상 증가할 것으로 전망된다. 물론 이런 시나리오대로 전개되는 것은 쉬운 일이 아니고, 누가 미국의 차기 대통령이 되느냐에 따라 달라질 수도 있지만 글로벌 메가트렌드는 이미 시작되었다.

가장 높은 성장률을 보일 것으로 추정되는 친환경 원자재는 리튬 이다. 가장 보수적인 시나리오대로 전개될 경우 2045년에는 2022년 대비 7배 정도, 가장 이상적인 시나리오대로 전개될 경우에는 17배 정도 수요가 늘어날 것으로 예상된다.

광물 탐사, 추출 등을 포함해 혁신 테마 및 친환경 원자재의 채굴 및 관련 서비스를 제공하는 업체부터 가공 및 거래 서비스를 영위하는 기업, 정제, 제련 및 개발 기업까지 모두 투자하는 ETF로는 Global X Disruptive Materials ETF가 있다. 남아프리카공화국에서 임팔라 광산(니켈, 구리, 코발트, 백금)을 운영하는 임팔라 플래티늄 Impala Platinum이라는 생소한 기업부터 우리에게 리튬 생산업체로 친숙

IEA의 친환경 원자재 수요 증가 전망

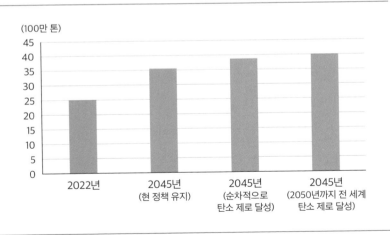

자료: IEA, 글로벌 엑스, 미래에셋자산운용(2023년 7월 기준)

　　　　　　　　　　　　　나는 ETF로 돈 되는 곳에 투자한다

한 호주의 앨버말 등이 포함되어 있다. 광물에 투자하는 ETF이다 보니 중국, 미국, 호주, 캐나다, 남아프리카의 비중이 높다는 것이 특징이다.

전통적으로 선물 혹은 실물을 담고 있는 원자재 ETF는 상당히 복잡하다. 따라서 단기적으로 원자재 가격이 크게 출렁일 때는 PTP에 포함되지 않은 종목을 찾아내 투자하는 것도 방법이다. 원유 ETF 혹은 구리 ETF를 담았다가 트레이딩하는 것은 괜찮으나 장기적으로 ETF 포트폴리오에 담는 것은 여러 가지 비용과 이슈로 부담스럽다.

원자재 국내&미국 상장 ETF

국가	티커	이름	투자 자산
국내	139320	TIGER 금은선물(H)	금, 은
	139310	TIGER 금속선물(H)	금속
	411060	ACE KRX금현물	금
	144600	KODEX 은선물(H)	은
	160580	TIGER 구리실물	구리
	138910	KODEX 구리선물(H)	구리
	473640	HANARO 글로벌금채굴기업	원자재 기업
미국	GSG	iShares S&P GSCI Commodity Indexed Trust	다양한 원자재
	GLD	SPDR Gold Shares	금
	SLV	iShares Silver Trust	은
	NICK	WisdomTree Nickel	니켈
	DMAT	Global X Disruptive Materials	혁신 소재 기업

다만 장기적으로 가지고 가도 괜찮은 원자재 ETF는 단연 금 ETF다. 안전자산 비중을 늘려야 할 때 혹은 금 가격 상승이 기대될 때 금 ETF를 유용하게 활용해 보자.

원자재에 대한 패러다임도 바뀌고 있다. 만약 트럼프가 미국의 차기 대통령이 된다면 전통적인 에너지 기업들이 수혜를 입을 수도 있다. 하지만 신재생에너지로의 전환은 이미 글로벌 메가트렌드다. 시간이 늦춰질 수는 있지만 고성능 반도체, 전기차, 수소 등을 만드는 데 필요한 원자재의 중요성이 높아지고 있기 때문에 나아가야 할 방향으로 잘 나아갈 것이다. 원자재 ETF를 고려할 때 원유, 금, 은, 구리 ETF만 생각하지 말고 조금 더 넓은 시야로 세상을 살펴보기 바란다.

투자 기간과 안정성을 고려할 때 어떤 ETF에 투자해야 할까?

필자는 커버드콜 전략 월배당 ETF > 국내 리츠 ETF > 미국 리츠 ETF > 엔화 ETF > 원자재 ETF 순으로 선호한다. 좀 더 구체적으로 이야기하면 커버드콜 전략을 사용하는 월배당 ETF 중 옵션 매도 비중을 40% 이하로만 사용해 지수의 상승도 함께 누릴 수 있는 ETF를 가장 선호한다. 계좌에 담아보면 배당금을 받는 재미와 투자금이 늘어나는 재미를 한 번에 느낄 수 있다.

국내 리츠 ETF의 경우 어두운 터널을 지나 조금씩 빛이 보이고 있다. 배당률도 미국 리츠 ETF보다 높기 때문에 배당 ETF를 포트폴리오에 넣기 위한 일환으로 생각해 보면 좋을 듯하다. 미국 리츠 ETF의 경우 각 리츠 산업의 성장성을 고려한 뒤 투자하기 바란다. 그다음 엔화 ETF는 당분간 일본 정부의 의도대로 엔저 상황이 유지될 것으로 보이므로 지금 당장 포트폴리오에 담기에는 마이너스 리스크가 있다. 하지만 단기 트레이딩 관점에서는 접근해 볼 수 있다.

마지막으로 원자재 ETF에는 다양한 리스크가 산재되어 있다. 따라서 원유 가격 폭등이 예상되거나 특정 원자재 가격의 변화가 예상되지 않는 한 장기적으로 포트폴리오에 가지고 있지 않는 것이 좋다. (안전자산으로 금 ETF를 담고 싶다면 그건 다른 이야기이기 때문에 괜찮다.) 그 대신 새로운 혁신 소재 원자재들을 캐고, 제련하고, 생산하는 업체들을 담고 있는 ETF도 있다는 것을 기억하기 바란다.

나는 ETF로 돈 되는 곳에 투자한다

PART 8

실전! 자신에게 맞는
ETF 포트폴리오 만들기

....

국가대표지수부터 다양한 혁신 성장 테마형 ETF, 배당이 쏠쏠하게 들어오는 ETF까지 모두 알아봤다. 각 파트마다 필자가 어떤 국가대표지수를 선호하는지, 어떤 혁신 성장 테마형 ETF를 선호하는지 언급했지만, 사실 ETF 포트폴리오는 각자의 상황에 맞게 만드는 것이 중요하다. 그리고 본격적으로 투자를 시작할 때 하루아침에 엄청 난 수익을 거둘 것이라 생각해서는 안 된다. 긴 호흡으로 봐야 한다는 것을 기억하자. 지금부터는 어떤 마음가짐으로 투자를 해나가야 하는지 알아보자.

CHAPTER 1

투자는 Timing이 아닌 Time이다

요즘 투자 관련 유튜브를 보면 '누적 수익률 10,000%' '하루 만에 투자 수익률 50%'와 같은 문구를 쉽게 접할 수 있다. 그리고 투자 종목을 추천해 주고 매수/매도 타이밍을 알려준다고 광고하는 곳도 많다. 경찰청에 따르면 2023년 9월부터 12월까지 접수된 투자 관련 사기 건수는 1,452건, 피해액은 1,266억 원이다.

물론 투자를 하는 사람 입장에서는 이러한 유혹에 흔들릴 수 있다. 하루아침에 자신이 원하는 수익률을 만들어 준다는 데 혹하지 않는 게 이상하다. 하지만 이 책을 읽고 있는 사람이라면 투자는 Timing이 아닌 Time이라는 것을 기억했으면 좋겠다.

언제나 중요한 것은 Time

종목 투자는 다르겠지만 ETF에 투자할 때는 Timing보다 Time이 더 중요하다. 장기적인 성장성을 보고 투자하는 ETF라면 더욱 그러하다. 많은 사람이 ETF 투자를 할 때 '언제 매수해야 할까?' '지금이 저점일까?' '지금이 고점일까' 등과 같이 타이밍을 고민한다. 그런데 과거 데이터를 보면 이러한 고민들을 하느라 쏟은 에너지가 무색할 정도다. 퍼스널 파이낸스 클럽Personal Finance Club에서 작성한 'How to Perfectly Time the Market'을 보면 지난 40년 동안 놀랍게도 큰 고민과 번뇌 없이 매달 기계적으로 투자했을 때 수익률이 가장 높았다.

3명의 가상 투자자를 통해 더욱 구체적으로 알아보자. 샌디, 줄리아, 에이미는 월급 200달러를 40년 동안 모아 S&P500지수를 추종하는 ETF에 모두 투자했다. 한 번 매수한 이후에는 되팔지 않는 Buy and hold 전략을 사용했으며, 배당금은 모두 재투자했다.

하지만 세 사람의 매수 타이밍은 모두 달랐다. 샌디와 줄리아는 주식시장의 변동성이 매우 크다는 것을 알고 있었기에 시장 폭락을 피하기 위해 시장을 예측하려고 노력했다. 실제로 1987년부터 2020년까지 S&P500은 총 5차례 크게 하락했다.

샌디는 매번 주가가 최고점일 때 투자했다. 한마디로 최악의 타이밍에 투자한 것이다. 샌디는 8년간 매달 200달러를 연이율 3% 은행 계좌에 저축했고, 1987년 블랙먼데이 최고점 때 그동안 저축해둔 전액을 투자했다. 시장은 33% 하락했지만 샌디는 매도하지 않고 포지션을 계속 유지했고, 이후에도 4번의 폭락장 직전에 최고점일 때 투자

미국 주식시장 폭락 시기

기간	일수	하락률	이벤트
1987년 8월 25일~1987년 12월 4일	101일	33.4%	블랙먼데이
1990년 7월 16일~1990년 10월 11일	87일	19.7%	쿠웨이트 전쟁
2000년 9월 1일~2002년 10월 9일	768일	49.0%	닷컴버블 붕괴
2007년 10월 12일~2009년 3월 9일	514일	56.5%	금융위기
2020년 2월 19일~2020년 3월 23일	33일	34.1%	코로나19

자료: 미래에셋자산운용

했다.

줄리아는 매번 주가가 최저점일 때 투자했다. 샌디와 다르게 최고의 타이밍에 투자한 것이다. '투자의 고수'라 불릴 만한 사람이다. 줄리아 역시 연이율 3% 은행 계좌에 저축했고, 5번의 폭락장 직전에 최저점일 때 그동안 저축해둔 전액을 투자했다. 그리고 매도하지 않고 포지션을 계속 유지했다.

마지막으로 에이미는 따로 시장을 예측하려 하지 않았다. 증권 계좌를 개설한 달부터 크게 고민하지 않고 매달 월급만큼 꾸준히 매수했다. 매달 자동 매수를 설정해놓고 계좌를 열어보지도 않았다.

이 시나리오에서 가장 높은 수익률은 기록한 사람은 누구일까? 단순히 생각하기에는 줄리아가 매번 주가가 최저점일 때 투자를 했고, 투자의 고수이니 수익률도 가장 높았을 것이라 예상된다. 그런데 2022년 말 세 사람의 계좌에 쌓인 총액을 보니 에이미는 1,366,329달러, 줄리아는 1,128,332달러, 샌디는 764,200달러였다.

이 예시가 의미하는 것은 무엇일까? 모든 ETF를 꾸준히 매수하면서 절대 계좌를 열어보지 말라는 의미가 아니다. 당연히 매번 최적의 타이밍을 맞추는 것은 불가능하다. 그래서 최악의 타이밍에 투자를 하는 경우도 있다. 그런데 아무런 고민 없이 투자를 한 에이미의 수익률이 가장 좋다니 억울할 지경이다. 전 세계적으로 가장 거래량이 많고 큰 ETF인 SPY ETF에만 투자한다면 에이미처럼 아예 계좌를 열어보지 않는 것도 방법이다. 하지만 열심히 투자하고 싶다면 종종 계좌를 확인하면서 세상이 변하는 것에 관심을 두고 열심히 공부해야 한다.

'장기적으로 성장성과 안정성을 가지고 있는 ETF에 투자한다면 고민과 걱정을 조금은 덜 해도 되지 않을까?' '하루아침에 부자가 되는 비현실적인 생각을 접어두고, 투자할 수 있는 자금이 생길 때마다 투자하면 되지 않을까?'라고 생각한 사람도 있을 것이다. 물론 미국 대표지수를 예시로 들어 이런 결과가 나온 것일 수도 있다. 과거 사례가 미래를 보장하진 않는다. 하지만 장기적으로 성장할 것으로 기대되는 지수를 추종하는 ETF에 투자할 때는 반드시 Timing보다는 Time이라는 사실을 기억해야 한다.

어떤 마음으로 ETF에 투자해야 하는지 살펴봤다. ETF는 종목 투자와 다르게 접근해야 한다. 레버리지와 인버스 ETF에 투자한다면 하루 동안 여러 번 단타를 치는 것이 어울리지만 국가대표지수형, 혁신성장 테마형, 채권형, 배당형 ETF에 투자한다면 시간을 가지고 지켜보며 단타 매매는 지양해야 한다. 그리고 ETF 포트폴리오를 만들어 하루아침에 벼락부자가 되는 것은 현실적으로 어렵다. 자신에게 스트

레스를 주지 않는, 자신에게 잘 어울리는 ETF 포트폴리오를 생각해 보고 좀 더 여유 있는 마음가짐으로 투자를 해보자.

CHAPTER 2

투자 성향별로 자신에게 맞는 ETF 포트폴리오 만들기

자, 이제 본격적으로 ETF 투자를 시작해 보자. 그러려면 가장 먼저 증권 계좌가 있어야 한다. 증권 계좌를 만들기 위해선 반드시 거쳐야 하는 관문이 있다. 자신의 투자 성향을 알아보는 것이다. 증권사 지점에 방문하면 반드시 투자 성향에 대한 문답을 해야 한다. 이미 투자를 해본 사람이라면 자신의 투자 성향을 잘 알고 있을 것이다. 만약 기억나지 않는다면 계좌를 개설할 때 작성한 '일반 투자자 투자 정보 확인서'를 확인해 보기 바란다. 계좌를 개설한 지 오래되었다면 성향이 바뀌었을 수도 있으니 다시 한번 점검해 보는 것이 좋다.

투자 성향은 간단하게 안정형, 안정추구형, 위험중립형, 적극투자형, 공격투자형으로 분류된다. 안정형~위험중립형까지는 ETF 투자를 할 수 없다. 따라서 이 책에서는 적극투자형과 공격투자형으로 나누어 투자 성향별로 어떤 ETF들로 포트폴리오를 꾸미는 것이 좋을지 알아 보도록 하겠다.

<u>적극투자형</u>

적극투자형부터는 주식투자를 할 수 있다. 적극투자형이라면 일단 주식 ETF에 투자하는 비중을 상당 부분 가져가는 것이 어떨까? 국가대표지수 ETF와 혁신 성장 테마형 ETF를 약 60~70% 담는 것이다. 하지만 공격투자형은 아니기 때문에 국가대표지수 ETF와 배당형 ETF 비중을 조금 높게 가져가고, 혁신 성장 테마형 ETF 비중은 가장 적게 가져가자. 그리고 채권 및 안정적인 자산 비중은 30~40%까지 담아보자.

국가대표지수 ETF

일단 미국 대표지수 ETF 중에서는 나스닥100지수보다는 S&P500지수를 추종하는 ETF를 추천하고 싶다. 나스닥100은 테크에 치중되어 있기 때문에 S&P500보다 변동성이 높다. 앞서 예시를 통해 확인했듯 S&P500지수도 장기적으로 우상향하지만 적극투자형에게는 모든 ETF 포트폴리오에 기본이 된다고 볼 수 있는 미국 대표지수 ETF 중에서는 S&500 ETF가 더 어울린다. 거기에 인도 대표지수를 추종하는 ETF를 담아보는 것도 고려해 볼 수는 있지만 신흥국이다 보니 강력하게 추천하기는 어렵다. 만약 ETF 포트폴리오에 담는다면 S&P500 ETF보다는 비중을 적게 가져가자.

혁신 성장 테마형 ETF

그리고 혁신 성장 테마형 ETF를 담아보자. 변동성이 너무 높은 2차전지 같은 혁신 성장 테마형 ETF에 많은 비중을 투자하는 것은 적극투자형과 어울리지 않다. 다만 자신의 포트폴리오에 엣지를 주고 싶다면 혁신 기술이기는 하지만 시가총액이 큰 빅파마 기업들에 투자하는 글로벌 비만 치료제 ETF를 생각해 볼 수 있다. 조금 느리게 성장해도 상관없다면 럭셔리 ETF도 괜찮다.

이 책에 장기적으로 우상향할 혁신 성장 테마형 ETF들을 소개했지만 어떤 산업이 얼마나 오래 가장 큰 관심을 받을지는 구체적으로 알 수 없다. 따라서 적극투자형이라면 분기에 한 번, 적게는 반기에 한 번 정도 포트폴리오를 점검하고 리밸런싱이 필요하다면 해주자. 큰 틀에서는 유지하되 각 상품별 세세한 비중은 때에 따라 차익 실현과 재투자를 통해 수익률을 조금씩 극대화시키기 위해 조절해야 한다.

리츠 ETF와 배당형 ETF

적극투자형이라 해도 환율, 원유, 구리 등 원자재 ETF는 타이밍을 맞추기가 어려우니 미루어두는 것이 어떨까? 그 대신 리츠 ETF와 배당형 ETF를 담아보자. 국내 리츠 ETF와 미국 리츠 ETF 모두 생각해 봐도 괜찮다. 그리고 배당형 ETF 중에서도 커버드콜 전략을 사용해 변동성을 상대적으로 줄여 확실한 현금으로 월배당을 많이 지급하는 배당형 ETF를 담아보자. 다만 커버드콜 전략을 100% 활용할 경우 지수 성장성을 따라가지 못할 수도 있으니 그런 상품보다는 미국 배당다우존스지수에 연간 7%의 분배율을 더 지급해 연평균 10% 정도 분배금을 기대해 볼 수 있는 TIGER 미국배당+7%프리미엄다우존스 ETF나 TIGER 미국S&P500+10%프리미엄초단기옵션 ETF가 괜찮을 것 같다. 혹은 옵션 매도 비중을 10% 내외로 해 지수 상승은 90% 정도 따라가면서 분배율은 15% 정도를 추구하는 TIGER 미국나스닥100+15%프리미엄초단기 ETF도 생각해 볼 수 있다. 미국 ETF 중에서는 한동안 투자자들의 관심이 뜨거웠던 JP Morgan Equity Premium Income ETF 혹은 Schwab US Dividend Equity ETF[SCHD]를 생각해 보는 것이 좋다.

채권 ETF

채권 ETF 중에서는 금리 인하기에 가격 상승이 기대되는 미국30년국채지수를 추종하는 ETF를 담는 것도 괜찮다. 하지만 시세차익에 초점을 맞춘 스트립채권 전략을 활용한 미국30년국채 ETF보다는 커버드콜 전략을 활용해 변동성을 낮춘 대신 월배당금을 늘린 미국30년국채프리미엄 ETF를 고려해 보자.

여기에 안정성을 한 스푼 더하면서 길어질지도 모를 고금리 환경을 누리고 싶다면 금리 추종형 채권 ETF 중에서 만기 매칭형 채권 ETF를 생각할 수 있는데, 국고채를 담고 있는 것도 좋고, 이자율이 조금 높은 회사채를 담고 있는 것도 좋다. 상장할 때 돌려받을 수 있는 원금과 이자가 어느 정도 정해지기 때문에 안정적이다. 다만 금리가 떨어지는 시기에는 매력적이지 않지만 30~40%를 안정적인 자산에 투자하는 ETF 포트폴리오를 생각한다면 금리 추종형 ETF를 담는 것이 좋다. 여기에 추가적으로 매일 이자가 붙는 초단기 금리 추종형 ETF로 분류되는, CD금리나 KOFR금리를 추종하는 ETF도 포트폴리오에 담아보자.

공격투자형

공격투자형은 사자의 심장을 가진 투자자다. 그렇다면 레버리지와 미래 성장성이 높은 혁신 성장 테마형 ETF에 비중을 둔 포트폴리오를 구상해 볼 수 있다. 채권보다는 주식, 그중에서도 리스크가 높더라도 높은 기대수익률을 가진 ETF들을 고민해 볼 수 있다. 주식 ETF 비중은 70~80%까지 가져가는 것을 고려해 볼 수 있고, 안정적인 자산 비중은 조금 적게 가져갈 수 있다.

국가대표지수 ETF

일단 미국 대표지수를 추종하는 ETF는 필수로 담아야 한다. S&P500지수보다는 나스닥100지수를 추종하는 ETF를 담는 것이 어울린다. 성장성에 더 포커스가 되어 있는 만큼 변동성은 높지만 공격투자형에게는 모든 ETF 포트폴리오에 기본이 된다고 볼 수 있는 미국 대표지수 ETF 중에서는 나스닥100 ETF가 더 어울린다. 그리고 거기에 인도 대표지수를 추종하는 니프티50 ETF도 담아보자. '넥스트 차이나'라 불리는 인도에 투자하면 추가 수익률을 기대해 볼 수 있다.

한 발 더 나아가고 싶다면 나스닥100지수를 추종하는 ETF에 투자하더라도 나스닥100지수가 떨어질 때 나스닥100 레버리지 ETF를 일정 부분 담아보자. 공격투자형은 관련 교육만 이수한다면 자신의 계좌에서 레버리지 ETF와 인버스 ETF에 투자할 수 있다. 주식 ETF 비중(약 70~80%) 중 레버리지 ETF의 비중이 50%를 넘어가면 너무 위험하겠지만 일정 기간 동안 레버리지를 활용하는 것은 포트폴리오의 수익률을 높일 수 있는 방법이다.

혁신 성장 테마형 ETF

공격투자형이라면 혁신 성장 테마형 ETF를 다양하게 담아볼 수 있다. 미국 반도체 ETF와 국내 반도체 ETF는 물론이고, 국내 반도체 ETF 중에서도 시가총액이 상대적으로 적어 변동성은 높지만 새로운 AI 물결의 수혜가 기대되는 AI반도체 ETF를 생각해 보는 것이 좋다. 일본 반도체는 익숙하지 않고 이미 많은 부분이 주가에 반영되었지만 앞서 이야기했듯 반도체 산업이 새로운 사이클로 진입하는 만큼 글로벌 반도체 장비 리더인 일본 반도체 기업들이 지속적으로 수혜를 입을 가능성이 크다. 따라서 잠시 담아두었다가 일본 매크로 상황과 반도체 업황을 점검하면서 비중을 조절해 나가는 것도 좋은 방법이다.

그리고 미국 빅테크 기업에만 투자하는 ETF는 꼭 담아보자. 나스닥100 ETF와 종목이 겹치긴 하지만 새로운 기술이 등장한다면 미국 빅테크 기업들의 주가가 오를 가능성이 높다. 물론 기대 수익률이 높은 만큼 변동성은 견뎌야 한다.

비IT 혁신 성장 테마형 ETF는 변동성도 높고 정책적인 이슈와 지정학적 리스크도 있지만 전기차, 자율주행, 2차전지 ETF에 대한 투자를 생각해 봐도 좋다. 시간은 걸리겠지만 성장성은 높다. 그리고 공격투자형 역시 글로벌 비만 치료제 ETF는 매력적인 선택지 중 하나다. 이 책에 다루지는 않았지만 혁신 성장 테마형 ETF 중 단일 종목에 큰 비중으로 투자하는 ETF도 생각해 볼 수 있다. 예를 들어 새로운 반도체 사이클에 진입하고 있고, 엔비디아와 AMD 등 GPU 물량을 모두 TSMC가 제조한다면 TSMC와 TSMC에 장비를 납품하는 반도체 밸류체인에 있는 기업들도 수혜가 기대된다. 물론 미국 반도체 ETF에 투자하면 TSMC 비중을 가지게 되지만 파운드리 업체에 대한 확신이 있다면 TIGER TSMC밸류체인FACTSET ETF 같이 단일 종목에 25~30%가량 투자하는 ETF도 있다.

공격투자형 중에서도 '나는 정말 공격적인 투자를 즐긴다!' 하는 투자자는 혁신 성장 테마형 ETF들에 레버리지 콘셉트를 더한 ETF들도 알아보자. 진정한 공격투자형 투자자이고, 시장 상황에 밝아 빠른 대처가 가능하다면 특정 산업에 레버리지, 인버스를 활용한 ETF도 활용해 볼 수 있다. 예를 들어 미국 레버리지 ETF 명가인 디렉시온Direxion에서 출시한 미국 반도체 레버리지 3배짜리 Direxion Daily Semiconductor Bull 3X ETFSOXL도 있고, 국내에는 TIGER 미국필라델피아반도체나스닥 ETF도 있다. 그리고 국내에는 국내 2차전지 2배짜리 레버리지 ETF와 인버스 ETF도 상장되어 있다. 해당 산업에 강한 확신을 가지고 있다면 레버리지 ETF를 조금이라도 담아보자. 다만 레버리지 ETF는 떨어질 때도 2배 혹은 3배씩 떨어진다는 사실을 기억하기 바란다.

채권 ETF

채권 ETF는 금리 인하기에 맞춰 채권가격 상승에 베팅할 수 있는 상품을 담는 것이 어떨까? 앞서 적극투자형에게는 금리 인하기에 가격 상승을 기대해 볼 수 있지만 그럼에도 변동성을 줄이고 확실한 현금 흐름을 월배당으로 받을 수 있는 미국30년국채프리미엄액티브 ETF를 권했지만, 공격투자형이라면 더 높은 가격 상승을 기대할 수 있는 스트립채권 전략을 차용한 ETF를 선택해 보는 것도 좋다. 금리 인하기에 미국30년국채스트립액티브 ETF는 더 높은 수익률을 보여주겠지만 가격이 떨어질 때는 더 많이 떨어질 수 있다. 따라서 인하기가 끝나면 포트폴리오 채권 비중에서 큰 부분을 차지할 필요는 없다.

그리고 공격투자형이라면 안정적인 자산의 대표 주자인 채권에 투자할 때도 약간의 주식을 담고 있는 채권 혼합형 ETF를 생각해 볼 수 있다. 채권 혼합형 ETF는 주식 비중을 30~45%까지 담고 나머지는 안정적인 국내 국공채를 담는 것이다. 국내에 상장된 대부분의 채권 혼합형 ETF는 주식 및 주식 관련 집합투자증권에 50% 미만을 투자하고, 그 외 비중은 KIS 국채 3~10년 총수익지수를 추종한다. 보통 채권은 국채 10년물을 담아 안정성을 높이고, 주식은 성장성을 대변할 수 있는 나스닥100지수를 담기도 하고, 미국 테크 Top 10 기업들을 담기도 한다. 파격적으로 단일 종목인 테슬라를 담은 ETF도 있고, 엔비디아만 30% 정도 담고 나머지는 채권으로 가지고 있는 ETF도 있다. 대표적인 상품으로 TIGER 미국테크TOP10채권혼합, TIGER 미국나스닥100TR채권혼합Fn, ACE 엔비디아채권혼합블룸버그 등이 있다. 공격투자형이라 ETF 포트폴리오에서 주식 비중을 더 늘리고 싶지만 안정성도 추구하고 싶다면 국내에 상장되어 있는 채권 혼합형 ETF들도 담아볼 수 있다.

금리 추종형 ETF 비중은 현금을 가지고 있는 것보다는 저축형 ETF인 CD금리나 KOFR금리를 추종하는 ETF에 잠시 담아두었다가 필요할 때 매도해 다른 ETF 혹은 다른 종목에 투자할 때 사용하자.

그 외 ETF

일단 배당형 ETF는 커버드콜 전략을 사용해 변동성은 줄이고 배당금을 늘린 배당형 ETF보다는 배당지수를 그대로 추종하는 ETF가 어떨까? 2023년 미국에서 가장 유명했고 국내 투자자들에게도 인지도가 높은 Schwab US Dividend Equity ETF처럼 미국배당다우존스지수를 그대로 추종하면서 주식의 배당금을 지급하는 플레인바닐라 ETF를 생각해 보자.

아니면 성장성에 포커스를 맞춘 배당형 ETF도 괜찮다. 배당형 ETF가 성장성에 포커스를 맞춘다니 이해가 되지 않을 수도 있지만 커버드콜 전략은 배당주에만 사용할 수 있는 전략이 아니다. 그래서 성장주에 커버드콜 전략을 가미해 옵션거래로부터 수취한 옵션 프리미엄은 배당금으로 주고 지수의 성장성은 90% 정도 따라가는 것이다. 그러면 공격투자형에 어울리는 커버드콜 전략 ETF이지 않을까? 가장 대표적인 상품은 TIGER 미국나스닥100+15%프리미엄초단기

ETF다. 높은 주가 상승률을 보여주는 미국 나스닥100 기업들에 투자하면서 주가 상승률은 90% 정도 따라가고 연간 배당률은 15% 정도 기대해 볼 수 있다. 위험자산에 대한 비중을 늘리고 싶어 하는 공격투자형에게 어울리는 배당 ETF다. 국내 리츠 ETF와 미국 리츠 ETF 역시 추천한다.

그리고 환율 레버리지, 인버스 ETF도 액티브하게 투자해 봐도 좋다. 물론 비중을 적게 유지하는 것이 바람직하지만 2022년처럼 달러가치가 급변하는 시장이 또 올 수도 있지 않을까? 달러가치가 급등할 것 같은 상황이라면 일시적으로 미국달러선물레버리지 ETF를 담았다가 수익을 보고 매도하고, 달러가치가 떨어질 것 같은 상황이라면 미국달러선물인버스 ETF를 매매해 포트폴리오 수익률을 올려보자. 2022년에는 미국달러선물레버리지 ETF와 인버스 ETF의 수요가 상당했다. 엔화 역시 25년 만에 최저치를 기록하고 있는 만큼 엔화가치 반등에 대한 기대감을 가지고 엔화 ETF에도 투자해 볼 수 있다. 하지만 환율은 변동성이 너무 높기 때문에 공격투자형이라도 단기적으로 매매하는 것을 추천한다.

원자재 ETF는 아무리 공격투자형이라 해도 신중하게 접근하는 것이 좋다. 특히 ETF를 통해 원유를 매매하는 투자자가 많은데, 롤오버 횟수, 비용, 미국의 PTP 리스트 포함 여부를 꼭 확인한 뒤 투자하기 바란다. 원자재 관련 기업을 모아 투자하는 ETF라면 어차피 주식에 투자하는 것과 비슷하겠지만 원자재 선물을 이용해 투자하는 것은 조심해야 한다. 물론 안전자산의 비중을 일시적으로 높이거나 달러가치 하락, 금 가격 상승을 예측해 금 ETF를 담는 것은 괜찮다.

적극투자형과 공격투자형이 아니라면 국내, 해외 ETF 매매가 제한된다. 적극투자형으로 분류되긴 했지만 안정적인 투자 성향을 가지고 있다면 금리 추종형 ETF와 매월 배당금을 지급하는 월배당 ETF의 비중을 늘리는 것이 좋다. 그리고 혁신 성장 테마형 ETF 비중보다는 국가대표지수 ETF 비중을 더 많이 가져가야 한다. 「자본시장법」에 의해 투자 성향 조사를 실시해 자신이 어떤 성향을 가지고 있는지 파악했다 해도 단 5개 유형만으로 모든 투자자를 분류할 수는 없다. 그러니 꼭 이 책에 언급한 대로 ETF 포트폴리오를 구성할 필요는 없다. 필자는 그저 팁을 전달했을 뿐이다. 다시 한번 자신의 취향과 투자 성향을 생각해 보고 나만의 ETF 포트폴리오를 만들어보기 바란다.

CHAPTER 3

상황별로 자신에게 맞는 ETF 프트폴리오 만들기

투자는 본인의 자산 그리고 본인이 라이프 사이클 중 어디에 위치해 있는지에 따라 다르게 해야 한다. 물론 투자 성향에 따라 나이와 상관없이 포트폴리오를 만들 수도 있지만 이제 막 경제활동을 시작한 사회초년생과 은퇴를 앞둔 투자자가 동일한 상품에 동일한 비중으로 투자하는 것은 결코 바람직하지 않다. 이번 파트에서는 상황별로 그리고 투자자의 성향별로 어떻게 ETF 프트폴리오를 만들어 나가면 좋을지 알아보자.

경제활동을 시작하기 전에는

경제활동을 본격적으로 시작하기 전에는 다양한 ETF에 투자할 정도로 돈이 풍족하지 않다. 하지만 그럼에도 미리미리 투자를 해본다면 조금씩 경험이 쌓여 사회에 나가 돈을 벌기 시작했을 때 그 경험을 토대로 낯설지 않은 상태에서 본격적으로 투자를 할 수 있다. 투자에 대해 아무것도 몰랐던 대학교 1학년 때의 나를 지금 만난다면 아무것도 몰라도 S&P500 ETF, 나스닥100 ETF에 투자하라고 말해주고 싶다.

취업 준비, 아르바이트, 학업에 열중하느라 버겁겠지만 뉴스만 보더라도 내가 투자한 ETF들에 대한 이야기를 들을 수 있는 상품 위주로 포트폴리오를 구성해 보기 바란다. 절대적인 수익률은 혁신 성장 테마형 ETF가 가장 이상적인 퍼포먼스를 보여주었을 때보다 높지 않겠지만 본격적으로 재테크 공부를 하기 전에 가벼운 마음으로 투자할 수 있는 ETF다. 역사적으로 미국 대표지수들은 안정적으로 우상향하는 모습을 보여주었기 때문이다.

20년 동안의 데이터를 보면 미국은 다른 국가들과 비교했을 때 변동성은 상대적으로 낮은 반면, 수익성은 높은 편이다. 변동성과 수익률을 X축과 Y축에 놓고 20년간의 평균치를 그려보면 미국만 외딴 섬처럼 동떨어져 있다. 이는 미국은 장기투자를 할 때 굉장히 매력적인 나라라는 뜻이다.

경제활동을 시작하기 전이라면 꾸준하게 투자하지 않아도 된다. ETF 한 주 가격은 비싸지 않다. 시드머니가 부족하다면 2만 원, 5만 원, 10만 원 정도만 가끔 투자해도 괜찮다.

나는 ETF로 돈 되는 곳에 투자한다

20년간의 변동성과 수익률 평균치

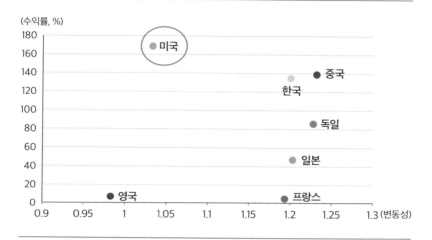

자료: 블룸버그, 미래에셋자산운용

사회초년생이라면

본격적으로 ETF 포트폴리오를 만들 시기다. 경제활동을 시작하기 전보다는 경제적인 여유가 있을 테고, 퇴직연금, 개인연금 등 다양한 연금 계좌에서도 ETF를 활용해 볼 수 있다. 일단 미국과 일부 신흥국을 필두로 글로벌 경기가 나아지고 인플레이션이 완화되고 있어 금리 인하기를 앞둔 동결기로 분류할 수 있는 2024년에는 위험자산의 비중을 보다 높게 가져갈 수 있다. 하지만 연준의 입장이 바뀔 가능성이 있고, 미국의 대선과 각종 정치적인 이벤트가 남아 있으므로 위험자산에 100% 투자하는 것은 아무리 사회초년생이고, 공격투자형이라 해도 추천하고 싶지 않다.

　물론 사회초년생이니 안정성보다는 성장성에 포커스를 맞추는 것이 더욱 어울린다. 따라서 장기적인 성장성을 가진 국가대표지수 ETF와 혁신 성장 테마형 ETF를 합쳐 70% 정도 투자하고, 배당형 ETF에 15%, 채권 ETF에 15% 투자해 안정성을 도모하며 밸런스를 맞추는 것이 좋다. 원자재 ETF와 환율 ETF의 비중을 따로 적지 않은 건 단기적인 관점에서 생각하는 것이 더 어울리는 상품군이기 때문이다. 좀 더 구체적으로 나누어 보면 리스크가 크더라도 수익률을 극대화하고 싶다면 혁신 성장 테마형 ETF를 40~50%, 국가대표지수 ETF를 20~30% 담으면 되고, 균형 잡힌 주식 비중을 가져가고 싶다면 70% 중 35%는 국가대표지수 ETF를, 나머지 35%는 혁신 성장 테마형 ETF를 담으면 된다.

　공격적으로 투자해도 되는 사회초년생임에도 불구하고 배당형 ETF를 15%나 배정한 이유는 연금 계좌에서 배당형 ETF를 활용하면 매월 들어오는 배당금에 대한 세금을 연금을 인출하는 시점까지 이연할 수 있기 때문이다. 회사에 입사해 일을 하면 퇴직연금이 들어온다. 퇴직연금 계좌에 현금을 그대로 놔둘 수도 있지만 퇴직연금 계좌를 증권사로 옮겨 ETF에 투자할 수도 있다.

　연금 계좌에서는 분배금과 매매차익을 따로 구분하지 않는다. 투자 원금보다 늘어난 금액을 운용 수익으로 보고 여기에 세금을 부과한다. 물론 법안에 따라 변경될 수도 있지만 개인형 퇴직연금[DC/IRP]과 개인연금저축 계좌에는 배당금에 대한 배당소득세 15.4%가 과세되지 않고, 55세 이후에 연금을 수령하면 3.3~5.5%의 연금소득세가 부과된다.

그러니 사회생활을 시작하면서 생긴 퇴직연금 계좌에 월배당 ETF를 담는다면 일반 계좌와 다르게 분배금에 대한 세금이 원천징수되지 않고 그대로 입금된다. 그리고 지수 성장성과 배당금을 보고 월배당 ETF 상품을 선택한다면 두 마리 토끼를 모두 잡을 수 있다.

하지만 사회초년생이라면 퇴직연금에 입금되는 분배금을 그대로 놔둘 이유가 없다. 일단 분배금이 원천징수되지 않고 입금되니 시드머니로 사용할 수 있다. 그럼 재투자를 하는 것이 55세 이후에 연금 계좌에서 더 많은 돈을 인출할 수 있는 방법이 아닐까? 그리고 기왕에 이런 혜택을 누릴 수 있다면 월배당 ETF에 장기적으로 적립식 투자를 해보면 어떨까? 당연한 이야기이지만 월배당금은 투자한 금액의 퍼센트로 지급되기 때문에 매월 일정 금액을 월배당 ETF에 적립식으로 투자하면 원금이 많아져 매월 지급받는 배당금 자체가 늘어날 수 있다. 물론 분배율은 운용 상황에 따라 변동될 수 있지만 분배율이 유지된다면 가능한 선에서 꾸준히 적립해 나가는 것도 월배당 ETF를 잘 이용할 수 있는 방법이다.

만약 10년 동안 퇴직연금 계좌에서 월배당 ETF에 장기적으로 적립식 투자를 한다면 얼마나 모을 수 있을까? 미국에서 배당 ETF의 대장으로 떠오른 Schwab US Dividend Equity ETF와 똑같이 미국배당다우존스지수를 추종하면서 커버드콜 전략으로 연간 7% 배당을 더주는 TIGER 미국배당+7%프리미엄다우존스 ETF를 통해 알아보자. 2014년 1월부터 2023년 6월까지 매월 100만 원씩 적립식으로 투자하고, 연금 계좌를 통해 투자해 분배금이 원천징수되지 않아 그대로

미국배당다우존스+7%지수에 매월 100만 원씩 투자한 경우

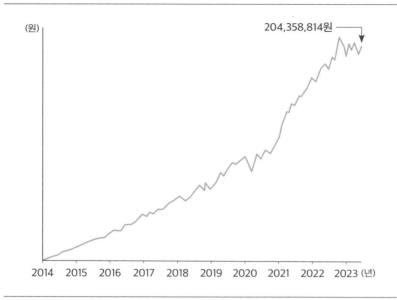

204,358,814원

(원)

2014 2015 2016 2017 2018 2019 2020 2021 2022 2023 (년)

* 세전 이익 기준
* 2014년 1월부터 2023년 6월까지 적립식 투자 및 분배금까지 모두 재투자
자료: 블룸버그

모두 동일한 상품에 재투자했다고 가정하자. 물론 사회초년생의 퇴직연금에 매월 100만 원씩 들어오는 것은 비현실적이지만 비교와 계산의 편의를 위함이니 참고하기 바란다.

2023년 6월 퇴직연금 계좌에는 약 2억 435만 원이 모였을 것이다 (세전 기준). 10년 동안 배당금이 원천징수되지 않는 퇴직연금 계좌에서 월배당 ETF에 투자했기에, 적립식으로 투자하고 분배금을 재투자했기에, 성장과 배당을 동시에 잡을 수 있는 ETF를 골라 투자했기에 이런 결과가 나온 것이다. 물론 작은 오차가 있을 수도 있고, 과거 시뮬레이션 결과가 미래 수익률을 보장하는 것은 아니지만 매력적인 숫자다.

ETF는 투자 상품이고 원금 손실이 날 수도 있기 때문에 적금과 비교하는 것은 어울리지 않을 수 있지만 적립식으로 투자하는 금융 상품 중 가장 친숙한 은행의 적금과 비교해 보자. 전국은행연합회에 따르면 2014년 대부분의 은행이 12개월 적금 상품에 제시한 금리는 2.2~2.5%, 3년 적금 상품에 제시한 금리는 2.45~2.80%였다. 계산의 편의성을 위해 매월 100만 원씩 연 3%를 주는 적금 계좌에 동일한 기간 동안 투자했다고 가정해 보자. 그사이 금리가 1%까지 떨어진 경우도 있을 테고, 2022년처럼 4% 넘게 올라간 경우도 있을 테니 3%로 치환해 보자. 그리고 세금도 적금 기간이 끝날 때마다 내지 않았다고 가정하자. 그럼 연복리로 이자가 쌓였을 테니 계좌에는 약 1억 3,200만 원이 모였을 것이다(세전 기준).

은행 적금은 원금이 손실되지 않는다는 점이 참으로 매력적이다. 하지만 퇴직연금 계좌의 특징과 성장, 배당을 모두 기대할 수 있는 월배당 ETF에 적립식으로 재투자할 경우 떨어지는 금액은 월등히 높다.

많은 가정이 들어가긴 했지만 이것이 바로 사회초년생에게 월배당 ETF를 추천하는 이유다. 특히 회사에 입사한 뒤 생기는 퇴직연금 계좌는 세제 혜택이 있으니 이를 활용해 퇴직할 때 필요한 목돈을 만드는 것이 좋다.

그다음은 채권 ETF 비중인데, 주식 비중을 높게 가져가는 만큼 채권 ETF는 안정성을 내포한 상품들에 대한 포지션을 가지고 가는 것을 추천한다. 다만 금리 인하기에 기대할 수 있는 채권들의 이자 수익은 그렇게 매력적이지 않다. 그래도 금리가 단숨에 마이너스로 가지 않는 한 파킹 통장처럼 사용할 수 있는 금리 추종형 단기채권 ETF를 담아보는 것이 어떨까? CD금리나 KOFR금리를 추종하는 ETF를 10% 정도 담으면 매일 이자가 붙으니 투자해두었다가 현금이 필요할 때 매도해 현금으로 사용할 수 있다. 물론 매도 후 현금으로 입금되기까지 2영업일이 걸린다는 점을 기억하자. 그리고 나머지 5%는 금리 인하기에 시세차익도 누릴 수 있는 미국30년국채액티브 ETF를 담아볼 수 있다. 꼭 이런 상품들이 아니어도 ETF 포트폴리오에 안정성을 더할 수 있는 비슷한 상품들로 15%를 담으면 사회초년생에게 어울리는 ETF 포트폴리오가 완성될 것이다.

2~3년 안에 결혼을 위한 목돈이 필요하다면

사회생활을 몇 년 하다 보면 어느새 결혼할 시기가 성큼 다가와 있다. 물론 결혼을 꼭 해야 하는 건 아니지만 결혼을 생각하고 있다면 경제적인 문제들이 떠오를 것이다. 아픈 현실이지만 결혼을 하려면 돈이 필요하다. 예식장을 예약할 때도, 청첩장을 만들 때도, 신혼여행을 다녀올 때도 돈이 필요하다. 2~3년 안에 필요한 목돈을 만들 수 있다면 얼마나 좋을까? 하지만 그런 방법은 많지 않다. ETF 투자를 아무리 잘한다 해도 미래를 정확하게 예측할 수 없기에 최선의 방법을 강구해야 한다.

이때 생각해야 할 것은 '너무 큰돈을 투자하지 말 것' '손실 확률이 적은 ETF에 투자할 것' '오래 기다려야 할지도 모르는 혁신 성장 테마형 ETF 비중을 줄일 것'이다. 앞서 사회초년생에게는 리스크가 있더라도 높은 수익률을 원한다면 혁신 성장 테마형 ETF의 비중을 국가대표지수 ETF보다 높게 가져가라고 했는데, 사회초년생이라 해도 2~3년 안에 결혼을 위한 목돈이 필요하다면 그 반대로 해야 한다.

국가대표지수의 비중은 40~50%를 생각하되, 미국의 비중은 늘리고 인도의 비중은 상대적으로 줄여야 한다. 혁신 성장 테마형 ETF를 담고 싶다면 10% 미만으로 담을 것을 추천한다. 혁신 성장 테마형 ETF 중에서도 스토리가 탄탄하고 오랜 기간 기다려야 할지도 모르는 ETF보다는 확실하게 새로운 사이클을 맞이한 미국 반도체 ETF, AI 산업의 과실을 가져갈 것으로 기대되는 미국 테크 Top 10 혹은 미국 빅테크 ETF에 투자해 보자.

나머지 50~60%는 채권 ETF와 배당 ETF를 통해 안정적으로 투자하는 것이 좋다. 하지만 지금보다 더 많은 돈이 필요하므로 안정성을 완벽하게 추구할 수는 없다. 따라서 안정적이되 성장성까지 추구할 수 있는 채권 혼합형 ETF를 추천하고 싶다. 나스닥100채권혼합 ETF 나 미국테크TOP10채권혼합 ETF를 담아보자. '앞에서 이미 미국 대표지수 ETF를 담았는데, 또 담으라고?'라고 생각했을 수도 있다. 그렇다면 단일 종목에 투자하고 싶은 마음을 다독이며 ETF를 활용해 더욱 안정적으로 투자해 보자. 엔비디아나 테슬라, 애플 같은 개별 종목을 담고 싶은 마음을 엔비디아채권혼합 ETF, 테슬라채권혼합 ETF, 애플채권혼합 ETF 등으로 풀어보자.

그리고 현금성 자산에 대한 비중도 20% 정도 가져가면 어떨까? CD금리 혹은 KOFR금리를 추종하는 초단기 금리 추종형 ETF에 투자하는 것이다. 투자자 입장에서는 재미가 떨어지고, 2~3년 후에 계좌를 확인했을 때 '다른 ETF에 더 많이 투자할 걸'이라는 생각이 들 수도 있다. 2~3년 동안 자산시장에 어떤 일이 벌어질지는 알 수 없지만 목돈이 꼭 필요한 상황이라면 그 기간 동안 손실폭을 줄이기 위해서라도 이러한 안전장치가 필요하다.

배당 ETF 중에서는 어차피 2~3년 뒤에 필요한 돈이니 세금 혜택을 노리기보다는 성장성이 조금 더 높지만 배당주의 특징을 가지고 있어 혁신 성장 테마형 ETF보다 안정적인 ETF를 고를 필요가 있다. 미국배당다우존스지수를 커버드콜 전략 없이 그대로 추종하는 ETF나 커버드콜 전략을 15% 내외만 사용해 지수 상승을 더 따라가면서 월배당금은 원래 미국배당다우존스지수에 포함되어 있는 주식에서 나오는 배당금에 연간 3%를 더 주는 TIGER 미국배당+3%프리미엄다우존스 ETF 혹은 옵션 매도를 10% 이내로 하면서 S&P500지수를 따라가는 TIGER 미국S&P500+10%프리미엄초단기옵션 ETF, 혹은 나스닥100지수의 상승에 90% 이상 참여하는 TIGER 미국나스닥100+15%프리미엄초단기 ETF를 생각해 볼 수 있다.

국내 리츠 ETF는 금리 인하기와 법안 개정이 겹쳐 배당 증가와 가격 상승이 기대되지만 투자하는 종목 수가 13~14개 내외이다 보니 미국배당다우존스지수보다는 종목 분산 효과가 떨어져 상대적으로 리스크가 더 크다는 점을 기억하자.

결혼 자금으로 사용할 목돈을 마련하기 위한 투자이기 때문에 조건이 상당히 복잡하다. 너무 안정적이어도, 너무 성장성을 쫓아서도 안 된다. 그리고 이와 같이 기간이 정해진 투자는 더욱더 까다롭다. 하지만 포기하지 말고 모아둔 자금의 일정 부분을 ETF 포트폴리오를 통해 불려보자.

내 아이를 위한 ETF 포트폴리오를 만들고 싶다면

결혼을 하고 아이가 있는 사람이라면 내 아이를 위한 투자를 고민하지 않을 수 없다. 요즘은 아이가 태어나자마자 증여세가 공제되는 금액 내에서 증여를 해 아이의 명의로 투자를 하는 부모가 많다.

어느 날 필자의 지인이 아이가 성인이 되었을 때 사용할 수 있는 목돈이 있었으면 좋겠다고 이야기했다. 사실 부모도 하루하루 살기 바쁜데 매번 아이의 계좌를 열어 대신 운용해 주기란 쉬운 일이 아니다. 그렇다면 20년 동안 장기적으로 우상향할 가능성이 높고, 안정적이면서, 긴 시간 동안(약 20년) 투자해도 리스크가 적은 ETF를 골라야 한다. 이때 여러 개의 ETF를 담아서는 안 된다.

조건이 매우 까다로워 아이를 위한 ETF 포트폴리오를 이야기하는 것은 항상 조심스럽고 어렵다. 그럼에도 추천하자면 20년 동안 안정적으로 우상향하는 모습을 보여줄 가능성이 높으면서도 나머지 조건을 충족하는 ETF는 미국 국가대표지수 ETF다. 가장 먼저 고려해야 할 것은 S&P500 ETF다. 그리고 거기에 조금 더 높은 수익률을 바란다면 리스크는 더 높지만 나스닥100 ETF 정도가 적합하다. 그 외 ETF들은 모두 각자만의 리스크를 가지고 있다. 시황, 경제 상황, 정책적인 상황에 따라 선호도가 변하겠지만 이 2개는 아이에게 선물해 주어도 괜찮은 ETF다.

상품이 별로 없어 거창하게 ETF 포트폴리오라고 부르기도 민망하지만 그래도 분산투자가 되는 ETF가 리스크가 더 적고 긴 시간 동안 우상향을 기대해 볼 수 있다.

은퇴를 앞두고 있다면

은퇴 시점이 다가올수록 안정적인 상품의 비중을 늘리고, 공격적인 포지션은 정리해야 한다. 앞으로 꾸준한 현금흐름이 어려울 수 있으므로 안정적이면서 현금흐름을 창출할 수 있는 ETF의 비중을 높게 가져가는 것이 좋다.

일단 국가대표지수 ETF와 혁신 성장 테마형 ETF를 합쳐 30~40% 정도만 투자해 보자. 그중에서도 혁신 성장 테마형 ETF 비중을 확연히 줄이자. 월급이 꼬박꼬박 들어올 기간이 그리 많이 남지 않았다면 리스크가 상대적으로 높은 혁신 성장 테마형 ETF보다는 미국을 대표하는 S&P500 ETF나 나스닥100 ETF의 비중을 더 가지고 가는 것이 어울린다. 리스크가 높은 상품에 투자해 높은 수익률을 노리는 것보다는 크게 잃지 않는 것이 중요하기 때문이다.

그런 의미에서 월배당 ETF 비중을 대폭 올려보자. 조만간 안정적으로 들어오던 월급이 없어질 수도 있기에 미래의 현금흐름을 위해 월배당 ETF를 40~50% 정도 가져가는 것이 좋다. 월배당 ETF 중에서도 지수의 성장보다는 배당금에 포커스를 맞춰 선택하는 것이 현명하다. 미래의 지수 성장 수익을 조금 포기하더라도 현금으로 수령하는 것이 더 중요한 시기인 만큼 커버드콜 전략을 100% 사용해 배당금을 극대화시켜 연 12% 배당을 기대해 볼 수 있는 TIGER 미국나스닥 100커버드콜 ETF(합성)도 괜찮다. 하지만 지수 상승을 따라가지 못한다는 사실을 기억하자. 나스닥100지수가 연간으로 엄청나게 오르는 것을 목격한다면 상당히 억울할 수 있다.

만약 그런 감정을 느끼고 싶지 않다면 커버드콜 전략을 40% 내외로 활용해 배당금을 원 지수보다 많이 주는 TIGER 미국배당+7%프리미엄다우존스 ETF나 옵션 매도 비중을 10% 내외로 사용하면서 S&P500지수도 추종하는 TIGER 미국S&P500+10%프리미엄초단기옵션 ETF, 자산 배분형 ETF 중에서 월배당을 주는 ETF를 선택하는 것도 방법이다. 커버드콜 전략을 활용해 옵션을 매도하는 비중이 높을수록 지수 상승을 따라가지 못한다는 사실을 기억하자.

그리고 연금을 수령할 시기가 몇 년 남아 있고, 퇴직이 얼마 남지 않은 상황에서 세금 혜택을 누리기 위해 중도 해지할 가능성이 적은 만큼 퇴직연금 계좌에서 월배당 ETF를 적립식으로 재투자해 보자.

채권 비중은 20~30%로 가지고 가되, 여기서도 안정성이 강조된 채권 ETF 비중을 높게 가져가는 것을 추천한다. 단 다른 자산군에서 안정성을 추구했으니 주식보다는 상대적으로 변동성이 낮은 채권 ETF의 시세차익을 노리는 비중을 소폭 가지고 가는 것도 좋다. 변동성이 너무 큰 미국30년국채스트립액티브 ETF보다는 커버드콜 전략을 더해 월배당금을 더 많이 주고 변동성은 낮춘 미국30년국채프리미엄 ETF를 생각해 보자. ETF 포트폴리오에서 전체적으로 안정성을 추구하면서 안정적인 상품군에서 약간의 수익을 노릴 수 있는 방법이다.

경제활동을 시작하기 전에, 경제활동을 시작한 후에, 결혼을 위한 자금을 마련해야 할 때, 아이를 위한 투자를 고민할 때, 은퇴를 앞두고 있을 때 만드는 ETF 포트폴리오는 모두 달라야 한다. 경제, 시황, 산업의 구조적인 변화, IT 발전 등 살펴봐야 할 것이 많은데 이는 ETF 상품을 선택할 때 고려해야 하는 사항이고, 그 전에 자신이 어떤 라이프 사이클을 지나고 있는지 잘 판단한 뒤 투자 비중을 결정해야 한다. 경제활동을 시작한 뒤부터 은퇴를 할 때까지 20~30년 동안 동일한 포지션을 가지고 가야 하는 것은 아니다. 은퇴에 가까워질수록 위험자산의 비중을 줄이고, 현금흐름을 기대할 수 있는 월배당 ETF나 채권 ETF의 비중을 늘려야 한다. 이처럼 각각의 상황에 맞게, 목적에 맞게 자신만의 ETF 포트폴리오를 만들어 나가길 바란다.

지금까지 투자자의 성향과 경기 사이클에 맞춰 포트폴리오를 구성하는 방법을 간단하게 알아봤다. 사실 중요한 것은 매크로 분석, 산업에 대한 전망, 경제 상황에 대한 변화 탐지 등 이 책 전반에 걸쳐 설명한 내용들이다. 사회초년생이니 무조건 이렇게 투자해야 하는 것도 아니고, 공격형 투자자이니 매번 공격적으로 투자해야 하는 것도 아니다. 매크로 분석, 산업에 대한 이해를 기반으로 ETF를 선별해 포트폴리오를 구축하는 것이 가장 이상적이다.

그리고 새로운 상품 출시로 더 좋은 ETF가 계속해서 나오고 있다.

따라서 무조건 이 책에 언급한 대로 포트폴리오를 만들 필요가 없다. 그저 예시와 팁, 의견일 뿐이니 참고하기 바란다.

나를 알고 적을 알면 백 번 싸워도 위태롭지 않다. 나의 경제 상황과 투자 성향을 파악했고, 이 책을 통해 투자 대상인 ETF에 대해 공부했다면 위험이 도사리고 있는 금융시장에서 백전백승까지는 아니더라도 큰 어려움 없이 성공적인 투자를 해나갈 수 있을 것이다.

나는 ETF로 돈 되는 곳에 투자한다

초판 1쇄 발행 2024년 6월 26일
초판 6쇄 발행 2024년 12월 31일

지은이 김수정
브랜드 경이로움
출판 총괄 안대현
책임편집 정은솔
편집 김효주, 심보경, 이제호
마케팅 김윤성
표지디자인 유어텍스트
본문디자인 윤지은

발행인 김의현
발행처 (주)사이다경제
출판등록 제2021-000224호(2021년 7월 8일)
주소 서울특별시 강남구 테헤란로33길 13-3, 7층(역삼동)
홈페이지 cidermics.com
이메일 gyeongiloumbooks@gmail.com(출간 문의)
전화 02-2088-1804 **팩스** 02-2088-5813
종이 다올페이퍼 **인쇄** 재영피앤비
ISBN 979-11-92445-76-2 (03320)